Los dueños de América Latina

GERARDO REYES

COORDINADOR

EDICIONES B
GRUPO ZETA

Barcelona • Bogotá • Buenos Aires • Caracas • Madrid • México D.F. • Montevideo • Quito • Santiago de Chile

1.ª edición: noviembre de 2003

© 2003. Ediciones B, S.A. de C.V.
    Bradley 52, Colonia Anzures.
    11590, México, D.F.
    www.edicionesb-america.com

Impreso en los Talleres de Quebecor World
ISBN: 970-710-074-5

Los dueños de América Latina

GERARDO REYES

COORDINADOR

Introducción

A finales de mayo de 2003, los hombres más ricos de América Latina se reunieron en México para hablar de pobreza. El primer día los invitados recibieron un *shock* de futurología de Alvin Toffler, y al siguiente sus aviones ejecutivos emigraron en bandada al exclusivo puerto Ixtapa, en el Pacífico mexicano, donde apagaron sus celulares y se desconectaron de sus imperios para proponer alternativas al gran problema social.

La lista de asistencia a la cumbre, sin fotos, parecía una edición especial de la revista *Forbes*, la publicación estadounidense que escoge cada año a los 500 hombres más ricos del mundo. En su calidad de anfitrión, Carlos Slim, el más rico de todos en América Latina, le dio la bienvenida en ciudad de México a unos 30 magnates de la región acompañados por sus jóvenes herederos. Las fortunas de los asistentes sumaban más de 20,000 millones de dólares. Allí estaban Gustavo Cisneros, accionista mayoritario de *Univisión*; su paisano, el cementero Julio Vollmer; Roberto Marinho, el "Ciudadano Kane" de las comunicaciones en Brasil; Marcelo Odebrech, del conglomerado brasilero de la construcción; el banquero, también de Brasil, Joseph Safra; el ecuatoriano Álvaro Noboa, uno de los mayores productores de banano del mundo; los colombianos Julio Mario Santo Domingo, uno de los industriales cerveceros más poderosos de América Latina; el banquero Luis Carlos Sarmiento Angulo, y el industrial Carlos Julio Ardila

Lülle. De Chile viajó Andrónico Lucsik, dueño de un sector importante de la industria de alimentos y bebidas en ese país. De México también participaron Lorenzo Zambrano, el tercer productor de cemento del mundo y Emilio Azcárraga Jean, accionista mayoritario de la empresa de televisión hispana más grande de América Latina, *Televisa*.

Dice la crónica del encuentro que la idea de la reunión fue del líder socialista español Felipe González, muy cercano a Slim y a otros dueños de América Latina. En diferentes ocasiones, González ha dicho que el progreso no es posible si no va de la mano de la equidad y la distribución justa de los ingresos de un país.

"Ningún país emergente se convirtió en país central —y España no es excepción— sin realizar la liberalización comercial con equidad social y distribución de renta", afirmó González, según la revista *Cambio* de Colombia.

Slim lo había entendido a su manera, las más pragmática y simple, un año antes, al declarar en Monterrey, durante otra cumbre de contricción mundial por la pobreza, que "los pobres no son mercado".

"Hay que acabar con la pobreza para fortalecer los mercados", agregó. "Esto no es caridad".

Uno de los magnates que asistió al encuentro me comentó que el otro punto importante del programa era presentar a los jóvenes herederos, que no se conocían entre ellos, y hablar del tema de la sucesión. Según el empresario, "los muchachos parecen muy sensibles a los temas sociales". Aunque no se conocieron detalles de las intervenciones, el mensaje de Slim parece haber sido la nota dominante en el ánimo de los magnates. La pobreza no sirve.

"Toda América tiene pobreza", afirmó Noboa, tal vez el más locuaz de los potentados. "Para crear empresas de orientación social nos hemos puesto de acuerdo todos y he visto la sensibilidad en todos", agregó.

En una región en donde el discurso de las secuelas de la inequidad se ha percibido casi siempre como un patrimonio exclusivo de la retórica panfletaria de la izquierda, la convención sigilosa de los magnates contagiados por la "sensibilidad de todos" como dijo Noboa, fue un acontecimiento insólito. Por primera vez los hombres más poderosos de América Latina reconocieron en conjunto el problema de ser ricos entre tantos pobres y la manera como sus negocios están sitiados por la angustiosa disparidad.

"Es notable cómo cuanto más atrasado es un país, más hostilidad hay contra los empresarios. Cuanto más desarrollado, mayor respeto hay, y el Estado entiende que ellos son sus socios y los cuida como el dueño de una compañía que estimula al buen gerente cuando lo tiene", comentó Sarmiento Angulo a la revista *Cambio* de Colombia.

En América Latina hay 214 millones de pobres y 92 millones de indigentes, según la Comisión Económica para América Latina y el Caribe (Cepal).

Este libro cuenta la manera cómo algunos de los personajes que asistieron a la cumbre de Puerto Ixtapa, y otros que los igualan en patrimonio y poder, amasaron sus fortunas en ese mar de pobreza y oportunidades que es América Latina. Los empresarios que presentamos a continuación han sido, en los últimos diez años, las personas más ricas e influyentes de la región. Fueron escogidos teniendo en cuenta la lista de los más ricos del mundo de la revista *Forbes* y el grado de influencia política en cada país. La presencia de algunos de ellos en la escala de *Forbes* es intermitente, pero la ausencia entre un año y otro no parece mermar su poder. Los 21 hombres más ricos de América Latina, que clasificaron en el *hit-parade* de *Forbes* de 2003 poseen, en conjunto, un patrimonio de 45,000 millones de dólares.

Hay dos generaciones de ellos. Unos son los pioneros, un grupo de aventureros que a mediados del siglo pasado amasó sus primeros capitales a punta de riesgo y fe en países donde todo estaba por hacer. Luis Noboa, el fundador del imperio del banano en Ecuador —padre de Álvaro—, se ganó su primer sueldo exhibiendo los cartones que anunciaban el número de asaltos de peleas de boxeo en un gimnasio de Guayaquil; el abuelo del industrial brasilero Antonio Ermírio de Moraes era zapatero y Luis Carlos Sarmiento, el urbanizador colombiano, empezó como maestro de obras. Otros son herederos, buenos herederos, que multiplicaron las fortunas de sus padres, "incestuosamente", como dijo alguna vez Julio Mario Santo Domingo. Lo hicieron de varias formas: diversificando sus inversiones, conformando alianzas estratégicas con multinacionales o utilizando sus palancas políticas para quedarse con empresas y bancos rentables que los gobiernos de la región subastaron en la feria neoliberal de los años ochenta y noventa.

Cada una de estas familias guarda en sus museos o en la memoria de sus nietos los símbolos del esfuerzo de sus ancestros: los Cisneros llevaron a su país la Pepsi Cola al final de los años 30; en medio de los cañonazos de la segunda guerra mundial, los Mendoza importaron, en un buque holandés, una fábrica de cerveza a Venezuela. Al finalizar el conflicto, los Rocca instalaron las primeras siderúrgicas en Argentina, y Anacleto Angelini llegó a Chile con una fábrica de pinturas; los Santo Domingo vendieron las primeras gomas de mascar en Colombia; los Safra impusieron el uso de las primeras letras de cambio en Brasil, y los Slim montaron las tiendas de cachivaches libaneses en México.

Gracias a la constancia de sus dueños o a la capacidad de anticipación, muchas de estas fortunas sobrevivieron a la gran depresión de 1929 y a la larga penumbra de la guerra mundial 10 años después. Y al final del siglo, a medida que los pioneros morían, dejando testamentos muy precisos, las riquezas familiares fueron pasando a manos de los herederos, en su mayoría jóvenes educados en las mejores universidades de Estados Unidos y Europa que hablaban el idioma de Wall Street. Los herederos tienen hoy un promedio de más de 60 años de edad.

Ellos fueron los encargados de multiplicar las fortunas familiares. Cuando los gobiernos locales llamaron en los años noventa a un remate de fin de siglo de todos los bienes estatales que producían pérdidas y corrupción, como las empresas telefónicas, los puertos, los aeropuertos, los ferrocarriles, las aerolíneas, los bancos, las estaciones de televisión y de radio, los magnates se presentaron con sus chequeras. Slim se quedó con Teléfonos de México; Gregorio Pérez Companc, de Argentina, compró pozos petroleros y parte de una telefónica; su paisana Amalia Lacroze adquirió ferrocarriles; el mexicano Lorenzo Zambrano, fábricas estatales de cemento; Bozano, de Brasil, se pidió una fábrica de aviones; Santo Domingo, de Colombia, y Ricardo Salinas Pliego, de México, ganaron concesiones de canales de televisión (el segundo gracias a un préstamo del hermano del ex presidente de México, Carlos Salinas); Marinho, de Brasil, sumó a su conglomerado varios canales oficiales; y Oswaldo Cisneros le dio un buen mordisco a la telefonía celular de Venezuela.

Bajo el ritmo de la globalización o por el temor de ser invadidos en su propia casa por las gigantes multinacionales, casi todos sus conglomerados están en un proceso de expansión mundial. En esa carrera, entre ellos compiten, se alían o se pelean. Slim es socio de Azcárraga, a su vez Azcárraga es socio de Cisneros y Cisneros es socio de Santo Domingo. Al mismo tiempo, fraguan alianzas con empresas europeas y de Estados Unidos que aterrizaron en la época de bonanza para participar en la cuestionada transición de monopolios oficiales a monopolios privados.

Los dueños de América Latina comparten ciertos gustos y amigos ilustres: atesoran las mejores colecciones de arte de la región (Slim, de Rodin; Cisneros, de arte latinoamericano) o patrocinan museos, teatros y exposiciones como los Safra y Alisio Faria de Brasil; se ufanan de tener en su lista de amigos a Henry Kissinger, a los Bush y a David Rockefeller —aunque Rockefeller no los mencionó en una sola de las 496 páginas de sus memorias en 2002—, y sostienen importantes obras filantrópicas que apoyan programas de salud, educación e investigación científica para cumplir con su cuota de compensación a esa gran brecha social que los separa de la miseria.

Los aviones —Pérez Companc tiene un Boeing 737 y a Salinas Pliego le encantan los helicópteros—, los automóviles antiguos y los caballos finos son los juguetes preferidos de estos personajes. Una curiosa coincidencia relaciona a tres familias de potentados de Suramérica: el gusto por las heladerías. Los Cisneros montaron El Tío Rico; Andrade, La Basque y Pérez Companc, los helados Munchi's, elaborados con leche de vaca Jersey. Casi todos los herederos ya superaron el promedio de 65 años y de forma gradual han entregado el manejo de sus imperios a una generación de jóvenes que todavía no ha tenido tiempo de probar plenamente sus capacidades.

Los magnates del sur son los iconos de la concentración de la riqueza de América Latina, la región con mayor disparidad de ingresos en el mundo, seguida de un primer grupo de países de África, y la segunda generación de países de reciente industrialización del Asia oriental. En América Latina el 20% de la población controla el 60% de los ingresos y la gran mayoría de sus habitantes vive en países donde la desigualdad registró un aumento incontenible en el último cuarto del siglo XX. Brasil ocupa el primer lugar en la desproporción. El 10% de la población controla el 46.8% de la riqueza del país mientras que el 20% subsiste con el 3.6% de la riqueza. Le sigue Colombia, donde el 20% de la población posee el 52% de los ingresos. En tercer lugar está México donde las 40 personas más ricas de ese país controlan cerca del 30% de la riqueza, según la revista *Harvard Business Review*.

En una entrevista concedida por el industrial colombiano Julio Mario Santo Domingo, el escritor Luis Zalamea le pidió su opinión sobre los problemas de la distribución de los ingresos, y el empresario, posiblemente el que menos rodeos le da al tema, respondió:

"La riqueza nunca ha sido bien distribuida en ningún país del mundo porque si así fuera no existirían países ricos o pobres ... Incluso en Suiza, que es un país que se podría citar como ejemplo, hay ricos y hay pobres. Así que ese cuento de que la riqueza tiene que ser distribuida equitativamente es sólo una ficción sin ninguna base. O sea, una utopía, palabra inventada por los poetas… Resumiendo, la riqueza y la pobreza van a coexistir perpetuamente en todos los países porque siempre habrá gentes más inteligentes o listas, mejor capacitadas, o lo que tú quieras, que otras. Hay que controlar los malos manejos de los ricos, pero también las malas acciones de los pobres".

En las ecuaciones de la economía convencional el problema de la mala distribución de la riqueza no es grave; es considerado una variable neutra en relación con el crecimiento. Lo que eso significa, teóricamente, es que las economías pueden crecer en medio de una gran inequidad. Pero la realidad degenera los postulados. Al menos la realidad latinoamericana. Numerosos estudios han echado a tierra ese planteamiento, según explica Bernardo Kliksberg, coordinador de la Iniciativa Interamericana de Capital Social, Ética y Desarrollo, al concluir que la desigualdad sí traba el crecimiento y tiene numerosos efectos regresivos en los países en los que está más acentuada. Las "trampas de la desigualdad", como se refieren los estudios a las celadas de la injusta distribución de los ingresos, desempeñan un papel muy importante en el aumento de las tensiones sociales, erosionan la credibilidad de las instituciones y de alguna manera inspiran la formación de movimientos populistas de rápido crecimiento al mando de políticos demagogos que proponen la redistribución de la riqueza a las buenas o a las malas.

América Latina no sólo ostenta el triste récord de tener la mayor concentración de riqueza, sino que, además es la región pobre donde hay más millonarios en el mundo, pues, aparte del puñado de multimillonarios con marcas registradas y biografías de lujo en *Forbes*, hay 190,000 latinoamericanos que no aparecen en las revistas de economía, pero que tienen cada uno un patrimonio de más de un millón de dólares (Informe de 2002 de Merrill Lynch Banca Privada y Cap Gemini Ernst & Young).

La brecha es más grande en los países en vías de desarrollo que en los desarrollados. Mientras que los ingresos de los ricos de Estados Unidos son nueve veces mayores que los de las personas más pobres, en varios países de América Latina la relación es de treinta a uno, según afirma un estudio de Naciones Unidas.

Un desequilibrio de esta magnitud hace brillar más las fortunas en los predios de los multimillonarios latinoamericanos que en cualquier otro continente, aun sin contar las imágenes de las revistas satinadas del *jet set* criollo en las que aparecen sus mansiones, sus caprichos y las celebraciones de esplendorosas fiestas.

Conscientes de que éstos no son tiempos de ostentación, la mayoría de los multimillonarios latinoamericanos prefiere llevar una vida alejada de los reflectores y la fastuosidad, y algunos lo hacen con tal devoción a su privacidad que es difícil encontrar fotografías suyas en los archivos periodísticos. Con o sin provocaciones gráficas, el tema de la mala distribución de los ingresos parece también una variable neutra para los grandes medios de comunicación de América Latina. La pobreza no produce ni titulares. La explicación de la indiferencia está directamente relacionada con el hecho de que muchos de los magnates latinoamericanos ejercen el control en forma personal o por delegación sumisa de los más importantes periódicos, revistas, canales de televisión y emisoras de radio de América Latina. La televisión, por ejemplo, está controlada por cuatro grandes grupos: Televisa de México, Globo de Brasil, Cisneros de Venezuela y el grupo Clarín de la Argentina.

Un alto porcentaje de las noticias que se producen en la región se procesan en sus feudos de comunicación, lo cual cierra un conocido círculo de retroalimentación de las fortunas y el poder: los medios se usan para promover los productos del propietario, incluyendo sus candidatos políticos. En este libro se reseñan varios ejemplos de ello. Desde sus apartamentos en París o Nueva York, o dentro de las mismas salas de redacción, los magnates latinos también manejan la política nacional. Sus gustos han definido presidencias y sus desprecios han sepultado candidaturas. Ellos son los principales contribuyentes de las campañas políticas. Han apoyado democracias y dictaduras y se dan el gusto de recibir o no consejos de los gobiernos como es el caso de Roberto Marinho de Brasil quien, una vez que un ministro de justicia incitó a los medios a realizar una purga interna, respondió: "A mis comunistas los mando yo". Es una frase que podría repetir Slim en México sin sonrojarse. En general, prefieren no entrar en discordia con los gobiernos y posar más bien como asesores de oficio en tiempos de emergencias o zozobra social. Parece como si siguieran el consejo que alguna vez Alfredo Fortabat le dio a su esposa, la heredera del imperio empresarial del cemento en Argentina, Amalia Lacroze. Fortabat le dijo a su esposa: "Nunca confiés ni te entusiasmés con los gobiernos de turno, pero siempre hacéles sentir que estás con ellos".

Las preferencias de los magnates se traducen en titulares destacados, en coberturas parcializadas de televisión y, a menudo, en la autocensura de conveniencia. Aquellos multimillonarios que no disfrutan de la propiedad de los medios de comunicación ejercen un control de premio y castigo a través de la pauta publicitaria de sus empresas.

En los últimos cinco años las fortunas de los latinos que han ocupado los primeros puestos de *Forbes* se han forjado en el área de las comunicaciones (tal es el caso de *Televisa, Univisión, O'Globo, Tv Azteca*); en el petróleo (Pérez Companc); a base de cerveza (Polar de Venezuela, Bavaria de Colombia); de cemento (Cemex de México, Loma Negra de Argentina); las multiplicaron los banqueros (los Safra, Aloysio de Andrade y Julio Bozano, de Brasil, y Sarmiento, de Colombia); se fundieron en la industria metalmecánica (Votorantim de Brasil y Techint de Argentina) o las arrancaron directamente de la tierrra (Angelini reforesta para producir papel en Chile y Noboa exporta banano).

La mayoría de los magnates latinoamericanos viven para sus empresas y cuidan las fortunas como si fueran su familia.

"Mis hijos son los bancos", dijo alguna vez el financiero brasileño Edmond Safra. Y cada vez que alguien plantea que en una región como América Latina la acumulación de riqueza en esas proporciones es grotesca y desafiante, es muy común que respondan con las cifras inequívocas del número de empleos que ofrecen sus empresas y de los millonarios impuestos que pagan. No sin antes describir el terremoto social que se produciría si sus compañías o sus fundaciones de caridad dejaran de existir. Además, cuentan con el consuelo de analistas que sostienen que el problema prioritario no es necesariamente el desequilibrio de la distribución de los ingresos sino la reducción de la pobreza. "Si nos concentramos en la disparidad [de la distribución], eso nos puede llevar a políticas que reducen el crecimiento, que es la mejor herramienta para reducir la pobreza", le dijo Ian Vásquez, economista del Cato Institute en Washington al periodista de *The Miami Herald* Andrés Oppenheimer.

Otras voces aseguran que el desequilibrio en la distribución tiene estancados a los países de la región. Kate Raworth, que fue coautora del estudio de Naciones Unidas sobre la brecha entre ricos y pobres, divulgado en julio de 2001, le dijo al mismo periodista que la inequidad definitivamente cuenta. "La gente tiene derecho a acceder a la educación, al agua potable, a la comida y a la vivienda. Y en las sociedades muy desiguales, es poco probable que los gobiernos hagan cosas para la gente pobre, porque ellos están más inclinados a las presiones de los grupos más ricos de la sociedad".

La idea de este libro nació como un proyecto personal. Durante mis viajes como reportero de *El Nuevo Herald* y *The Miami Herald* conocí a algunos de los biógrafos locales de los magnates y llené varios archivos con documentos y testimonios. Pero al sumar las edades de los más destacados en *Forbes* —más de 600 años en total— decidí convertir esta aspiración en una labor colectiva. En un principio publicamos alguno de los perfiles en una edición especial con la que se celebró el primer aniversario de la revista *Punto-Com*, hoy *Poder*. Luego pensamos que sería interesante ampliar los ya publicados, escribir la semblanza de otros y ponerlos todos juntos en un libro. Para ese momento, yo ya había avanzado en la elaboración de dos semblanzas del libro, la de Santo Domingo y la de Cisneros, lo que explica que ocupen una mayor extensión que las demás.

Este álbum de bosquejos de la personalidad de hombres y mujeres que influyen de una forma insospechada en la vida de miles de millones de personas, no hubiera sido posible sin el incondicional respaldo de Isaac Lee, presidente de *Zoom* Media Group, y la colaboración de dos extraordinarios editores como son José Fernando López, director-editor de Zoom, y David Yanovich, editor de la revista *Poder*, una de las publicaciones de ese grupo editorial.

Algunas de las semblanzas fueron publicadas en 2001 en la edición especial ya mencionada y otras aparecieron en el segundo aniversario de la revista.

La vulnerabilidad de las economías latinoamericanas produce cambios inesperados en la estructura de las fortunas personales. De manera que en ciertos casos, especialmente en el de los potentados argentinos, cuyas fortunas sufrieron profundamente durante la crisis de ese país, el lector debe considerar que se han producido transacciones de último momento que modifican su situación. Lo importante, y con esa idea se elaboró este compendio, no es necesariamente mostrar hacia dónde van las fortunas, sino de dónde salieron y cómo se multiplicaron.

GERARDO REYES
Miami, septiembre de 2003

CARLOS SLIM HELÚ

**El empresario más
rico de América Latina
es un hombre huraño
que no usa calculadora
para contar su fortuna**

por Gerardo Reyes

Cuando Carlos Slim tenía 10 años registraba en libros de pasta dura, que aún mantiene, la contabilidad de la venta de sus dulces y de la tienda familiar La Estrella de Oriente. Hoy, a los 61 años, Slim sigue haciendo cuentas en cuadernos que siempre lleva consigo. Los saca de repente cuando quiere anotar algo que le ha llamado la atención o cuando las operaciones son muy complicadas. Las demás las hace en su mente. Obtiene márgenes de ganancia, volúmenes de venta y porcentajes de ingresos sin usar calculadoras ni computadoras.

El hombre que concibió los esquemas de financiamiento que le permitieron a su empresa vender más de 1,000 computadoras al día en México y que logró que miles de usuarios se suscribieran a internet a través de su propio carrier, Prodigy, no tiene nada parecido a una computadora en su escritorio. Ni *laptop*, ni Reuters, ni Bloomberg. Nada. Slim lleva los cálculos y las estrategias de su negocio en la cabeza.

Como inversionista en Alfa, uno de los grandes grupos empresariales mexicanos, Slim sorprendió a Dionisio Garza Medina, su presidente ejecutivo, al calcular mentalmente los índices de ganancia de la empresa en el año 1999, antes de que la tesorería se los presentara al Consejo. Su margen de error fue del uno por ciento. Cuando necesita un dato o quiere estar enterado de alguna coyuntura, levanta el teléfono y pide la información.

"Hay gente a la que se le dan más las letras y gente a la que se le dan más los números", le dijo Slim a Isaac Lee, presidente de Zoom Media Group en una entrevista para la revista *Poder*. "Yo creo que a mí se me dan más los números. Pero a mí me interesa conocer el comportamiento humano y la historia y otro tipo de ciencias o de conocimientos en donde lo que figuran son las letras. Y sin duda es algo en lo que uno hace un esfuerzo mayor por desarrollarlo".

Slim, según cuentan sus hermanos, aprendió a leer y a escribir haciendo sumas mentales y apuntando ideas en su cuaderno. Los domingos, días de comida familiar, de quipe charola, de tabule, de hojas de parra rellenas, el niño Carlos ponía una tiendita debajo de la escalera y vendía dulces a sus primos y hermanos. Después hacía las cuentas con su papá, Julián Slim, de las ganancias del negocio y de lo que se le había entregado en la semana para que invirtiera o pagara sus pequeños gastos, como el alquiler de las bicicletas en el Parque México.

Los Slim fueron inmigrantes libaneses católicos que llegaron a "hacer la América" a principios del siglo XX. Su negocio, La Estrella de Oriente, estaba en la calle sexta de Capuchinas, número 3638, y como tantos otros comercios del centro de la Ciudad de México se dedicaba a vender mercería, juguetería y "otros efectos correspondientes", como consta en folletos publicitarios de la época.

El almacén era de Julián y de su hermano mayor. Pero en 1914 disolvieron su sociedad y Julián se quedó con el negocio después de comprar las acciones de su hermano. El padre de Carlos sabía su oficio al derecho y al revés. Y tenía normas muy claras: «Vender mucho y a bajos precios, contar con efectivo para aprovechar oportunidades, no dividir las comisiones, invertir a largo plazo».

Carlos Slim heredó la forma de hacer negocios de su padre. "A los 15 años ya tenía 44 acciones de Banamex (Banco Nacional de México) y una cartera total de 5,523 pesos", dijo en una conversación con la periodista Rosana Fuentes en 1998.

Años después, una tarde en su despacho de la calle de Palmas, en la zona poniente de la Ciudad de México, enseñó a la periodista algunos de los cuadernos de pastas negras con los registros que conservaba de sus inversiones de juventud. No pasaba un día sin que el joven Slim anotara algún movimiento en su cartera. En 1957, antes de ingresar a la Universidad Nacional Autónoma de México (UNAM), donde se recibió de ingeniero civil, su cartera era de 31,900 pesos con 26 centavos.

Su cartera de hoy es estimada por la revista *Forbes* en casi 12 mil millones de dólares, lo cual lo convierte en el hombre más rico de América Latina. Con su habilidad de hacer cálculos, Slim debe tener registrada en su cabeza exactamente la cifra de su fortuna, pero él juega a que esas son cosas frívolas de los gringos.

"No me pongo a hacer cálculos... esos son los valores de las empresas en general", comentó Slim cuando *Poder* le mencionó la cifra de su fortuna. "Pregúntenles a ellos cómo hacen los cálculos... creo que 12.000 millones es un poco exagerado. Es cuestión de si se habla de la porción personal o familiar o de grupo".

En una entrevista con la reportera de *The Miami Herald*, Jane Bussey, Slim dijo: "Cuando alguien mide el éxito en función del dinero que tiene, eso es fastidioso, aburrido".

Carlos Slim ha tenido y tiene otros intereses.

"No recuerdo en qué año lo conocí, pero fue en su casa de bolsa, cuando alguien le regaló un códice hermoso y Carlos dijo, 'sí, muy hermoso, pero no sé que dice'. Yo te lo puedo descifrar, le contesté, y ahí comenzó la amistad", contó hace algunos años Fernando Benítez, historiador, periodista, pionero de suplementos culturales y uno de los hombres que mejor conoció la cultura indígena mexicana. Amigo entrañable de Slim, el maestro Benítez, fallecido en marzo de 2000, viajó con él en largas excursiones para admirar las ciudades mayas del sureste de México.

Y Slim no sólo aprecia el arte; lo colecciona. Desde 1994, con la inauguración del Museo Soumaya, abrió al público la exhibición de todo tipo de piezas que había ido coleccionando desde aquel primer códice. Además de la historia de México, al empresario lo apasiona el estudio del origen del universo.

Soumaya es el nombre de su difunta esposa y de su hija, que actualmente dirige el Museo. En él se encuentra la mayor colección de piezas del escultor francés Augusto Rodin, superada sólo por la del museo parisino que lleva el nombre del artista. Soumy, Soumaya, viene del árabe Ouma, que significa cielo en español. Soumy y Carlos estuvieron casados más de 40 años, hasta que ella falleció en sus brazos en un avión camino a la Ciudad de México por un problema de insuficiencia renal, en marzo de 2000. El nombre de Grupo Carso deriva, precisamente, de la unión de Carlos y Soumaya.

Casados bajo la tradición libanesa, los muchachos recibieron de sus padres, como patrimonio para hacer pie de cría para la nueva familia, un terreno en la colonia Polanco y algo de dinero. A los 26 años, su sexto hijo registró la Inmobiliaria Carso. El ingeniero Slim no le construyó a Soumy una casa lujosa, como el resto de las parejas de su generación, sino que la hizo socia de un edificio de apartamentos en el terreno recibido. La familia vivía en uno de ellos y rentaba cuatro. Los otros 15 fueron vendidos.

A mediados de los años sesenta, Slim tenía levantados los dos pilares sobre los que construiría su futuro: la Inmobiliaria Carso y la casa de bolsa Inbursa. Durante una década combinó el negocio inmobiliario y el de la construcción con exitosas incursiones en la bolsa de valores. Su estilo informal contrastaba con el ambiente elitista y glamuroso de la bolsa. Un viejo amigo suyo recordó que en 1973 Slim fue despedido discretamente del edificio de la bolsa por no llevar corbata.

"De aquí soy"

En los años setenta la carrera del inversionista tomó un gran impulso. En 1976 compró Galas, una imprenta que manufacturaba envolturas para los paquetes de Cigarrera la Moderna. Este negocio le abrió las puertas para la primera gran inversión de su vida: la adquisición de Citagam, la empresa cigarrera más importante de México.

No era una época que invitara a grandes inversiones. El gobierno de José López Portillo culminaba en medio de una gran crisis petrolera, fuga de capitales y debacle financiera.

¿Por qué compró? La respuesta de Slim es una constante en su vida empresarial: "Aquí vivo, aquí nací, de aquí soy, es el lugar donde murieron mis padres, viven mis hijos, éste es el país de donde soy. ¿Por qué habría de ir a otro lado?". Esta especie de chovinismo empresarial es una filosofía de negocios que los Slim se pasan de generación en generación.

Lo aprendió de niño, pues a pesar de que La Estrella de Oriente tenía proveedores internacionales, el negocio se manejaba con cartas de crédito y no tuvo una cuenta corriente en el extranjero sino hasta la década de los sesenta.

Como otro ejemplo de su espíritu nacionalista, Slim cuenta que unas semanas antes de cerrar su oferta en la licitación de Telmex se reunió con sus hijos Carlos, Marco Antonio, Patrick, Soumaya, Vanesa y Johanna, para sellar el compromiso de que, en caso de ganar, Telmex se quedaría en manos de la familia Slim Domit —apellidos de los hijos de Carlos y Soumaya— cuando menos durante dos generaciones.

A diferencia de otros miembros de la alta burguesía mexicana, especialmente de la de Monterrey, ni el propio Slim ni sus hijos obtuvieron grados académicos en universidades de prestigio americanas como Harvard o Stanford, donde se graduaron Lorenzo Zambrano, de Cemex, y varios —si no todos—los primos Garza Sada. Slim habla inglés, pero muy pocas veces lo hace en público y sus críticas respecto a la veneración de algunos tecnócratas mexicanos por los modelos estadounidenses son públicas: "Ya estamos grandes para andar copiando modelos", apuntó en relación con el afán de alinear las políticas económicas mexicanas con las de Estados Unidos.

En junio de 2001 ironizó respecto a la desconfianza que muestran algunos políticos mexicanos sobre la posibilidad de que inversionistas nacionales puedan salir adelante con grandes negocios. Estamos, dijo, no frente a "globalifóbicos", sino ante "nacionalifóbicos", los que creen que los empresarios mexicanos no pueden hacer bien las cosas. Ese desafío retórico lo hizo, nada más ni nada menos, quien es hoy por hoy el hombre más rico de América Latina y uno de los 25 personajes más influyentes del mundo, según la revista *Time*. Sus empresas venden en conjunto 22,100 millones de dólares, con utilidades cercanas a los 1,000 millones de dólares.

La relación de Slim con Estados Unidos es más de negocio que del corazón. Aunque estuvo en la primera cena ofrecida por el presidente George W. Bush en honor al presidente Fox, las posturas del empresario en ciertos temas no deben caer muy bien en Washington. Es el caso de su propuesta de estudiar la legalización de la droga, mencionada en la entrevista con *Poder*.

"Es algo que habrá que estudiar, porque puede eliminar la delincuencia que trae a su alrededor y ser una fuente de financiamiento del gasto social o de la actividad pública", dijo.

La expansión

Entre 1981 y 1986, Slim se lanzó a una febril jornada de adquisiciones y agregó al portafolio de Carso nueve empresas, entre las cuales se encontraba Seguros de México, comprada por 55 millones de dólares.

Hasta ese momento actuaba audazmente, como lo hizo su padre cuando en plena revolución mexicana compraba bienes inmuebles. Pero nada comparado con la audacia que mostró durante la privatización de Telmex en 1990. En la víspera de su venta, la empresa presentaba rezagos técnicos y humanos. Teléfonos de México era una compañía paraestatal enorme, cuyo director general era designado por el Presidente de la República desde 1971. Los sismos de la Ciudad de México en 1985 dañaron gravemente las centrales telefónicas de larga distancia y en 1989 los potenciales usuarios tenían que esperar meses para tener una línea telefónica.

Contagiado por la fiebre neoliberal de despojarse de activos herrumbrosos, el gobierno de Carlos Salinas de Gortari puso en venta la empresa a través de una controvertida subasta que generó uno de los mayores escándalos de su gobierno. En noviembre de 1990, el ganador de la subasta fue un consorcio encabezado por Carso junto con Bell International Holding Co. y France Cable & Radio.

Como finalistas quedaron el grupo Acciones y Valores —representado por Roberto Hernández—, que presentó una oferta conjunta con Controladora Mextel, Accitel de México, Telefónica de México y GTE Mexican Telephone Inc., y otro grupo encabezado por la empresa Gentor y representado por Humberto Acosta Campillo y Salvador Benítez Lozano. La propuesta del consorcio de Carso era la más alta, pues ofrecía 80 centavos de dólar por acción, mientras que los restantes ofrecieron 78 y 63 centavos, respectivamente. La oferta de Carso fue de 1,757 millones de dólares.

La principal acusación contra el gobierno radicaba en que el consorcio de Carso "fue ostensiblemente favorecido al aceptar que una parte de la oferta fuera pagada a plazos con dinero proveniente de las ganancias que Slim obtuviera con Telmex en su poder", escribió el periodista Rafael Rodríguez Castañeda, de la revista *Proceso*. Slim fue acusado de ser un prestanombres del Presidente, que supuestamente estaría detrás del negocio, a cambio de convertirlo a él en el hombre más rico de América Latina.

Slim aseguró que todos los participantes en la subasta tuvieron acceso a la misma información y que su propuesta superaba en 608 millones de dólares el valor que Telmex tenía en 1990. "Por si esto no fuera suficiente —explicó a la revista *Proceso*—, además de esta clara y contundente diferencia, las características de este grupo resultan a todas luces definitivas". Según sus palabras, la firma France Cable & Radio es una de las empresas más destacadas en comunicaciones en el mundo, y Southwestern Bell una de las prestadoras de servicio regional más eficiente de Estados Unidos. Sobre los antecedentes de Carso, Slim se extendió en un largo historial de experiencia empresarial. De 1965 a 1969, adquirió condominios y terrenos con una superficie de más de un millón de metros cuadrados en diversas partes de la Ciudad de México; en 1970, compró la refresquera Jarritos del Sur; en 1976, la imprenta Galas de México; entre 1981 y 1982, Cigatam; entre 1982 y 1983, Hulera el Centenario y Sanborns; en 1985, Porcelanite, Euskadi y las fábricas de papel Loreto y Pena Pobre; en 1986, la Compañía Minera Frisco y Nacional de Cobre; en 1989, Bicicletas de México.

Pero la pregunta seguía en el aire. ¿Era Carlos Slim el testaferro del presidente Salinas de Gortari? Slim ha rechazado siempre estas insinuaciones. "¿Para qué iba a ser prestanombres y manejarle su dinero a un político? No lo he hecho nunca, ni con mis hermanos, nunca", señaló cuando Salinas de Gortari regresó a México brevemente en el segundo semestre del año 2000 para presentar su libro de memorias, en el que no menciona ni una sola vez a Carlos Slim.

A 10 años de la licitación, y con una sociedad que desnudó los abusos del gobierno salinista, encarceló al "hermano incómodo", y sacó a su partido, el PRI, de la silla presidencial, la compra de Telmex no ha sido objetada en ninguna corte del país. Aunque es claro también que algunos analistas económicos, como Celso Garrido, de la Universidad Autónoma de México, la perciben como una operación ventajosa, pues "cualquiera que hubiera comprado se convertía en monopolio".

El anuncio de la concesión, publicado el 10 de diciembre de 1990 en el Diario Oficial, estableció el marco de competitividad en el que debía operar la empresa. Pero 13 años después sus competidores —AT&T y MCI— siguen quejándose de que las condiciones para los prestadores de servicios son favorables a Telmex. Estas quejas han tenido eco en el gobierno de Estados Unidos. Varios funcionarios de comercio de Washington han dicho que Telmex cobra las tarifas más caras de servicios telefónicos en toda América Latina a través de un monopolio inexpugnable que cuenta con la bendición del gobierno mexicano.

"Es claro que el sistema regulatorio de México está resquebrajado totalmente", dijo la delegada de comercio de Estados Unidos, Charlene Barshefsky, en julio de 2000. "Lo que hay es una falla del gobierno mexicano de tomar medidas efectivas para reducir la conducta monopolística de Telmex. La situación es intolerable".

Según cifras de 2002, Telmex controla el 95 por ciento del mercado local de comunicaciones telefónicas en México, domina los servicios de Internet y el de larga distancia, controla el 70% de los contratos telefónicos con el gobierno de México y otros frentes. La operación mueve, en total, 12,000 millones de dólares.

Philip Peters, vicepresidente del Lexington Institute y ex funcionario del Departamento de Estado, afirmó en 1998 que Telmex se comportaba típicamente como "el anterior monopolio Telco, aprovechándose de todas las ventajas que tiene, haciendo todo lo que puede para mantener sus ventajas en el mercado a pesar de que el monopolio legal ha terminado". Según Peters, uno de los más lucrativos privilegios de la empresa es la sobretasa que cobra por el paso de una llamada del exterior. En teoría, esa sobretasa debe ser destinada a la expansión del servicio. "Pero va a Telmex, no va para el gobierno. Va a una caja negra donde no hay supervisión de su uso o destino", dijo Peters.

Las empresas de Estados Unidos argumentan que cuando un usuario hace una llamada desde Estados Unidos a México la compañía mexicana le cobra 13 centavos por el paso de la llamada, cuando el costo real es de 4.50 centavos. Es un tema tan delicado que el gobierno del presidente George W. Bush, al poco tiempo de haber llegado a la Casa Blanca, lo puso en la mesa de conversaciones con el presidente Fox. Según los funcionarios federales de comunicaciones de Estados Unidos, la cifra de 13 centavos representa un margen de ganancia muy alto para competir. "Es una máquina de subsidio de exportación", le comentó un ex funcionario de la Comisión Federal de Comunicaciones de Estados Unidos a Peters.

Slim dice que está harto de que las empresas americanas, en lugar de concentrar sus energías en ganar clientes, las usen para presionar al gobierno de Estados Unidos.

"Creo que tienen más abogados que ingenieros", comentó Slim a *The Dallas Morning News*. "Nosotros nos preocupamos por la calidad de nuestro servicio, nuestra infraestructura, nuestra posición en el mercado".

Con la máquina de hacer plata de Telmex sonando al fondo, la organización de Slim se lanzó a una campaña expansionista tanto hacia al norte como hacia el sur de América. La operación trascendió el campo ya conquistado de las comunicaciones telefónicas.

"Los negocios de larga distancia son cosas del pasado", le dijo Slim a la revista *Time* en 1997 al calor de la bonanza de la Internet.

Como bastión de la conquista doméstica e internacional, Slim creó América Móvil, una subsidiaria de telefonía celular de Telmex, que se convirtió en la operadora de telefonía móvil más grande de América Latina en cuestión de dos años. Miles de mexicanos sin teléfono en sus casas hicieron cuentas y concluyeron que era más barato tener un celular en mano que una promesa de línea fija, más cara, volando.

En Estados Unidos el conglomerado invirtió en Compusa, la enorme cadena de tiendas de computadores; a finales de 2001 compró más de medio millón de acciones en Saks Fifth Avenue, los almacenes de ropa fina de Estados Unidos, y adquirió el 10% de las populares tiendas de electrodomésticos Circuit City. Este último fue un intento infructuoso de iniciar una toma de la empresa. El plan se frustró a mediados de 2003 cuando la firma norteamericana rechazó una oferta de Slim de adquirir un paquete dominante de acciones.

Como parte de su probada estrategia de tomar control de empresas tambaleantes, Slim compró a precio de remate bonos de la compañía operadora de Estados Unidos WorldCom

Inc. que se declaró en bancarrota a mediados de 2002. La adquisición de unos 350 millones de dólares en papeles de la compañía desató una ola de rumores en el sentido de que su plan era tomar el control de la empresa o conquistar un puesto en la junta directiva. Slim desmintió esos rumores.

"Normalmente, uno sigue a las empresas por los números que ve y por las cosas que están haciendo", comentó Slim sobre la crisis de WorldCom. "Cuando los números no dicen lo que está pasando, está uno viendo una película diferente, está viendo una información que no corresponde. Es una sorpresa que una empresa tan importante y con tanta actividad pueda tener problemas de ese tipo".

Hacia el sur, Brasil ha sido el país al que más le ha apostado Slim en los últimos años. Allí funciona la más próspera filial de América Móvil (Telecom Américas). Es la número dos en la telefonía móvil del Brasil, un puesto que se ganó con la compra por 180 millones de dólares de la operadora BSE SA, al norte de Brasil, y la adquisición de otros negocios en el mundo de las telecomunicaciones en ese país.

A finales de 2002, América Móvil, compró el 95% de la empresa celular Celcaribe de Colombia. La firma de Slim ya había adquirido Comcel, otra de las operadoras de telefonía celular de ese país, Conecel en Ecuador y Telgua en Guatemala. La compañía también tiene intereses en Venezuela, Nicaragua (PCS Digital), Puerto Rico y España.

Hay otra presencia fuerte de Slim de la que poco se habla en México. El magnate tiene una inevitable influencia sobre los principales medios de comunicación del país, ya sea por la vía de la adquisición o de la publicidad. En mayo de 1999, Slim compró un 24% de *Televicentro*, la compañía matriz de *Televisa*. Lo hizo bajo una sola condición: que su voto en las decisiones de la empresa se plegaría a las decisiones del principal accionista Emilio Azcárraga Jean siempre y cuando Azcárraga mantenga por lo menos el 27% del control de la compañía. En *Cablevisión*, una de las filiales de *Televisa* y la número uno en la industria de la televisión por cable en México, Slim posee el 49%. Telmex y sus filiales son las principales firmas anunciantes de la prensa nacional, incluyendo los medios de la izquierda crítica.

Un empresario latinoamericano explicó al autor de esta semblanza que Slim tiene al frente un reto doméstico y un sueño internacional. El reto tiene que ver con las relaciones de su enorme conglomerado con el gobierno mexicano. Estas relaciones, siempre impredecibles, siempre delicadas y muy personales, han sido hasta ahora manejadas por Slim y nada más que por él. De acuerdo con el empresario, las conexiones con el Estado se manejan al oído, sin partitura, de manera que el día que el magnate falte nadie garantiza que continuarán siendo las mismas.

En cuanto al sueño que abriga Slim, agrega el empresario, es hacerse al control de un conglomerado de comunicaciones en España. El que está más cerca de sus gustos y menos lejos de la realidad es el Grupo Prisa, la prestigiosa corporación de comunicaciones y entretenimiento que controla el diario *El País*, Sogecable (televisión por cable) y la Editorial Santillana.

Aunque los negocios continúan bajo su absoluto control, Slim ha puesto a sus hijos varones —Carlos, Marco Antonio y Patricio— a entrenarse en sus bases, según los símiles beisbolísticos con los que el empresario explica a menudo sus movimientos. No son posiciones que sus hijos se han ganado simplemente por ser ellos, afirmó Slim a *Poder*.

"En béisbol, ¿qué haces si le estás lanzando a tu hijo?... ¡lo ponchas! Y si estás bateándole a tu papá o a tu hermano, ¿qué haces? Es un tema de responsabilidad. En cada lugar, si tú tienes la responsabilidad de estar bateando, tratas de meter un *hit* o meter una carrera, aunque sea tu papá o tu tío o tu hermano. Creo que el problema es cuando los puestos se dan por ser hijos, o los malos puestos se dan por ser hijos, o se exige al hijo tener una responsabilidad que no va con su interés o su personalidad o su talento o su gusto o su esfuerzo".

Los hijos son sus amigos. Con ellos cena todos los lunes. En su orden de cercanía le siguen amigos del colegio y la universidad y una pareja con la que ha mantenido una relación estable en los últimos años.

"Yo creo que el éxito no está en lo económico", afirma Slim. "Yo creo que una persona no es de éxito porque le va bien en los negocios o le va bien profesionalmente o saca 10 en la escuela. Creo que eso es lo que menos vale. Lo que vale es tener los pies en la tierra, la familia —el concepto de familia—, los amigos. Apreciar las cosas que tienen valor verdadero, no material, no físico necesariamente".

Slim de pelea

En el año 2000 Slim se quejaba de un fenómeno que ha criticado a las empresas estadounideses: que en su compañía trabajaban más abogados que ingenieros. Es el precio que tiene que pagar por su acceso al litigioso mundo estadounidense de los negocios. No lo disfruta, pero tampoco lo evade, porque a Slim le gusta pelear hasta el final. Un capítulo de una de sus más fervientes disputas se cerró en febrero de ese año con un fallo adverso —y costoso—, que él está dispuesto a apelar hasta la última instancia para demostrar que tiene la razón.

Esta vez el escenario de su batalla fue la corte civil 116 de Dallas, Texas. Allí, un jurado de nueve mujeres y tres hombres comunes y corrientes se atrevió a multar por 454.5 millones de dólares a Slim, presidente vitalicio del Grupo Carso.

Los abogados de la parte acusadora se referían a Slim como "el millonario mexicano".

El veneno funcionó, pero el juez tejano Carlos López redujo la multa a 121.5 millones de dólares, 31.5 millones en daños reales y otros 90 millones en costos legales a favor de COC Services Ltd., la empresa demandante.

De acuerdo con la parte acusadora, Slim había aceptado la propuesta de asociarse con COC Services para operar la franquicia mexicana de Compusa. Pero, según ellos, Slim no sólo usó la información suministrada por COC Services para negociar desde una posición de fuerza, sino también para comprar acciones de la empresa en el mercado abierto. Slim rechazó la fórmula de asociación original con COC Services y decidió apoderarse de la empresa. Dos de los socios de COC Services, Roger Cunningham y Lawrence Mc Bride, denunciaron a Slim por haberse confabulado con un tercer socio, James Halpin, para sacarlos del negocio. Slim rechazó la acusación y sostuvo que la empresa comercializadora no tenía una buena propuesta y su plan de negocios no era viable. Ante las deficiencias de la compañía, alega Slim, la mejor solución era adquirirla y someterla a una reestructuración.

Mientras peleaba en Texas, el empresario se defendía en Ginebra ante la Organización Mundial del Comercio (OMC), donde fue investigado por actividades monopolísticas, igual que su amigo Bill Gates en su país. Las dos grandes telefónicas estadounidenses —AT&T y MCI— acusaron a Teléfonos de México (Telmex), de mantener una posición excluyente en el mercado de telefonía de larga distancia.

En febrero de 2001, vísperas de la reunión de Bush con Fox en la hacienda del segundo, las empresas llegaron a un acuerdo. Un año después continuaron en disputas.

En cuestión de competencia, Slim sólo ha dejado ver su temor por una empresa: Telefónica. Y no tuvo problema en reconocerlo en una rueda de prensa en junio de 2002 al declarar que la multinacional europea se perfila como la más preparada para competir con Telmex. Pero la amenaza está todavía a una distancia respetable. Mientras Telefónica Móviles de España cuenta con 2.2 millones de suscriptores, América Móvil tiene 19.4 millones. (Datos del segundo semestre de 2002).

La distancia en la política

En febrero de 1995, en la sala de juntas del Grupo Carso, la periodista Rosana Fuentes entrevistaba a Slim respecto al devaluado peso mexicano. Allí llegó Arnulfo, uno de los asistentes personales del empresario con una tarjeta que anunciaba la noticia del arresto de Raúl Salinas de Gortari.

La entrevista se interrumpió. La periodista y el empresario se dirigieron hacia un televisor que Slim no pudo hacer funcionar, hasta que Arnulfo entró al rescate y sintonizó una escena nunca antes vista en México: el arresto del hermano de un ex presidente. "Mister 10 percent", como se conocía a Raúl en los círculos de negocios, de traje, con las manos en la espalda, pero no esposado, era introducido en un coche mientras policías armados se mantenían vigilantes.

Slim rompió el silencio con una reflexión en voz alta: "Por eso siempre les digo a mis hijos que se mantengan lejos de los políticos".

No es un consejo que Slim ha seguido al pie de la letra. Además de su amistad con el presidente Salinas, el empresario fue un gran financista del presidente Vicente Fox (algunos de sus aportes a la campaña presidencial han sido investigados) y ha respaldado abiertamente la gestión del alcalde de la capital mexicana Andrés Manuel López Obrador, quien se perfila como candidato presidencial para el 2006.

La relación del magnate y el alcalde tiene un punto de confluencia: la recuperación del centro histórico de la ciudad de México, un proyecto en el que Slim ha invertido cantidades importantes con una calculada mezcla de mecenazgo y olfato de inversionista. Fue Slim uno de los empresarios que lideró la contratación del alcalde de Nueva York Rudolph Giuliani por 4.3 millones de dólares para asesorar a la ciudad en la prevención del crimen.

Hacia el futuro

En los últimos años Slim ha procurado que se conozca públicamente su preocupación por los elevados niveles de pobreza en América Latina. Aconsejado por el líder socialista español Felipe González, Slim invitó en abril de 2003 al balneario de Ixtapa, México, a una treintena de magnates de la región cuyas fortunas sumaban unos 20,000 millones de dólares, según cálculos de la prensa mexicana. Los magnates se sentaron dos días a analizar las dimensiones y alternativas de la pobreza y el desarrollo sostenido en países donde el poder adquisitivo es un privilegio de no más del 15% de la población.

Hay un dato que podría ayudar a explicar la preocupación de Slim y es que él, el empresario más rico de América Latina, vive en el país que tiene el mayor número de pobres de la región. Un estudio del Secretariado de Desarrollo Social de México, citado por *Latin America Weekly Report*, reveló que 54 por ciento de la población, aproximadamente 54 millones de personas, escasamente sobreviven con 4 dólares al día.

Slim sabe que los retazos del modelo económico de América Latina no han respondido a ese desafío.

"Yo creo que el modelo económico que se ha usado en Latinoamérica, que viene de las universidades norteamericanas, está incompleto. Y por eso no está funcionando bien, por eso hay fatiga y nostalgia. No ha resuelto los problemas sociales ni los ha hecho menores. Además ha descuidado el sector interno de la economía; ha sido un poco obsesivo en pensar en el sector externo. Se ha pensado que el mercado, la privatización, la apertura comercial, las variables macroeconómicas equilibradas resuelven las cosas por sí solas, y se descuida la acción sobre el sector interno. Eso está trayendo repercusiones negativas en el crecimiento económico y, sobre todo, en el empleo en los países".

Una de las propuestas concretas que ha hecho Slim para aliviar el problema en México es pedirle al gobierno de Fox que relaje la política de más de 15 años de austeridad en el gasto público y abra la llave de la inversión ahora que el gobierno tiene el déficit presupuestal bajo control.

"Tenemos los recursos, las condiciones macroeconómicas y tenemos que movilizar el crecimiento, sería lamentable no crecer", comentó Slim.

En la reunión de los grandes empresarios prevaleció más que una teoría, una línea de combate de Slim. El empresario comentó que estaba dispuestos a convencer a todos los demás magnates de la región, desde el sur del Río Grande hasta la Patagonia, de que ninguna economía emergente puede salir adelante si no combina sus políticas de liberalización con equidad social y distribución de ingresos. El argumento de Slim, comentó una fuente no identificada a la revista *Cambio*, es que si no lo hacen las bases de sus conglomerados serán siempre débiles y el capital que ha fluido en la región de Estados Unidos y Europa durante estos años de apertura de mercado terminará por desplazarlos a ellos.

"Los pobres no son mercado", dijo Slim. "Hay que acabar con la pobreza para fortalecer los mercados. Eso no es caridad".

LORENZO MENDOZA

**Un joven ejecutivo nada ostentoso
que después de escalar desde la línea
de la embotelladora hasta la gerencia
de la cervecera de la familia trata
de globalizar la compañía**

POR CHRISTINA HOAG*

Durante su adolescencia, Lorenzo Alejandro Mendoza Giménez pasaba las vacaciones embotellando cerveza en una cadena industrial, manejando camiones de reparto y cargando cajas de aceite de maíz en las empresas fundadas por su abuelo. Fue durante esos acalorados meses de verano que aprendió que, a pesar de su apellido, no era más que una pieza en el engranaje del inmenso mecanismo de las empresas Polar, el mayor conglomerado industrial venezolano, que domina los sectores de alimentos y bebidas. En la actualidad, Mendoza encabeza el grupo de 40 empresas de propiedad de su familia en un ambiente en el cual el liderazgo se gana con el conocimiento y no con el apellido.

"Los días de las grandes fortunas dinásticas son cosa del pasado", dice el joven presidente, de 35 años.

En un país como Venezuela, con una sociedad elitista en la que los apellidos pesan mucho más que la capacidad y los jefes exigen y no consultan, las palabras de Mendoza resultan refrescantes. La suya es una actitud que ha caracterizado la bien organizada maquinaria corporativa de Polar durante muchos años. Esa actitud progresista es un o de los principales motivos por los cuales el grupo, con unos ingresos anuales de 2,400

*Periodista colaboradora de la revista *Time* y de los diarios *The Miami Herald* y *The Houston Chronicles*.

millones de dólares, se ha mantenido en una senda de crecimiento y sobresale en el área de las antiguas empresas familiares, que otrora fueron tan numerosas.

"Mi padre creyó siempre profundamente en la gerencia profesional, en brindarle a la gente un espacio para que se desarrollara", me dijo Lorenzo Alejandro —hijo y nieto de empresarios del mismo nombre— durante una entrevista en su amplia, mas no ostentosa oficina, situada en la dirección general de Polar, en el oriente de Caracas. Está decorada con un estilo funcional, sin obras de arte apabullantes ni jardines interiores.

"No es que quiera borrar mi apellido, ya que estoy muy orgulloso de él así como de la tradición que representa, pero en mi filosofía, cuando me siento en esta oficina o cuando trabajo con los muchachos me integro en lo que es básicamente una relación de trabajo más, en la cual a veces acierto y a veces me equivoco".

El carácter informal y ejecutivo del joven presidente de Polar y su atractiva apariencia de inocencia infantil hacen que me sea difícil no tutearlo. Tengo que obligarme a recordar que el personaje que tengo frente a mí, en un sofá elegante, pero no particularmente llamativo, vestido de manera formal, aunque sencilla, con un sastre gris de aspecto muy normal, ocupa el puesto 82 de la lista de multimillonarios de *Forbes*, con un patrimonio estimado en 4,500 millones de dólares.

Su estilo de vida es tan conservador como el estilo gerencial impuesto por la familia Mendoza en Polar. Se introdujeron imperceptiblemente en el medio de las grandes sagas acaudaladas de Venezuela custodiando celosamente tanto el potencial de negocios de su compañía como su privacidad. En su calidad de presidente ejecutivo, Mendoza Giménez es el rostro público de la familia: es el único que concede ocasionalmente entrevistas y una que otra aparición pública a menudo relacionada con las actividades de las juntas directivas de las asociaciones gremiales y de obras caritativas en las que participa. Ni siquiera las páginas sociales o las sesiones de chismes del Country Club (el santuario de la burguesía de Caracas) mencionan mayor cosa acerca de este cerrado clan. Se sabe que pasan mucho tiempo con los otros miembros de la familia, que hacen viajes a lugares exóticos y remotos como China, y que ofrecen de vez en cuando alguna fiesta encopetada.

En contraste con el bajísimo perfil social de la familia, sus negocios son extremadamente notorios en el país. Uno no puede desplazarse a ningún sitio en Venezuela sin encontrarse con alguna manifestación de Polar. La mayoría de las veces se trata del ubicuo oso blanco —el símbolo por excelencia de su producto estrella—, que constituye la fuente inicial de la fortuna de los Mendoza. La cerveza es tan venezolana que inclusive en tiempos de recesión, en los que caen las ventas de queso, leche y productos para bebés, las de la cerveza se mantienen intactas.

La historia de Polar data de 1855, cuando la familia Mendoza fundó una fábrica de jabón: Mendoza y Compañía. Se mantuvieron en la producción de jabón hasta la década de los treinta, cuando el abogado Lorenzo Alejandro Mendoza Fleury intuyó la existencia de un importante mercado potencial para la cerveza y decidió intentar la fabricación de esa bebida. Luego de mucha investigación y de varios viajes a Europa, en 1939 un carguero holandés esquivó las bombas nazis para llevar a las costas venezolanas el equipo de producción. Dos años después la cervecería abrió sus puertas con 50 trabajadores, que producían cada mes un total de 30,000 litros de cerveza de dos tipos diferentes. Para ese entonces Mendoza Fleury tenía 44 años y un doctorado en ciencias políticas. Luego sirvió durante 14 años como cónsul de Venezuela en Filadelfia y como delegado *ad honorem* ante Naciones Unidas.

Aunque contaba con numerosos competidores en esa época, Polar, con su nombre y su mascota que representaba la implacable búsqueda de frescura en medio del ardiente clima tropical, logró ocupar la primera posición gracias a un experto europeo que contrató para homogeneizar el sabor de la bebida. "En aquella época, la cerveza cambiaba de sabor con cada lote que se producía —cuenta Roberto Bottome, director de VenEconomy y experto en negocios venezolanos—. Trajeron a un excelente maestro cervecero para arreglar ese problema y gracias a ello pudieron utilizar la etiqueta 'siempre igual' ". Finalmente la competencia quebró.

Mendoza Fleury expandió rápidamente el negocio, al construir en 1945 la cervecería más moderna y mecanizada de América Latina y manejar las ventas y la distribución a través de una subsidiaria que comenzó a operar en 1948. Para ese entonces su hijo mayor, Juan Lorenzo Mendoza Quintero, había comenzado a trabajar en la empresa. Nacido en París en 1927, Juan Lorenzo era ingeniero químico de la Universidad de Princeton y había obtenido un diploma en la Academia de Cerveceros de Washington.

A Juan Lorenzo Mendoza se le debe la estrategia aún vigente de Polar de construir plantas de producción regionales apoyadas por redes de distribución que se tejieron durante los años cincuenta. Los camiones repartidores con las cajas repicando al son de las botellas ascienden las más empinadas cuestas hasta alcanzar los barrios más pobres, y bajan por carreteras casi intransitables hasta las aldeas más remotas. Es tal vez por eso que los venezolanos se cuentan entre los mayores consumidores de cerveza del mundo (72 litros por persona al año).

"Un producto de calidad impecable y con una distribución extraordinariamente buena: ésas son, tal vez, las claves de su éxito", dice Bottome.

En 1950 los Mendoza lanzaron otro de los más sólidos productos de Polar: una bebida no alcohólica de malta, llamada Maltin. Sin embargo, el producto que llevó a la empresa directamente al corazón de los venezolanos fue Harina P.A.N. La arepa es para los venezolanos lo que las tortillas para los mexicanos o el pan para los españoles. Lamentablemente, durante la década de los cincuenta, la tradición de la arepa estaba en vías de extinción, pues las amas de casa ya no tenían tiempo para llevar a cabo el dispendioso proceso de desgranar las mazorcas y luego moler los granos hasta convertirlos en harina.

Juan Lorenzo Mendoza detectó allí un mercado virgen, y en 1954 comenzó a desarrollar lo que luego se conoció como harina de maíz precocido. Al igual que una mezcla, Betty Crocker, para la preparación de tortas, todo lo que hay que hacer es añadir agua, mezclar y ya está lista la masa para hacer arepas. En 1960 se inició la producción de Harina P.A.N. con un despacho de 50 kilos en el primer mes. Para finales del año la fábrica producía un millón de kilos mensuales. El palmoteo de las manos amasando arepas volvió a escucharse en las cocinas de toda Venezuela y continúa aún hoy.

La reputación de los Mendoza como productores de excelente calidad se extendió a la Harina P.A.N. "Revisan la harina que se encuentra en los anaqueles de los supermercados y si ya no está fresca la cambian —dice Bottome—. Jamás venden un producto de calidad inferior, y eso es lo que les ha dado la fidelidad de los clientes".

También se dieron cuenta de que la empresa debía integrarse verticalmente: comenzaron a fabricar sus propias cajas de plástico para el transporte de las botellas, sus propias tapas metálicas, y más tarde los envases de aluminio para la venta de cerveza en lata. Impulsados por el éxito de la harina para arepas, comenzaron a aventurarse también en la agroindustria, y como consecuencia de ello ingresaron a la manufactura de alimentos.

Cambio de mando

En 1962, poco después de haber fundado la primera organización caritativa del grupo, que luego habría de convertirse en la prestigiosa Fundación Polar, Juan Lorenzo Mendoza, de apenas 35 años, murió súbitamente camino al hospital como consecuencia de una úlcera perforada. Su padre, que mucho tiempo antes le había confiado las riendas del negocio, tuvo que regresar al frente de las operaciones. Luego de siete años, durante los cuales Polar emprendió la fabricación de alimentos para animales, Mendoza Fleury decidió retirarse de nuevo y dejar la dirección de la compañía en manos de su segundo hijo, Lorenzo Alejandro Mendoza Quintero.

Nacido en 1931 en Berlín, Lorenzo Alejandro era psiquiatra. Se graduó de psicólogo en la Universidad de Columbia, para luego especializarse en psiquiatría en la Universidad de Madrid. Después de practicar su profesión en Madrid y Caracas, fue llamado por la familia para que tomara el lugar de su padre cuando murió su hermano.

"La intención de mi padre jamás fue la de trabajar en el negocio familiar", me dijo Lorenzo Alejandro Mendoza Giménez, uno de sus seis hijos —dos varones, Juan Simón y él, y cuatro hermanas, Leonor, Elisa, Isabel y Patricia, ya fallecida—. "Él era un doctor, un psiquiatra".

Sin embargo, Mendoza Quintero logró consolidar el ya crecientemente diversificado y masivo imperio Polar, y comenzó a depender más y más de la ayuda de gerentes profesionales para el manejo de las distintas empresas. Eso era, y en muchos casos aún es, inusual entre las grandes familias de negocios de Venezuela, que se aferran al control gerencial por mero orgullo, inclusive cuando no cuentan con la habilidad profesional para hacerlo. En 1987, a la edad de 55 años, Mendoza Quintero murió cuando su sucesor en ciernes cursaba el último año de ingeniería industrial en la Universidad de Fordham, en Nueva York. Puesto que se consideraba que el heredero aún era demasiado joven, la viuda del doctor, Leonor Giménez de Mendoza, más conocida como 'Tita', tomó las riendas durante cinco años.

"Mi madre condujo la empresa con un enorme sentido pragmático y en acuerdo constante con la junta directiva; supo jugar un papel clave —dice Mendoza Giménez—. Soy un gran admirador suyo".

Tras graduarse, Mendoza Giménez trabajó un año en la división de banca corporativa de Citibank en Nueva York y tuvo otro de prácticas en el departamento de fusiones y adquisiciones londinense de J. Henry Shrööder Wagg. Luego completó una maestría en Administración y Negocios en la

Escuela Sloan de Administración del MIT. En 1992 regresó a su Caracas natal para asumir los derechos hereditarios.

En su calidad de presidente ejecutivo, está al frente de un imperio de más de 40 empresas, con cerca de 17,000 empleados que producen una enorme lista de productos para la alimentación (muchos de ellos, líderes en su ramo), como pasta, arroz, aceite de maíz, helado, vino, agua mineral, gaseosas, golosinas y *snacks* de todo tipo. El conglomerado produce el cuatro por ciento del Producto Interno Bruto venezolano —excluyendo el petróleo— y su división cervecera es la decimocuarta cervecería a nivel mundial.

Su hermano Juan Simón y un primo, Juan Lorenzo Mendoza Pacheco, trabajan en el negocio; su tío Gustavo Giménez Pocaterra es presidente de la junta. Su madre, que guarda celosamente su vida privada y siempre viste de forma elegante, sigue activa en la presidencia de la Fundación Polar. La organización caritativa es una de las más grandes de Venezuela, y financia todo tipo de actividades, desde programas de salud para la infancia hasta el funcionamiento de la hermosamente restaurada Casa del Estudio de la Historia de Venezuela Lorenzo A. Mendoza Quintero, que se encuentra en la vieja casa colonial de la familia en el centro de Caracas. Otro de los orgullos de la Fundación son las becas científicas: los premios Lorenzo Mendoza Fleury que se otorgan cada año.

El joven presidente

Mendoza Giménez dice que su misión es "crear más valor". "Amo la presión", dice, y rechaza la idea de que su juventud pueda constituir un obstáculo. "El talento no tiene edad —asegura—. Somos un grupo de personas. No puedo hacerlo todo yo solo. No puedo hacer mover las cosas solo. Ésa es mi filosofía gerencial. El principal elemento de una empresa es su cultura".

Mendoza Giménez está casado con María Alexandra Pulido, con quien tiene cuatro hijos: María Alexandra, Lorenzo

Alejandro —siguiendo la tradición—, Ana Mercedes y Cristóbal Francisco. La gente que los conoce dice que son amables, que tienen los pies en la tierra y que, a pesar de que se encuentran en excelentes condiciones económicas, no tienen los modales estereotipados de los multimillonarios del *jet set*. Por ejemplo, han evitado vivir en las enormes mansiones típicas de la élite caraqueña en el Country Club y han preferido hacerlo en un apartamento.

En Polar a Mendoza Giménez se lo conoce como "El Ingeniero". Este término denota independencia frente a la rígida estructura social tradicional, en la que muchos patrones se elevan a sí mismos el estatus adoptando el título de "doctor", especialmente cuando no son doctores, ni en derecho ni en ciencias. Lorenzo no parece sufrir de ninguna de esas pretensiones de clase alta. En las numerosas reuniones a las que tuve la suerte de asistir, en las que departían él y sus colegas de negocios, nunca participó en la renegadera contra el presidente de Venezuela, Hugo Chávez, cuya línea populista-izquierdista lo ha convertido en el blanco predilecto de los altos hombres y mujeres de negocios. Él se mantiene calmado y ponderado, parece escuchar mucho —tal vez sea un rasgo heredado de su padre psiquiatra—. "Soy un producto de las personalidades de mi padre y de mi madre", me dijo durante la entrevista.

Bajo su dirección, Empresas Polar ha dado algunos pasos grandes por fuera de sus caminos tradicionales. El grupo ha participado en banca, hipermercados, petroquímica y petróleo. "La idea es invertir nuestro exceso de efectivo en áreas que representen las ventajas comparativas venezolanas", dice.

También ha dirigido la compañía hacia la globalización. En 1996 Polar se convirtió en la embotelladora de PepsiCo en Venezuela, luego de que el grupo Cisneros la desechara sin consideraciones para preferir a Coca-Cola. Dicha alianza condujo, dos años después, a la formación de Snacks América Latina con Frito Lay (la división de *snacks* de Pepsi) que vende *snacks* salados a todo lo largo de Suramérica. Polar también ha entrado a Colombia con su harina de maíz precocido, mercado en el cual ya es líder. Sin embargo, sigue siendo una empresa esencialmente venezolana, lo cual no deja de ser sorprendente, teniendo en cuenta que Venezuela es un mercado pequeño frente a pesos pesados como Polar.

"Ésa ha sido siempre la cuestión con ellos —dice Alex Dalmady, que analiza las empresas venezolanas en su calidad de director de Invest Analysis—. Pero no pienso que les sea tan fácil internacionalizarse. Hay una gran cantidad de grupos similares por todo el mundo".

Mendoza Giménez reconoce que la firma aún es muy venezolana, aunque prefiere hablar de "una empresa regional". La expansión en la región andina parece ser la estrategia tras la adquisición, en abril de 2001, de Mavesa, otra manufacturera venezolana de comida procesada, por 500 millones de dólares. Se trata de la mayor adquisición empresarial de la compañía en toda su historia. El negocio es parte de un plan de expansión a cinco años y por un valor de 1,700 millones de dólares, en el que se utilizaría a Mavesa como vehículo exportador. En el país de origen la compra hace que Polar se convierta, si cabe, en una marca más presente en los hogares, a través de mayonesa, margarina, elementos de limpieza y otros productos de Mavesa.

"Uno ya no puede abrir la nevera sin verlos", dice Dalmady.

Polar *vs.* Regional

El presidente de Polar también ha estado muy ocupado a causa de una movida desafiante del Grupo Cisneros con su marca de cerveza Regional, en la que ha invertido más de 50 millones de dólares para impulsar la distribución, la producción, la publicidad y el mercadeo. El plan ha funcionado, ya que en los últimos cinco años la participación de Regional en el mercado ha crecido de un modesto 8% a un amenazante 19.

Últimamente, la batalla por el control de este mercado de 1,700 millones de dólares adquirió visos violentos. Regional acusa a Polar de prácticas competitivas ilegales mediante la destrucción de miles de sus envases. Polar ha planteado una contrademanda y ha intentado llevar a la corte al Grupo Cisneros por lo que considera una cobertura difamatoria de Polar por parte de su estación de televisión *Venevisión*.

Cisneros también ha competido con mucha fuerza para obtener la propiedad del popular equipo de béisbol de Caracas, Leones. No es necesario comentar que el tradicional y lucrativo contrato de exclusividad de Polar para el expendio de cerveza en el estadio ya es cosa del pasado. Se dice que Mendoza Giménez ha estado reuniéndose personalmente en son de paz con su compañero multimillonario Gustavo Cisneros, en un esfuerzo por dar fin al publicitado enfrentamiento entre ambos grupos. Las dos familias mantienen relaciones cordiales, pero no son amigas cercanas.

Las relaciones se vieron una vez más afectadas en 2003 a raíz de la compra, por parte de Cisneros y del magnate colombiano Julio Mario Santo Domingo, propietario de la cervecería Bavaria, de acciones en la cervecería Backus & Johnston del Perú. Los Mendoza tenían una participación del 24.8% en la lucrativa cervecería peruana. A finales de 2002, el grupo Polar acusó a los Cisneros y a Bavaria ante las autoridades bursátiles peruanas, de concertarse para tomar el control de Backus y eludir una oferta pública de las acciones, lo cual frustró la posibilidad de que un tercero presentara una oferta. En un primer pronunciamiento, la gerencia de la Comisión Nacional de Supervisión de Empresas y Valores (Conasev) del Perú concluyó que "se encontraron indicios que, de modo conjunto, han permitido determinar" que las empresas "habrían incurrido en la infracción" de la ley que reglamenta el mercado de valores en ese país. Los Mendoza abrieron otro frente de batalla al denunciar por estafa y fraude a Carlos Bentín Remy, gerente general de Backus y miembro de la familia que vendió el paquete accionario. A su vez

Bentín denunció a Lorenzo Mendoza por chantaje. Bentín señaló que Mendoza lo amenazó con acusarlo de malos manejos si no se retiraba de la presidencia de la compañía. El Grupo Cisneros y Bavaria argumentaron que los Mendoza crearon el escándalo porque perdieron la oportunidad de aumentar su participación accionaria.

En diciembre de 2002, Bavaria compró las acciones de Polar en la cervecería peruana lo que puso punto final a las disputas legales.

Todo esto forma parte de un día de trabajo normal para este joven presidente ejecutivo. "Se trata de mí y de un puñado de otras personas; es la manera en que me gusta plantearlo —dice—. Es lo que le ha ayudado a esta empresa a mantenerse en marcha".

En los dos últimos años los Mendoza han afrontado algunos desafíos fuertes tanto para su monopolio en el mercado de la cerveza como para su buen nombre. La campaña publicitaria de Regional empezó a hacer mella en el producto bandera de los Mendoza. La participación de Polar en el mercado se redujo hasta llegar a un 80% a medida que la abrumadora acometida de publicidad y mercadeo de Regional se concentraba en los consumidores jóvenes. En 2002, los dueños de la cerveza tuvieron que sentarse a cambiar la imagen clave del producto —un oso polar sentado— a un oso caminando para reflejar, quizás, que la empresa tiene que avanzar ante la presión de la competencia.

En otro frente, la compañía quedó inesperadamente bajo el ojo escrutiñador del juez español Baltasar Garzón, a raíz de las revelaciones de que el Banco Bilbao Vizcaya Argentaria (BBVA) desvió ilegalmente 1.5 millones hacia la campaña del presidente de Venezuela, Hugo Chávez, a través de una firma en Curazao llamada Concertina. La empresa Polar es socia minoritaria del Banco Provincial (filial del BBVA en Venezuela), en cuya junta directiva se sienta Lorenzo Mendoza. Presuntamente, BBVA hizo la contribución —una parte, antes de que Chávez ganara las elecciones y otra, en vísperas de la convocatoria de la Asamblea Nacional Constituyente— a cambio de la promesa de Chávez de no nacionalizar el Provincial. Según documentos judiciales, la fiscalía anticorrupción de España solicitó que la pesquisa se extendiera a Polar para determinar el papel de los directivos de la compañía en el acuerdo. En la primera semana de abril de 2002, el banco divulgó un comunicado de prensa en el que aseguró que ni el Banco Provincial ni ninguna de las empresas integrantes del Grupo Financiero Provincial "han servido de intermediarios, en forma alguna, para canalizar pagos a la presunta sociedad Concertina NV".

La prudencia que en un principio mostraron los Mendoza en torno al presidente Chávez no parece haber tenido ninguna señal de compensación por parte del gobierno. En enero de 2003, por órdenes de Chávez, soldados armados allanaron la planta de cervecería Polar y la fábrica de Coca-Cola, bajo el argumento de que las empresas estaban reteniendo ilegalmente sus productos para atizar aún más la crisis provocada por un prolongado paro cívico nacional. Los militares tomaron por el cuello al gerente de la planta de Polar y lo lanzaron al piso de la fábrica antes de cargar varios camiones para distribuir gratuitamente los productos.

Ese día, el número 47 de la huelga, el general Luis Acosta, jefe de la Guardia Nacional en el estado de Carabobo, encargado del allanamiento, pasó a la historia de la infamia de Venezuela al tomarse una de las maltas de la fábrica y lanzar un sonoro y deliberado eructo frente a las cámaras de televisión que transmitían en vivo la operación.

GUSTAVO CISNEROS

**El líder de la familia más acaudalada
de Suramérica maneja el poder político
con la misma destreza que su imperio
de televisión y bebidas**

POR GERARDO REYES Y ADRIANA HERRERA*

Cuando Diego Cisneros era joven y quería que sus negocios se movieran a la velocidad de su mejor autobús, El Expedito, se presentó en la oficina de la gobernación de Caracas para entrevistarse con el secretario del entonces gobernador general, Rafael María Velasco. Corrían los primeros años de la década de los treinta y Venezuela sobrevivía al régimen dictatorial de 'El Benemérito', Juan Vicente Gómez. Durante mucho tiempo Cisneros esperó una cita con el secretario de gobierno para solicitar el permiso de operación de sus autobuses que cubrían la ruta a Catia, una ciudad al noroeste de Caracas. El día en que finalmente la obtuvo, un guardia de malas pulgas se le atravesó en el camino y le impidió el paso a la oficina del secretario con un fútil argumento burocrático. Ante la arbitrariedad, y blandiendo el papel en el que constaba que su cita era oficial, Cisneros hizo un reclamo altisonante por el cual fue enviado al calabozo durante cinco días.

Ésa fue la última vez que un Cisneros tuvo que pedir permiso para entrar a los altares del poder. A la vuelta de 25 años, Diego Cisneros era invitado de honor al Palacio de Miraflores y los escasos ex presidentes de la historia venezolana tenían su número de teléfono escrito frente al venerable prefijo de Don Diego.

*Periodista colombiana independiente. Colabora con las revistas *Diners*, *Loft* y *Poder* y con el diario de Miami *El Nuevo Herald*. Es autora del libro *El Sueño Americano*.

Por su extraordinario poder económico, combinado con la confianza que inspiran los pioneros, pero sobre todo gracias al predominio y la cobertura que adquirió *Venevisión*, la cadena de televisión de su propiedad, don Diego Cisneros se convirtió en el hombre más influyente de Venezuela en el siglo pasado.

A su muerte, en 1980, el patriarca cubano-venezolano y su hermano Antonio dejaron una bien educada y firme dinastía de jóvenes, impacientes como ellos, que hasta bien entrado el gobierno de Hugo Chávez tuvieron derecho al picaporte de Miraflores.

"Sólo buscamos tocar el cielo —declaró Gustavo en 1997, al comprar por 114 millones de dólares Imagen Satelital, la compañía más grande de producción para canales de televisión por suscripción del Cono Sur—. Convertirnos en el proveedor más grande en español, no sólo en Latinoamérica, sino en los mercados de habla hispana".

Los Cisneros ya tocaron una parte del cielo que buscaban. Son los dueños de la tercera fortuna más grande de América Latina, después de la de Carlos Slim y de la de sus paisanos, los Mendoza; ocupan el puesto 78 de la tabla de *Forbes* de los 500 más ricos del mundo, con 4,000 millones de dólares de patrimonio, y su influencia se extiende mucho más allá de las fronteras venezolanas.

"Venezuela nos quedó pequeña", dijo una vez Gustavo Cisneros Rendiles, el tercero de los ocho hijos de don Diego al explicar su filosofía de globalización. Gustavo se da el gusto de pescar con el ex presidente George Bush en un afluente del río Orinoco, de pasar vacaciones con el ex presidente Jimmy Carter en República Dominicana y a menudo aparece en la lista de invitados ilustres a la Casa Blanca y de las galas respingadas de la nobleza europea. No hay duda de que Gustavo es el empresario latinoamericano más influyente en Washington.

La familia Cisneros maneja uno de los más grandes conglomerados de comunicaciones de América Latina y hasta el 2002 tuvo una importante participación en uno de los más prósperos negocios de bebidas refrescantes de la región (Panamco). Son accionistas individuales mayoritarios de *Univisión*, la cadena de televisión más vista por los latinos de Estados Unidos. La cadena reportó ingresos de 1,100 millones de dólares en 2002; también tienen acciones en la filial de America Online en América Latina; participan en DirectTV, en emisoras de radio en varios países de la zona, son dueños de la segunda cervecería más grande de Venezuela y operan una exitosa fábrica de telenovelas en ese país. Esta estratégica combinación de Internet, televisión, radio, lágrimas y cerveza a escala continental y regional ha garantizado a los Cisneros una constante influencia en la vida cotidiana de millones de latinoamericanos.

Desde la Patagonia hasta Seattle, desde Montevideo hasta Nueva York, los clientes de Cisneros siguen las noticias de *Univisión*, lloran con las telenovelas de *Venevisión*, cantan los goles de DirectTV Latin America —una red con 300 canales de video y audio que se ven en 28 países—, trasnochan con Playboy TV Latin America en español y portugués y sintonizan canales regionales en los que la organización tiene participación como *Caracol Televisión* de Colombia y *Chilevisión*.

La Organización Cisneros está integrada por 67 empresas con operaciones en más de 100 países. Opera 14 restaurantes de Pizza-Hut en Venezuela y 44 videotiendas de Blockbuster en Puerto Rico, donde además posee la cadena de supermercados Pueblo Xtra. En su carrera expansionista, los Cisneros chocaron con las fronteras de otra poderosa familia de Venezuela, los Mendoza, propietaria de la cerveza Polar, la de mayor venta en ese país. Ambos grupos están enfrascados en una agria disputa por este mercado. De un lado y del otro se han lanzado acusaciones de destrucción mutua de botellas, competencia desleal y utilización de medios de comunicación para desacreditar al competidor. La marca de los Cisneros, Regional, adquirida en 1992, ha crecido rápidamente. Arrancó con el 4.9% del mercado en ese año y llegó a apoderarse del 27% en 2002, según cifras de la organización.

Algunas empresas del conglomerado Cisneros han sido afectadas por el coletazo de la crisis mundial después de los atentados del 11 de septiembre y la debacle del negocio de Internet. American Online Latinoamerica, una alianza estratégica con AOL Time Warner Group y Banco Itau de Brasil, no ha podido cumplir con los niveles de penetración que proyectó. A finales de 2002 los accionistas tuvieron que hacer varias operaciones de conversión bursátil para liberarse de la matrícula condicional que le impuso NASDAQ. Por su parte DirectTV Latin America, cuya propiedad comparten los Cisneros con Hughes Electronics Corp., se acogió a la ley de bancarrotas en marzo de 2003 con una deuda de 1,600 millones de dólares. Cisneros explicó a la revista *Poder* que con un nuevo equipo gerencial que pondrá en marcha un plan de reorganización, DirectTV estará en una "posición viable".

Los pioneros

Cuando en América Latina los grandes clanes familiares de los años cincuenta empleaban sus fortunas para consolidar el dominio de industrias locales o se dedicaban a administrar grandes haciendas de tierras y ganados, Diego Cisneros y su hermano Antonio estaban ocupados en Estados Unidos y Europa fraguando pactos con grandes multinacionales. En su viaje de luna de miel a Estados Unidos, en 1939, Antonio obtuvo la concesión del mejor negocio de su vida: Pepsi Cola. Por eso, cuando a Gustavo, hijo de don Diego, le preguntan por la globalización, el empresario se jacta de que su familia está globalizada desde hace más de 60 años.

Los fundadores de la dinastía, Antonio y Diego Cisneros Bermúdez, nacieron en Cuba a comienzos del siglo XX en una familia de clase alta. Eran hijos de Diego Jiménez de Cisneros, médico graduado de la Universidad de La Habana y con un posgrado en odontología de la Universidad de Pensilvania, y de María Luisa Bermúdez Martínez, nacida en Ciudad Bolívar, Venezuela. Cuando Antonio y Diego eran pequeños su padre murió de tuberculosis. La madre los llevó a la isla británica de Trinidad, donde se había mudado gran parte de sus parientes venezolanos. Los hermanos estudiaron en el St. Mary's College, regido por miembros de la orden católica irlandesa del Espíritu Santo.

Diego mostró sus primeras habilidades para hacer negocios cuando era un adolescente. En una sorbetera de su mamá, que funcionaba manualmente con hielo y salmuera, fabricaba helados que vendía en la calle. La heladería fue una obsesión de los Cisneros que tomó forma industrial con la compra de Club Ice Cream Company en 1952, la que dio origen a los famosos Helados Tío Rico.

Al regresar a Venezuela, en 1928, los hermanos Diego y Antonio llevaban en su carácter algunos de los insumos del éxito: se habían probado todas las tallas de la austeridad; aprendieron el credo sajón de la constancia y, lo más importante, hablaban inglés. A sus pies tenían un país con grandes riquezas por explotar, un país próspero que flotaba en un enorme charco de petróleo. Diego consiguió un trabajo en el Royal Bank de Canadá y luego en la concesionaria de Chrysler. Antonio se empleó en Shell.

Antes de cumplir 21 años, Diego compró un camión de volteo que fue convertido en un bus al que el dueño bautizó con el nombre de El Expedito, contagiado por la velocidad de sus sueños de ser millonario. Con ese mismo nombre, muchos años después, Gustavo bautizó su lujoso avión Gulfstream 5. Uno de los cojines del avión tiene grabado el apodo del bólido pionero de la familia.

Lo que siguió, en efecto, fue una carrera muy lucrativa. Del bus pasaron a una flota (Cooperativa de Autobuses del Este); de la flota, a la representación de automóviles Studebaker y electrodomésticos (D. Cisneros y Cía.); de la representación, a la mina líquida de Pepsi Cola —la primera planta se inauguró en 1940— y de Pepsi, a la poderosa *Venevisión*, que compraron en 1960 por sugerencia del presidente Rómulo Betancour. El Presidente temía que la planta, que entonces se llamaba *Televisa*, quedara en poder de un sindicato de extrema izquierda y la entregó en subasta a don Diego.

La influencia de *Venevisión* en la vida política de Venezuela, y especialmente de su papel en los momentos críticos del país, quedó planteada desde sus comienzos. En 1963, y en medio de un enrarecido clima de rumores de desestabilización institucional, la estación transmitió en vivo las elecciones presidenciales en las que salió vencedor el candidato de Acción Democrática, Raúl Leoni.

"En esos momentos álgidos (*sic*) *Venevisión* sacó sus cámaras a la calle para que el pueblo se observase a sí mismo desafiando el miedo, en largas y serenas filas, que se formaron en los centros de votación a lo largo y ancho del país", afirma la biografía institucional de Diego Cisneros.

Antonio murió a los 42 años de edad de una enfermedad cardiaca que lo había forzado al retiro en New Jersey. Don Diego falleció en 1980. Ninguno de los dos usó el apellido Jiménez de Cisneros. Un día Gustavo le preguntó a su padre por que lo había recortado y él le respondió que los apellidos compuestos tenían mucha alcurnia y ése podría ser un obstáculo para tratar con su gente, choferes de buses y camioneros.

Cuando los viejos murieron, el imperio ya era sólido y los hijos estaban criados para cuidarlo.

"Desde su retiro, mi padre se convirtió en un gran planificador e hizo de mí, de mis hermanos, unos grandes peones de trabajo", comentó alguna vez Gustavo Cisneros.

Con excepción de Gustavo y Ricardo, ninguno de sus otros hermanos cumple un papel decisivo en el Grupo Cisneros. Carlos Enrique, que compartía con ellos el ímpetu empresarial, falleció cuando trataba de salvar a su hijo en las caudalosas aguas de un río en Venezuela, y las mujeres de la familia nunca han intervenido en estos asuntos. Una de ellas, Anita, demandó a Gustavo y a Ricardo en 1995 por la supuesta administración irregular del patrimonio de un sobrino común. La demanda fue hallada sin lugar por el tribunal de la causa, según informó la organización. Marión, otra hermana, tiene acciones minoritarias en algunos de los negocios de Gustavo.

La familia Cisneros tiene tres líderes. Uno muy visible y dos casi imperceptibles, pero no menos importantes. Gustavo Cisneros Rendiles, quien más figura, es el presidente y director ejecutivo de Cisneros Group of Companies (Organización Cisneros, en español). Su hermano Ricardo es el vicepresidente de la organización y quien se encarga de los números. El tercero es Oswaldo Cisneros Fajardo, hijo de Antonio, que rehuye los micrófonos y las presentaciones públicas y se mueve en negocios de telefonía celular e industria azucarera. Aunque las empresas de Oswaldo no tienen nada que ver con lo que se conoce como Grupo Cisneros, durante más de cinco años sus intereses convergieron con los de Gustavo en la embotelladora Panamco, Panamerican Beverages, Inc. Ambos fueron accionistas de la empresa, cada uno con 3.1% y desde 1997 miembros de la junta directiva. En mayo de 2003 culminó una negociación en virtud de la cual Panamco fue vendida a Coca-Cola Femsa, S.A. de México por 3,600 millones de dólares, la mayor transacción privada en la historia de ese país. Panamco cubre un mercado de 124 millones de consumidores en América Latina (México, Guatemala, Costa Rica, Colombia, Venezuela y Brasil).

Años de gracia

Gustavo Alfredo Cisneros nació en Caracas el primero de junio de 1945. Fue el segundo de los ocho hijos de don Diego y Albertina Rendiles Martínez. Su infancia transcurrió sin sobresaltos ni necesidades. Era un niño acomodado de la sociedad caraqueña que pasaba vacaciones en Estados Unidos luego de largos y mágicos viajes en buques de línea. Los barcos salían de La Guaira y tocaban los puertos de Nueva Orleans y Miami antes de llegar a Nueva York, donde don Diego tenía apartamento.

Los Cisneros vivían en una casona de Los Palos Grandes, al este de Caracas, en cuyo enorme solar había gallinas y caballos. Los niños de entonces hacían paseos a las faldas del cerro Ávila y se bañaban en sus ríos. Gustavo cursó estudios de primaria en el colegio San Ignacio, manejado por curas jesuitas, y de bachillerato en la pequeña, pero tradicional escuela Suffield Academy, que está situada a dos horas y media en tren de Nueva York. La escuela, fundada en 1833 en una zona rural de Nueva Inglaterra, fue centro de estudios de varias personalidades de Estados Unidos entre quienes se cuenta Harold S. Geneen, el hombre que convirtió en un monstruo de las comunicaciones a la firma International Telephone and Telegraph AT&T. El joven Cisneros era bueno para las matemáticas y la historia. En el internado estadounidense se distinguió por ser jefe de grupo, encargado de tomar listas de asistencia y jefe de cocina.

De adolescente, tenía fama de parrandero en las pistas de baile de El Hipopótamo, que quedaba en la Plaza de La Castellana de Caracas. También merodeaba el Noborot y los salones del Caracas Country Club. En la avenida Sebucán dejó también huella, pero fue la de un frenazo infructuoso de un Cadillac último modelo de su papá, que estrelló contra un árbol a pocos metros de su casa, una madrugada de juerga. Tenía unos 17 años.

"Sonó como una bomba —recuerda Federico Uslar, su compañero de clase que iba de pasajero—. El viejo [don Diego] salió en bata y nos formó un lío. '¡Qué irresponsables!', dijo. Gustavo se dio contra un árbol, se incrustó, y creo que el carro quedó inservible. No nos pasó nada, sólo el susto que todavía recordamos". Gustavo cree que Federico confunde los personajes de la anécdota, pero no le da mayor importancia al hecho.

Al finalizar el bachillerato, regresó a Caracas y se matriculó sin entusiasmo en la facultad de derecho de la Universidad Católica. Un año de carrera le bastó para darse cuenta de que el martirio de aprenderse de memoria leyes completas, un sistema que era premiado en ese tiempo por los profesores, reñía con sus sueños de dedicarse a un oficio en el que la memoria sólo se usa para multiplicar.

Cisneros cambió de carrera y estudió lo que le gustaba, administración de negocios, en el prestigioso Babson College de Wellesley, Massachussets. Allí pasó los mejores años de su vida. Jóvenes lindas de todas partes del mundo, parrandas y esquí en la nieve, podrían resumir parte de su felicidad como estudiante de una carrera que disfrutaba y tomaba en serio porque era más útil para sus aspiraciones. Hablaba entonces mucho con su padre de negocios y tenía claro, según lo ha dicho, que entre una aventura amorosa y una lección práctica de comercio, prefería "casi siempre" la segunda.

Conexiones

Los jóvenes crecieron acostumbrados a que en la sala de su casa se sentaban con frecuencia personas muy importantes de todas partes del mundo. Para ellos el apellido Rockefeller no era un lejano nombre de libro de historia de una de las familias fundadoras del capitalismo americano. Antonio y Diego aparecían en fotos de álbumes familiares con sus amigos Nelson y David Rockefeller, los herederos de la filantrópica dinastía del petróleo y las finanzas.

"A Nelson lo único que le faltó fue haber nacido en Venezuela", recuerda Gustavo Cisneros. "Hablaba como venezolano, le encantaban las mujeres venezolanas, pasaba mucho tiempo en Caracas y se sabía el día del cumpleaños de todos sus amigos venezolanos".

Los negocios de Rockefeller en Venezuela eran representados por Pedro Tinoco, un banquero muy allegado a los Cisneros. Los Rockefeller eran accionistas de la cadena de supermercados Cada, establecida en Venezuela en 1948. Esa cadena fue adquirida por los Cisneros luego de que Carlos Andrés Pérez, en su primer mandato, citando una decisión del Pacto Andino, limitó la participación de extranjeros en sociedades que operaban en el país.

En la agenda familiar de los Cisneros también estaba escrito el nombre de un petrolero texano llamado George Herbert Bush, socio de Zapata Offshore, una compañía que buscaba petróleo en el Lago de Maracaibo. Los viejos Bush le recomendaron a sus amigos Cisneros que estuvieran atentos a Jeb, uno de sus hijos, cuando éste fue nombrado asistente de la vicepresidencia del Texas Commerce Bank en Caracas en mayo de 1979. Jeb es hoy gobernador de la Florida.

A su regreso de Boston, en 1965, con la respiración de su papá en la nuca, Gustavo conoció cada rincón de sus dominios y el funcionamiento de la organización. Cisneros tenía dos mundos para escoger: el de la industria de las gaseosas —Pepsi ya superaba a Coca Cola en ventas en Venezuela— o el de la televisión —*Venevisión* dominaba los canales 4, 6, 7, 9 y 12 y emitía 18 de los 20 espacios con mayor audiencia en Venezuela—. Aunque lo entusiasmaban los secretos de la industria del refresco, escogió la segunda opción pensando que allí había más cosas por hacer.

En sus primeros años en la organización, Gustavo coordinaba la agenda del día de su papá y asistía a casi todas las reuniones para tomar nota. Gustavo ya era consciente de que el padre había descubierto su precocidad para los negocios, pero don Diego sólo comentaba esa virtud con sus amigos cercanos para que su hijo no creyera que ya había terminado de aprender. Muchos años después Gustavo comentaría: "Ahora entiendo porqué me regañaban tanto los amigos de papá".

Federico Uslar, hijo del fallecido escritor venezolano Arturo Uslar Pietri, recuerda que cuando Gustavo tenía 22 años, Diego Cisneros le dijo a su papá: 'Arturo, de mis hijos, quien va a llegar muy lejos es Gustavo"

La revista *Resumen*, de Caracas, repitió el pronóstico cuando Gustavo tenía 29 años y lo presentó en su portada como uno de los jóvenes empresarios más destacados de la nueva generación. Gustavo cumplió con las expectativas. Empezó a llegar lejos antes de tiempo a la sombra de su padrino en los negocios americanos, David Rockeffeller, que lo llevó del brazo a las juntas asesoras de grandes compañías multinacionales con la idea de que las empresas aprovecharan los conocimientos que el joven ejecutivo tenía de las oportunidades de negocios en la inescrutable economía latinoamericana. A sus 30 años, Gustavo era citado por la revista *Bussines Week* en la cobertura de los debates de la nacionalización de la industria petrolera en 1975. Venezuela contaba con 20,000 pozos de petróleo con una capacidad de producción de más de tres millones de barriles al día.

"El pueblo no perdonará al gobierno si ellos se ponen a jugar con la industria petrolera", advirtió a la revista de negocios Gustavo, que ya era presidente de la Organización Diego Cisneros.

A mediados de los años ochenta, Gustavo era, además, miembro del consejo consultivo de la poderosa firma de productos alimenticios Beatrice; se sentaba en el comité asesor internacional del Chase Manhattan Bank; participaba en la junta de Panamerican World Airways y, por supuesto, en el Rockefeller University Council. Esa febril actividad no era más que una inversión a largo plazo. Allí conoció a los personajes que después serían fundamentales para ampliar su radar de influencias. En ese ambiente, Gustavo, que no tenía más de 40 años, se codeaba con el ex canciller Helmut Schmidt; con el ex ministro de Canadá Pierre Trudeau; con el jeque Yamani, ex ministro de petróleos de Arabia Saudita; y con Paul Volcker, ex presidente de la Reserva Federal.

Hoy, Gustavo Cisneros es el magnate latinoamericano con mejores conexiones en las cumbres del poder político y financiero de Estados Unidos. En varias ocasiones ha pescado con el ex presidente Bush pavones y macaris, exquisitos pescados de río, en paseos a la selva venezolana que ha repetido con el presidente de Goldman Sachs, Henry Paulsen; con la periodista de la cadena ABC Barbara Walters; con la presidenta del Museo de Arte Moderno de Nueva York, Agnes Gund; y con el ex primer Ministro de Canadá Brian Mulroney. Las paredes de sus oficinas son álbumes abiertos de fotografías posadas que lo muestran al lado de estos y de otros personajes poderosos, nobles, aristócratas y artistas de todo el mundo.

La primera lección importante que aprendió Gustavo de su padre en cuestión de negocios fue cómo ajustar su visión al sentido común y cómo ir lejos y no muy rápido sin perder el rumbo, recordó Cisneros en una entrevista con Isaac Lee y José Fernando López de la revista *Poder*. La segunda lección fue cómo descubrir el talento escondido de la gente.

"Si se tuvieran que escoger los diez fundadores del capitalismo en América Latina", dijo Cisneros en una entrevista en Nueva York con uno de los autores de esta semblanza "creo que mi padre debería estar entre ellos. Sabía de mercadeo, de publicidad, de distribución".

Posteridad inmaculada

Gustavo heredó de su padre el placer por seguir de cerca la política. En conversaciones informales, el empresario no oculta su gusto por descorrer los entretelones de cualquier episodio político o escándalo de corrupción en América Latina, mientras cita las versiones inéditas que le han dado su amigo el presidente, su amigo el ministro, su amigo el arzobispo o el embajador del país en cuestión. El empresario tiene al minuto el pulso de Washington frente a las crisis de la región.

Es un agradable conversador. Maneja con destreza el conocido recurso de utilizar los argumentos del interlocutor para confirmar los suyos y así demostrarle que sabe escuchar a pesar de una deficiencia auditiva en el oído derecho que lo obliga a usar un dispositivo de amplificación.

Además de la pesca y la caza, lo apasiona el estudio de las palmeras. Un libro de la Fundación Cisneros, está dedicado a las especies de ese árbol en Venezuela. Y mantiene como un reto personal de agricultor frustrado el tratar de producir en Venezuela mazorcas peruanas de grano grande y pálido que le encantan.

Tiene casas y apartamentos en Caracas, Nueva York y Madrid y cuando necesita tranquilidad para tomar una decisión importante, se refugia con sus más cercanos asesores en su paraíso de República Dominicana. El paraíso está formado por La Serenísma, una mansión frente al Caribe, diseñada por el decano de arquitectura de la Universidad de Virginia, Jacky Robertson, y Casa Bonita, la residencia privada a la que llega generalmente en helicóptero. Por donde vaya, en cualquier rincón de las hermosas villas caribeñas, lo acompaña su perro Arrow, un labrador que está vivo gracias al magnate. El animal fue llevado a Venezuela desde Inglaterra. Desprevenidamente un muchacho de la familia de Cisneros lo subió a la terraza de un segundo piso, la máxima altura en la que había estado el perro. Varias palomas que pasaron frente a la terraza detonaron su instinto cazador. Arrow se lanzó como una flecha tras las palomas y fue a parar en el piso de la calle. Un veterinario de Caracas que examinó las fracturas múltiples del cachorro dictaminó que la única manera de salvarlo de una inyección eutanásica era llevarlo a Estados Unidos. De inmediato Cisneros puso al perro en su avión privado y lo llevó a la mejor clínica en Estados Unidos, ubicada en Colorado. El perro sobrevivió después de una compleja operación de clavos y tuercas de platino.

Varias personas que lo conocen coinciden en que Gustavo tiene una obstinación personal: pasar a la historia sin dejar que la más mínima sombra de duda cubra su nombre y sus actos. Por ello, en las salas de redacción de la prensa venezolana hay una regla no escrita que consiste en que cualquier palabra que se diga sobre el empresario y su imperio tiene que ser cuidadosamente cernida por los editores. Es muy sabido que Gustavo lee con lupa todo lo que se dice de él y que, si hay algo que no encaja en su noción personal de la posteridad inmaculada, envía largas cartas de rectificación, constancias, declaraciones juradas y ofrece entrevistas para hacer sus propias aclaraciones.

"Es una lección que aprendí de Roberto Goizueta —comentó Cisneros en respuesta a esta semblanza—. Él [Goizueta] me dijo que las interpretaciones erradas de la actuación empresarial o personal debían ser corregidas de primera mano. Sólo así se coloca el tema objeto de reseña en su contexto acertado y se corta la maledicencia".

La lección la aprendió completa. En una entrevista con *The Wall Street Journal*, en 1994, el magnate se presentó escoltado por Vernon Jordan, el famoso abogado amigo del presidente Clinton. Jordan era, en ese momento, miembro de la junta directiva del *Journal*.

Cientos de ejemplares de la edición del 21 de mayo de 2002 de la revista *Poder* de Miami, cuyo artículo de portada, escrito por el autor de esta semblanza, estaba dedicado a un análisis del papel que Cisneros jugó durante la crisis política de abril de ese año en Venezuela, nunca llegaron a los suscriptores ni a los kioscos de revistas en ese país. Un empleado de la organización en Caracas compró todos los ejemplares de la publicación. La decisión no fue consultada con Cisneros, según Beatrice Rangel, vicepresidenta de la organización.

En una carta enviada a la revista, a raíz del artículo, la Organización Cisneros rechazó el argumento de la revista *Poder* de que 'Cisneros se la jugó contra Chávez'.

"Gustavo Cisneros y su organización se la juegan constantemente contra el subdesarrollo, la intolerancia y contra los enemigos de la libertad de expresión, pero no está en la línea de conducta de la Organización Cisneros hacer política contra un gobierno", afirmó la carta.

Aunque idéntico al padre en su avasallador optimismo, Gustavo tiene un estilo distinto al del fundador de la dinastía. Un embotellador local de Pepsi resumió así la diferencia entre ambos: "Cuando Diego llegaba al piso de una planta abría sus brazos para estrechar al capataz; cuando Gustavo nos visita sus guardaespaldas aparecen aquí 10 minutos antes de que él llegue."

Los tiempos han cambiado. A Gustavo le atraen más las veladas con el poder y la cultura. Dos años después de la muerte de don Diego, el joven ejecutivo y su esposa, Patricia Phelps, estaban en la lista de invitados de las fiestas del presidente Ronald Reagan.

Patricia es una mujer encantadora de la alta sociedad venezolana, elegida en 1982 en Estados Unidos como una de las doce mujeres mejor vestidas del mundo. Gustavo y Patricia tienen tres hijos: Guillermo, Carolina y Adriana. Patricia está a cargo de una de las colecciones más completas de arte latinoamericano en el mundo. La Colección Cisneros se inició en 1980 y hoy cuenta con 3,000 obras de artistas modernos y contemporáneos de América Latina, Estados Unidos y Europa.

Ningún otro de los multimillonarios latinoamericanos parece tan preocupado por los graves problemas de la educación en la región como Gustavo Cisneros. En sus intervenciones sobre el tema, el empresario domina las cifras alarmantes de la crisis. Para él es un fenómeno inaceptable —y a su vez un desafío para los empresarios que se mueven en el mundo de la comunicación de masas— que el 45% de los niños latinos que ingresan en la escuela primaria jamás lleguen a graduarse, y que de los pocos que terminan primaria, el 40% no entienda un ensayo de 500 palabras.

"Como si fuera poco —agrega—, un maestro latinoamericano gana algo más de un dólar por hora, y durante su ejercicio profesional prácticamente nunca recibe cursos de actualización ni materiales de enseñanza".

Desde 1979, la organización ha estado vinculada a programas de educación masiva en Venezuela, que se extendieron al resto de América Latina con la creación de Cl@se, una herramienta de aprendizaje a distancia por Internet que ofrece servicios educativos a más de 30,000 escuelas mexicanas y 7,200 argentinas.

En 1998 Cl@se fue integrado al programa AME (Actualización de Maestros en Educación), que ofrece formación en habilidades docentes a maestros de escuela primaria. Se transmite por DirecTV Latin America a 290 escuelas de siete países de la región latinoamericana. AME ha entrenado más de 5,000 maestros en apenas tres años, según cifras de la organización.

¿Cómo soñar?

Alguna vez alguien le preguntó al padre de los Cisneros cuál era la clave de su éxito, y el empresario respondió: "Si no sueñas no puedes concretar". Los Cisneros de hoy aprendieron que para soñar se necesita concretar, no sólo a inversionistas extranjeros desconfiados, sino a presidentes y ministros, y en este campo todo indica que también han sido muy eficientes. Algunas de las personas que los conocen, y sólo hablan de ellos bajo la condición del anonimato, sostienen que si don Diego Cisneros hizo la fortuna con ingenio, sus hijos la mantuvieron con influencias —y un gran olfato para las inversiones a largo plazo— en una convivencia pacífica y a menudo acomodaticia con quienes están en el poder.

A Gustavo esa conclusión lo saca de sus casillas. En varias oportunidades ha dicho que los Cisneros nunca han dependido de los gobiernos, y se lo repitió a *The Wall Street Journal* a raíz de la publicación de un artículo del periodista José de Córdoba que sugería lo mismo. Cualquier insinuación de que sus negocios deriven de otra cosa diferente al trabajo duro y la perspicacia empresarial, resultado de los cincuenta años de experiencia de la organización, es "absolutamente falsa", advirtió Cisneros al diario financiero.

Cisneros está convencido de que su conglomerado económico no le debe ningún favor a un sólo presidente de Venezuela. La particular interpretación de la historia de su relación con los gobiernos es que ha sido distante y varias veces conflictiva. Y la razón principal por la cual ha sido de esa manera, según su punto de vista, es porque *Venevisión*, la empresa insignia de la organización en ese país, mantuvo siempre una posición crítica y de vigilancia de la gestión pública, ya fuese durante los turnos en el poder de Acción Democrática (AD) o de Copei.

Pero esa es una convicción que no se la tragan entera muchos venezolanos. La percepción de los Cisneros en Venezuela es que la familia ha sacado provecho de una relación de beneficio mutuo con los gobernantes de su país como lo han hecho los Mendoza o los Capriles. En este sentido, los Cisneros no se distinguen del resto de sus colegas de fortuna en América Latina. Ellos son conscientes de que la mayoría de los consorcios empresariales de hoy se gestaron hace varias décadas dentro de un modelo de crecimiento marcado por el proteccionismo y la intervención estatal.

Los Cisneros han ayudado a adecos y copeyanos; en sus aviones ejecutivos han volado casi todos los candidatos presidenciales; fueron amigos de Rafael Caldera y de Jaime Lusinchi, y formaron parte del entorno íntimo del presidente Carlos Andrés Pérez; condenaron el fallido golpe de Estado del teniente coronel Hugo Chávez, pero luego hicieron importantes contribuciones en dinero (Oswaldo) y en especie (Gustavo) a su campaña presidencial.

Tal y como hizo con los candidatos en ésta y en anteriores campañas, *Venevisión* apoyó a Chávez con tarifas publicitarias especiales.

"Al igual que a todos los demás candidatos y de igual forma como lo hicieron todos los canales y como había sido la costumbre en todas las campañas anteriores", aclaró Carlos Bardasano, alto ejecutivo de la Organización Cisneros.

"Apuestas democráticas"

Posiblemente la historia más turbulenta de la fraternización con los políticos la vivieron —y la sufrieron— los Cisneros junto al presidente Carlos Andrés Pérez (CAP). Es la historia de una relación de 30 años que pasó de la solidaridad épica a la indiferencia rampante. En 1962, siendo ministro de Relaciones Interiores, Pérez combatió algunos movimientos rebeldes procastristas y en el camino se encontró como gran aliado ideológico a don Diego Cisneros, a quien también lo desvelaban las maniobras continentales de Fidel.

"Era un hombre muy grato, de muy buen carácter", recordó Pérez en una entrevista en Miami con los autores de este perfil. Para la época en que Pérez fue elegido presidente, en 1974, la expansión internacional de Gustavo Cisneros ya estaba en marcha. El crecimiento económico que provocó la súbita revalorización de los precios petroleros como respuesta a una situación de elevada demanda de crudos y al embargo petrolero acordado por las naciones árabes productoras de petróleo produjo un auge empresarial sin precedentes. Los opositores al presidente Pérez comenzaron a atacar tanto a su gobierno como a aquellos grupos empresariales que crecieron durante su mandato. Los Cisneros eran considerados parte de un selecto grupo de empresarios muy cercanos al palacio de gobierno, conocidos con el nombre de "Los Doce Apóstoles".

Gustavo Cisneros cree que el estigma de Los Apóstoles fue idea de unos empresarios que no tenían acceso a Pérez, y en su caso considera que fue inmerecido porque su relación con Pérez estuvo empañada por agrias disputas. Una de ellas ocurrió durante el primer gobierno de Pérez. Cisneros ha contado a sus amigos que un día se presentó en su oficina un oficial de la guardia del Presidente y le dijo que tenía instrucciones de llevarlo a hablar con Pérez. El empresario respondió que no estaba interesado, a lo cual el militar indicó que si no lo hacía tendría que arrestarlo por órdenes del Presidente. En esos días *Venevisión* había transmitido varios programas periodísticos en los que se criticaba duramente el faraonismo del gobierno en sus gastos e inversiones. Ante la amenaza del emisario, Cisneros se puso su mejor traje —"me fui elegantísimo, pero como si estuviera preso"—, y se reunió en la suite de un hotel en Caracas con Pérez. El Presidente estaba furioso. Le dijo que le pusiera punto final a la campaña de desprestigio. Cisneros cuenta que le respondió que no lo haría, que había mucha gente que lo respaldaba y se retiró de la habitación.

En el segundo período de Pérez, que comenzó en 1989, las cosas fueron a otro precio. La popularidad del Presidente cayó en picada, y en febrero de 1992 un grupo de militares con pesadillas bolivarianas se le metió en el Palacio de Miraflores.

Esa madrugada, recuerda Pérez, se puso el vestido por encima de la pijama; un almirante que lo acompañaba rompió una ventana de Miraflores y salió con él en un automóvil particular por la ciudad repleta de tanques rebeldes a buscar una estación de televisión para confirmar en vivo que seguía siendo Presidente. Una versión que circuló después del fallido golpe sostiene que uno de los Cisneros llamó a Pérez y le dijo que *Venevisión* estaba a su entera disposición. Pérez desmintió ese favor.

"No, no, no —dijo Pérez—. Eso no fue así. Yo tenía que hablarle al país y a las Fuerzas Armadas. Cuando vamos a tomar la Cota Mil [carretera de Caracas], yo dije: vamos al Canal 10 que es el último que se ha fundado y debe ser el menos vigilado, es el canal de Omar Camero. En eso me dice el almirante que iba adelante, estoy en comunicación con *Venevisión*. Y le digo déjame hablar. Yo le digo a la persona que me responde: si reconoce mi voz, no me identifique. ¿Ustedes saben lo que está pasando? Sí, sabemos, ya se dio la noticia, respondieron. Bueno, yo voy para allá".

"Yo hablé y el ministro me llamó y me dijo: Presidente, con sus palabras se rindieron".

En 1993 Pérez debió abandonar la Presidencia acusado de malversación y peculado. Al día siguiente de su salida de Miraflores, los Cisneros dejaron de llamarlo, recuerda.

"Después de ese momento no volví a saber de ellos —afirmó—. Rompieron la relación conmigo... La condición humana es muy difícil".

Ofrecer las cámaras a un Presidente tambaleante fue un acto de coraje de la organización, según palabras de Gustavo.

"Apostamos por la democracia y ganamos", dijo el empresario.

Gustavo Cisneros volvió a apostar por la democracia en la Venezuela de Chávez, y perdió.

Chávez *vs.* Cisneros

Cisneros siempre pensó que Chávez era impredecible. En marzo de 1994, Caldera sobreseyó la causa y le concedió la libertad al teniente coronel que había estado en prisión durante 26 meses. Los sondeos de opinión respecto a la figura de Chávez mostraban que su mensaje había calado en la población. De manera que Chávez era, además, un seductor impredecible. Cisneros vio cómo el militar en libertad arrastró, en nombre de la revolución bolivariana, a personalidades que respetaba y admiraba por sus capacidades intelectuales y políticas. Se llevó a Luis Miquilena, un ex líder sindical convertido en un viejo zorro político que trabajó para don Diego en una compañía de transporte; conquistó al periodista José Vicente Rangel, el adalid de la lucha contra la corrupción; se ganó las simpatías del político e historiador Jorge Olavarría, del empresario de la agroindustria Hiram Gaviria, de Carmen Ramia de Otero, presidenta del Ateneo de Caracas, el escenario que el candidato Chavez usó como plataforma de su discurso de victoria electoral. Carmen es esposa de Miguel Enrique Otero, el dueño y editor del diario *El Nacional*. También conquistó al periodista Alfredo Peña, al zar de los seguros Tobías Carrero y a muchos otros personajes que estaban en el círculo o inclusive en empresas de Cisneros.

Las relaciones de Cisneros con Chávez no fueron siempre malas.

Unos seis meses antes de las elecciones presidenciales de 1998, ambos se reunieron en *Venevisión* y hablaron de deseos aparentemente comunes: la necesidad de incentivar la industrialización y de mejorar la infraestructura de servicios del país para elevar el nivel de vida. Se habló de estrechar las relaciones con Estados Unidos y con España, una salida que Cisneros consideraba fundamental para espantar el temor de muchos de que, si ganaba las elecciones, Chávez torcería su caminado hacia la izquierda.

Al principio del gobierno de Chávez, Cisneros parecía

contagiado del optimismo que se vivía en el país, aunque siempre con una dosis de escepticismo que le provocaban las diatribas antioligárquicas del mandatario. Además de todos los esfuerzos que hizo el presidente Menem para que el gobierno de Estados Unidos le restituyera la visa americana a Chávez, la cual había perdido automáticamente por la intentona golpista, Cisneros y otros empresarios también ayudaron en esa dirección.

En otros asuntos menos urgentes la relación también parecía armoniosa. Cisneros hizo algunas gestiones para que el cantante español Julio Iglesias tuviera una entrevista con Chávez en mayo de 2001. El mandatario respondió que estaba un poco complicado porque en ese momento lo visitaba el presidente de China, Jian Zemin. Sin embargo, Zemin resultó ser un fanático de Julio Iglesias, lo que le vino como anillo al dedo a Chávez, quien organizó una velada en el Palacio de Gobierno en donde Iglesias y los dos presidentes terminaron cantando *Solamente una vez*, mientras Cisneros observaba al inédito trío.

Después de un año de poder presidencial, Chávez dio comienzo a un gobierno camorrista que dividió la historia del país en dos, antes y después de él. El pasado pertenecía a los corruptos, a los oligarcas saqueadores, y el presente debía ser la gran oportunidad del pueblo. En esa concepción, Cisneros es un representante del pasado.

Al cumplir dos años de gobierno, la virulenta retórica del Presidente contra la clase empresarial, los sindicatos, la Iglesia y los medios de comunicación, a los que trataba como estorbos de la revolución, tocó fondo, y el país no sólo quedó dividido en su historia, sino en su presente, entre los amigos y los enemigos de Chávez. Los espacios de opinión e información de la televisión privada, de la radio y la prensa escrita, no ocultaron sus simpatías por la oposición, empeñada en que Chávez renunciara a la Presidencia de la República. En un momento dado, la figura del líder de la oposición, el presidente de Fedecámaras, Pedro Carmona, ocupaba más tiempo en televisión que la del propio Chávez en los canales de *Radio Caracas Televisión, Globovisión, Venevisión* y *Televen*.

Cisneros no era un gran admirador de Carmona. Lo vio siempre como un empresario de corto vuelo y un segundón del banquero Julio Sosa, aunque reconocía que era muy bueno para hablar en televisión y que proyectaba una imagen de ecuanimidad. Hay un episodio poco comentado, que supuestamente sembró desconfianza en la relación de ambos personajes. A través del presidente de una empresa internacional de análisis, Cisneros se enteró de que Carmona había recibido discretamente un estudio de otra firma de análisis en el que se describían los escenarios de una transición política en Venezuela. En el ambiente que se vivía entonces, el estudio secreto tenía visos de una partitura para un golpe. Al enterarse de la existencia del reporte y de la fuente de financiación, Cisneros le hizo el reclamo a Carmona de que estaba jugando con candela. Según fuentes consultadas por los autores de esta semblanza, Carmona reconoció el error de no haber comentado el estudio a otros miembros de Fedecámaras, pero no aceptó que se trataba de un documento conspirativo. Las mismas fuentes coinciden en que Cisneros estaba desde entonces bajo la certeza de que Carmona era manipulado por un grupo de conspiradores del Opus Dei y empresarios que pasaron sin pena ni gloria en el gran fiasco de abril.

"Yo siempre pensé que la persona más indicada para cualquier lapso de transición tendría que venir de los sectores populares", dijo Cisneros al referirse al tema.

Cisneros, que es un cazador profesional, siguió de cerca, pero en silencio, la crisis en Caracas. En vísperas del 11 de abril de 2002, día para el cual fue convocada una marcha de protesta contra Chávez, las oficinas principales de *Venevisión* se convirtieron en el centro espontáneo de reunión de los políticos de oposición y los líderes cívicos antichavistas. Todas las cartas de una opción de cambio en el poder presidencial estaban bajo un mismo techo: los estudios de *Venevisión*. Los líderes sindicales y cabezas visibles de la oposición, Carlos Ortega y Manuel Cova, buscaron seguridad en las instalaciones de la estación. Minutos antes ambos se habían quedado con la impresión de que el gobierno les había tendido una celada en un hotel de la ciudad donde fueron citados por el general Lucas Rincón con el pretexto de dialogar sobre la tensa situación que se vivía en la ciudad. Allí, en *Venevisión*, también estaba el circunspecto Carmona.

Citada para culminar en la plaza Chuao, la marcha fue guiada por los dirigentes gremiales a través de la radio y la televisión hacia el Palacio de Miraflores. Los miles de manifestantes, muchos de ellos jóvenes, mujeres y niños que jamás habían salido a la calle a protestar, obedecieron la orden con gusto, y al llegar a las inmediaciones del Palacio fueron recibidos con disparos y pedradas en medio de una fatal confusión que dejó 22 muertos y decenas de heridos.

A esa hora de la tarde las pantallas de los televisores estaban divididas en dos, gracias a un ingenioso recurso de los propietarios de los canales privados para contrastar las transmisiones forzadas y en cadena que impuso el gobierno durante toda la mañana de la marcha. En la mitad de la pantalla del televisor aparecía un Chávez cínico y nervioso diciendo que todo estaba en calma y en la otra mitad se veían las imágenes de la batalla campal entre los manifestantes de la marcha y los defensores del Presidente, ambos bandos envueltos en una nube de gases lacrimógenos.

Al conocerse las primeras informaciones del desenlace trágico de la marcha, *Venevisión*, al igual que los otros canales, puso al aire a los más enconados enemigos de Chávez, políticos, militares y ex militares, que pidieron en vivo la renuncia del Presidente y lo acusaron de asesino. Detrás de cámaras, en los estudios donde Cisneros seguía los pormenores de la situación, Carmona maquinaba su plan para tomarse el poder.

Los confusos relatos que hasta ahora se han hilado sobre lo que ocurrió a partir de este momento muestran que Cisneros, si bien no participó en la conspiración, creía que Venezuela necesitaba un cambio de rumbo en ese momento. Con el fin de evaluar la situación, las reuniones posteriores al anuncio de que las fuerzas armadas habían nombrado a Carmona como nuevo Presidente se realizaron en *Venevisión* con la participación de Cisneros.

Allí se formó una "mesa redonda", según la periodista Patricia Poleo, en la que estaba el ex ministro Luis Miquilena, que horas antes había roto con Chávez en una conferencia de prensa. En una detallada crónica, Poleo, directora de *El Nuevo País*, explicó que en *Venevisión* la mesa redonda contó con la presencia de "personalidades de todos los sectores que habían acudido a la invitación de Miquilena. Se habló de Venezuela después de Chávez, de la parte legal, del paso a dar y de la manera de conformar un gobierno representativo, con amplia participación de todos los venezolanos".

Rafael Poleo, padre de Patricia, fue el encargado de tomar nota para "redactar un acta básica". A medida que transcurrían las horas de júbilo las cosas se fueron complicando. De la celebración se pasó al asombro y del asombro a la indignación cuando Pedro Carmona leyó en el Palacio de Miraflores un decreto de corte dictatorial en el que clausuró de un plumazo los tres poderes públicos. En ese momento, Ortega, presidente de la Central de Trabajadores de Venezuela (CTV) y figura primordial en el movimiento cívico que llevó a Carmona al poder, ya había roto con el dirigente gremial. Estaba enfurecido desde antes de expedirse el decreto porque se había enterado de que Carmona se escapó de *Venevisión* al Fuerte Tiuna con la excusa de que estaba cansado y se retiraba a un hotel, cuando en realidad se había ido a preparar el nuevo gobierno junto a uno de los militares rebeldes y a un joven empresario con sueños de Rambo llamado Isaac Pérez Recao.

Según Patricia Poleo, en un último esfuerzo por convencerlo de que se uniera de nuevo a la causa, Gustavo Cisneros llamó a Ortega: "Gustavo Cisneros fue el encargado de llamar a Carlos Ortega, que se encontraba en Falcón, para hacerlo regresar a Caracas a reunirse con Carmona. Ortega ya estaba decidido a no participar en ese gobierno y declinó la oferta de reunirse con el Presidente. A pesar de ello, le enviaron un avión privado que Ortega nunca abordó".

El avión pertenecía a un empresario venezolano que no era Cisneros.

Horas después, Cisneros fue invitado por Carmona al Palacio de Miraflores, según él mismo relató en una entrevista con un empleado suyo de *Venevisión*. Junto con representantes de otros medios de comunicación, Cisneros se presentó en la sede del gobierno golpista. Un vocero de los medios, a quien Cisneros no identificó, expresó al gobierno de Carmona su preocupación por los derechos humanos del diputado chavista Tarek William Sabb y del ex ministro del Interior Ramón Rodríguez Chacín, quienes habían sido arrestados sin ningún formalismo legal. Pero su preocupación fue más allá, explicó Cisneros en su entrevista, y en ese mismo foro expresó que los medios de comunicación querían elecciones presidenciales lo más pronto posible.

"Los medios de comunicación también en ese momento establecimos que ese gobierno de facto estaba con una pata muy coja porque necesitaba la presencia de la CTV y de un programa social muy amplio, y que nosotros no estábamos de acuerdo con un gobierno de facto, que tenía que respetar el hilo constitucional, que queríamos saber cuál era el plan con la Asamblea Nacional y queríamos elecciones en un muy corto plazo".

Todos estos movimientos de Cisneros llevaron a los corresponsales de *Newsweek* y *The New York Times* a escribir artículos sobre la posible participación del empresario en la orquestación del golpe con un supuesto guiño de aprobación desde Washington.

"Es absolutamente una fantasía... —respondió Cisneros—, nosotros ni hemos conspirado, ni queremos conspirar, ni vamos a conspirar, ni sabemos conspirar, y, además, a nosotros nos gusta la democracia".

En un esfuerzo adicional por dejar su nombre en limpio para los libros de historia, Gustavo obtuvo una carta en la que el entonces ministro de Defensa, José Vicente Rangel, absolvió al empresario de cualquier sospecha de participación en la conspiración, argumentando que no lo consideraba capaz de una aventura de esa naturaleza. También hizo pública una carta en la que uno de los entrevistados de *Newsweek* desmentía al corresponsal.

Newsweek publicó una nota del editor en el número siguiente en la que lamentó "cualquier sugerencia de que [Cisneros] estuvo personalmente implicado en el complot o en su financiamiento", pero se ratificó en el relato de "las circunstancias y declaraciones que suscitaron cuestionamientos acerca del papel de Cisneros en los eventos del 11 y el 12 de abril".

De lo que no quedó duda fue de que una vez restaurado Chávez, los medios de comunicación de la oposición se autocensuraron, y los venezolanos tuvieron que enterarse de lo que estaba ocurriendo en el palacio a través de una emisora de *Caracol* de Colombia que se oía en los canales de sonido de la televisión por cable. Mientras tanto, en los canales privados se transmitían dibujos animados y películas viejas. La versión de la Organización Cisneros es que la mayoría de los medios de comunicación "colapsaron ante el miedo a la violencia perpetrada por bandas armadas que rodearon sus sedes y los hogares de los periodistas en actitud amenazante". Ante la ola de violencia en contra de sus principales protagonistas, "los medios se vieron obligados a cancelar espacios noticiosos y ediciones de periódicos, y los venezolanos tuvieron que enterarse a través de la emisora de *Caracol*, empresa en la que Cisneros tiene una participación accionaria".

¿No había posibilidades de transmitir lo que estaba ocurriendo en la sede presidencial desde los estudios de *Venevisión*, sin necesidad de salir a la calle, basándose en las informaciones de *Caracol* o de *CNN*, cuyos corresponsales estaban en el interior de Miraflores?

Bardasano sostiene que no existía personal para hacerlo, ya que, "a diferencia de otras situaciones de peligro, aquí el objetivo eran los periodistas".

En una discusión sobre el mismo tema, un corresponsal extranjero le comentó al editorialista de *El Nacional*, de Caracas, Ibsen Martínez: "No hubo jamás sitio más peligroso para un reportero que la playa de Omaha, en Normandía. ¿Se imaginan ustedes a Robert Capa escribiendo a sus agencias de noticias que no había tomado ninguna foto del desembarco aliado en Francia porque en aquel lugar la cosa estaba muy caliente y su vida corría peligro?".

Jorge Ramos, conocido presentador de noticias de *Univisión*, escribió al respecto: "En las calles de Caracas, es cierto, se percibe mucho resentimiento en contra de los principales canales de televisión debido a que no transmitieron la toma del palacio de Miraflores por parte de los chavistas el sábado 13 de abril ni las muestras de apoyo a su líder encarcelado. Pero independientemente de la muy cuestionable y controversial decisión periodística de no informar sobre esos hechos y poner en su lugar películas y programas de entretenimiento, la realidad es que muchos de los reporteros de *Venevisión, Radio Caracas TV, Televen* y *Globovisión*, entre otros, corrían peligro en las calles. No me lo contaron. Yo también lo viví".

La faja presidencial

En algún salón del Palacio de Miraflores un funcionario leal al presidente Chávez encontró el domingo en la madrugada una banda presidencial que los cabecillas del golpe dejaron abandonada y sin estrenar en una caja blanca de cartón, según palabras del propio Chávez. Al regresar al poder, Chávez aprovechó el episodio para restregar simbólicamente la prenda a los golpistas que lo habían sacado de Miraflores en la madrugada del sábado. A diferencia de las bandas presidenciales que son confeccionadas a la medida del presidente, explicó Chávez ante más de sesenta periodistas de todo el mundo que cubrían su regreso al poder, la descubierta en el palacio tenía un "cierre mágico" que permitía acomodarse a la talla de quien quisiera usarla.

"Eran varios lo que querían ponérsela", advirtió Chávez en el Salón Ayacucho donde 24 horas antes Carmona se había proclamado Presidente, sin banda presidencial ni mayores fundamentos constitucionales. En la práctica, el tema del cierre mágico de la banda presidencial no era un chiste, pues pocos días antes del golpe de Estado en Venezuela se rumoraba que había varios personajes que, al menos mentalmente, se estaban midiendo la faja tricolor. Una desafortunada coincidencia puso a Cisneros en la marea de especulaciones. En la portada de la edición de abril, unos días antes del golpe, la revista *Exceso* de Venezuela había publicado un fotomontaje en el que Cisneros aparecía con la banda tricolor y la leyenda "Gustavo Cisneros: destino manifiesto".

La alambicada crónica de Armando Coll, jefe de redacción de *Exceso*, reseñaba la despedida de la embajadora estadounidense Donna Hrinak en la residencia número 17 del Caracas Country Club, la casona de Cisneros, así:

"Y es probable que el adiós de Donna", decía Coll, "no fuese la primera vez en que la reciente exposición pública de Gustavo Cisneros Rendiles —inusual para muchos— alborotara el ánimo colectivo, pletórico de *wishful thinking* sobre el tema de la salida de Miraflores —y no precisamente para inaugurar allí una universidad— de Hugo Chávez Frías. Entre otras fantasías, no falta, por más estrafalaria que se antoje, la que retrata al heredero de don Diego Cisneros Bermúdez con el pecho cruzado por el tricolor nacional".

Con los alrededores de Miraflores todavía humeantes y sin tener seguridad aún de su poder, Chávez se refería a Cisneros en forma de acertijo cuando los periodistas le preguntaban sobre los autores intelectuales del golpe. Una vez atornillado en la silla de Miraflores empezó a mencionarlo con nombre propio en Aló Presidente, el soliloquio de fin de semana del mandatario, y a tratarlo como a un enemigo. En medio de un paro general organizado por la oposición a finales de 2002, la embotelladora de Coca-Cola, que formalmente aún era propiedad de Cisneros, al igual que los depósitos de su competidor, Polar, fueron objeto de un allanamiento intempestivo y sin causa legal previa. Fuerzas militares cortaron los candados y cadenas que cerraban los portones de la fábrica de Coca-Cola en la ciudad de Valencia y se incautaron de bebidas para distribuirlas en camiones oficiales. Como parte de la ofensiva contra el "objetivo militar", el gobierno de Chávez abrió un expediente administrativo para investigar a *Venevisión*, otras tres cadenas y a un canal regional por supuestas violaciones a la ley de televisión.

"¿Por qué se atrevió a acusar públicamente al industrial Gustavo Cisneros, propietario del canal *Venevisión*, de ser un conspirador?", le preguntó Omar Roberto Rodríguez corresponsal de la revista colombiana *Cromos* a Chávez en enero de 2003. El presidente respondió:

"Existen suficientes evidencias, testigos y testimonios que pueden dar fe de que en las oficinas de ese canal se reunían los dirigentes del golpe del 11 de abril que la rebelión popular derrotó".

Más allá de este señalamiento, Chávez no ha presentado pruebas contundentes. En forma privada le ha expresado a círculos cercanos a Cisneros que, aunque no tiene ninguna prueba, él "siente" que es así.

Cisneros no parece dispuesto a bajar la guardia. Dice que aunque tenga que sufrir pérdidas enormes seguirá sosteniendo a *Venevisión* y abrió la posibilidad de un diálogo con Chávez, pero con un testigo de por medio. Mencionó al ex presidente Carter o al secretario general de la OEA, César Gaviria.

En cuanto a las razones por las cuales Chávez lo considera un enemigo, el empresario explicó a *Poder* que son dos. Una porque el mandatario necesita "crear un rival". "Pero yo no soy el rival de nadie", dijo. "Yo estoy en negocios". Y la otra porque "quienes se sienten inseguros tratan de controlar todo" y a aquellos a quienes no pueden controlar "los catalogan como enemigos".

Banco Latino

En ese azaroso juego de acceso al poder, Ricardo Cisneros, hermano de Gustavo, también pagó un alto peaje que afectó a Gustavo. Ricardo resultó involucrado en el más estruendoso escándalo financiero de la historia de Venezuela: el descalabro del Banco Latino, en 1994. Una juez venezolana dictó orden de arresto en su contra acusándolo de fraude en su calidad de miembro de la junta directiva del banco. Según la acusación, los directivos del banco aprobaron créditos a empresas —algunas de su propiedad— por encima de los límites establecidos y desviaron fondos del banco. Ricardo, que estaba fuera del país cuando se libraron las órdenes de captura, permaneció en el exterior.

El Grupo Cisneros sostiene que hizo públicos sus tratos con el banco y canceló todas las obligaciones tanto con el Banco Latino como con el resto de los bancos en Venezuela. Una vez más, Gustavo salió a poner la cara. Dijo que el único vínculo existente entre el Banco Latino y la Organización Cisneros era la propiedad por parte de ésta de un mínimo porcentaje (un 2.43%) en el capital social del banco y el hecho de que su hermano Ricardo, entonces vicepresidente ejecutivo de la organización, era propietario del 0.003% de las acciones. Ricardo era, además, miembro de la junta directiva del banco, pero Gustavo subestimó ese vínculo argumentando que nunca perteneció al equipo gerencial. La justicia venezolana exoneró a Ricardo el 20 de marzo de 1997.

Detrás del escándalo, según dijo Gustavo en su momento, había "una campaña amarillista orquestada por los herederos de un inescrupuloso medio de comunicación social que mantiene una estrecha relación con Lyndon LaRouche y su organización extremista".

LaRouche es un oscuro líder laborista norteamericano que, a través de su movimiento con sede en Virginia y de un boletín llamado Executive Intelligence Review (EIR), se ha dedicado a mortificar a los Cisneros y a otras personalidades del mundo político y empresarial, entre quienes se encuentran David Rockefeller, Henry Kissinger y Margaret Thatcher. Sus artículos se caracterizan porque combinan astutamente la realidad con la especulación.

Según documentos de la Comisión Federal de Comunicaciones (FCC), escenario de una de las confrontaciones, la historia del choque entre Cisneros y LaRouche se inició en enero de 1985, cuando fueron arrestados varios simpatizantes de LaRouche en Venezuela y las autoridades confiscaron 200 copias de un libro promovido por LaRouche y titulado *Narcotráfico S. A. (Dope Inc.)*. El libro sugería que la familia Cisneros tenía conexiones con personajes e instituciones dedicadas al lavado de dinero. Gustavo presentó una petición judicial, que fue acogida por la justicia, para que no se permitiera la circulación del libro.

El caso quedó olvidado en Venezuela, pero años después revivió en las oficinas federales de Estados Unidos. Nora Hamerman, editora del boletín EIR, presentó una impugnación ante la FCC para bloquear la aprobación de la compra de *Univisión* por parte de los Cisneros. La editora denunció en junio de 1992 la persecución del movimiento de LaRouche en Venezuela y aportó documentos que afirmaban que el 14 de febrero de 1985 un grupo de agentes del Servicio de Aduana de Estados Unidos encontró una bolsa con 50 gramos de cocaína en un avión ejecutivo de Pepsi Cola Corp. de Venezuela, operado por una empresa de la familia Cisneros (Aeroservicios Alas). El hallazgo se produjo en el aeropuerto de Hollywood, Florida.

Gustavo respondió todas las objeciones del EIR, y, aunque admitió el incidente del Lear Jet, aportó una constancia del Servicio de Aduanas con la que probó que el avión fue devuelto y que no se formularon cargos contra la empresa, el piloto o los pasajeros. Ninguna de las impugnaciones prosperó y la FCC autorizó la operación de *Univisión*.

La organización adquirió *Univisión* en 1992.

Gustavo sostuvo que el incidente del avión había sido provocado por una persona que puso allí la droga y que fue identificada plenamente.

"Todos estos incidentes sólo han servido para fortalecer a Gustavo —afirma Bardasano—. Detrás está siempre la acendrada competencia empresarial que persigue la descalificación del adversario".

Galerías depreciadas

A mediados de la década de los ochenta la organización soñaba con poner un pie en España para ingresar en el mercado europeo. La operación no fue fácil, aunque la oportunidad no podía ser mejor: Galerías Preciados, una cadena de 27 tiendas por departamentos que durante muchos años fue el símbolo comercial de las ventas minoristas en España, estaba en venta. Todo parecía dispuesto para que fueran los Cisneros quienes se quedaran con el negocio. Por un lado, el vendedor era el gobierno de Felipe González, amigo de Gustavo Cisneros —se dice que se lo presentó el ex presidente venezolano Rómulo Betancour— y, por el otro, los Cisneros tenían experiencia en el negocio. En el momento de la incursión en España, la organización controlaba la cadena de tiendas Maxy's, de Venezuela, y era propietaria de Automercados Cada, la cadena de supermercados más grande de ese país.

El banco de inversión que asesoró al gobierno de España fue el Credit Swiss-First Boston, cuyo presidente para América Latina, Pedro Pablo Kuczynski —ex ministro de Hacienda de Perú—, asumió el liderazgo del proyecto. Según la Organización Cisneros la transacción fue analizada por 300 inversionistas. Una comisión de notables nombrada por la Real Cámara de Comercio de Madrid determinó sus pautas y revisó la operación una vez que se materializó. Pero en España la negociación desató una controversia.

La historia de la crisis de Galerías Preciados es sencilla.

La implacable competencia de El Corte Inglés precipitó la quiebra del negocio. El Banco Urquijo, el mayor acreedor de la cadena de tiendas, no tuvo otra opción que venderla en 1981 a la Corporación Rumasa. A los dos años fue Rumasa la que perdió el negocio. El gobierno de González expropió todos los bienes de esa corporación argumentando que estaba al borde de la quiebra. Rumasa era un conglomerado de unas 350 empresas con escasa transparencia contable. Una auditoría de 16 firmas de contabilidad, coordinada por Arthur Andersen, descubrió que el presidente y fundador de la corporación, José María Ruiz Mateos, había montado una estructura en el exterior conocida como Rumasa "B" para eludir los controles de las autoridades españolas. Allí se hallaron indicios de violaciones de normas cambiarias y el desvío de depósitos de bancos de Rumasa a empresas de fachada en Panamá y Liechtenstein y a cuentas cifradas en Suiza.

Al justificar su decisión de intervenir a Rumasa, el gobierno español explicó que lo hacía para proteger cientos de puestos de trabajo, así como los depósitos en los bancos que manejaba el conglomerado y los intereses de otros accionistas que tenían participación en sus filiales. Ruiz Mateos, acusado de fraude, evasión tributaria y violación del régimen cambiario, se refugió en Alemania, desde donde dirigió su batalla contra el gobierno de González. En 1985 fue arrestado en España. Pese a que la expropiación de Rumasa fue apelada judicialmente por los abogados de Ruiz Mateos, el gobierno socialista puso a la venta todas las propiedades de la corporación, entre ellas Galerías Preciados. En ese momento apareció en escena la Organización Cisneros, con una oferta que resultó favorecida frente a la presentada por el Grupo Roca de Colombia (Sociedad Andina de Grandes Almacenes).

En Venezuela la prensa celebró la sagacidad del empresario venezolano al conquistar semejante marca europea. El diario *El Nacional* reportó que cuando le preguntaron a Gustavo cómo había hecho su fortuna respondió: "Muy fácil, heredándola, es un método que recomiendo a todo el mundo".

En España, sin embargo, el misterioso precio del negocio y las condiciones de la venta estimularon la curiosidad de los medios de comunicación y del Congreso. En las cuentas del parlamento y los periodistas no quedó muy claro si la organización asumía el pasivo laboral como parte del precio y tampoco si absorbía las obligaciones tributarias vencidas. Años después fue el propio Gustavo quien suministró las cifras. Le dijo a la revista española *Tiempo* que pagó a la tesorería del Estado español 750 millones de pesetas, pero asumió pasivos por 20,850 millones.

Cuando las negociaciones se cerraron en 1984, Gustavo declaró que el gobierno les había "sacado la sangre". En relación con el precio pagado dijo: "Galerías es un hueso y yo creo que el Estado español hacía bien vendiéndolo por una peseta". A los tres años, los Cisneros vendieron el hueso, no por una sino por 30,000 millones al grupo angloamericano Mountleigh. Lo que la prensa —y el Congreso español— se preguntaban era: si Galerías Preciados no valía nada, ¿por qué los ingleses pagaban esa suma por su adquisición?, y si valía tanto, ¿por qué se había entregado al grupo Cisneros a cambio de una cantidad tan baja?

Bardasano, ejecutivo del grupo que participó en el negocio, explicó que la venta de Galerías a un precio mayor que la compra "se hizo después de más de cuatro años, durante los cuales gran parte de la Organización Cisneros se volcó para la recuperación de Galerías con lo mejor de una gerencia veterana en el negocio de tiendas por departamentos y supermercados, con una agresiva e innovadora estrategia de mercadeo y ventas, una reestructuración interna, con el apoyo de los sindicatos y una profunda remodelación y relanzamiento de prácticamente todas las tiendas".

Otro detalle que fastidiaba a la opinión pública española fue la visita que hizo Gustavo a Felipe González y al rey Juan Carlos meses antes de adjudicarse la venta de la propiedad intervenida. También disgustaba el paseo en el yate de Cisneros de Miguel Boyer después de la venta a los inversionistas angloamericanos. Boyer fue uno de los funcionarios del gobierno español que participó en la venta de Rumasa. Gustavo sostiene que su visita se produjo cuando el negocio "no había despertado el interés de la Organización Cisneros".

En una querella que no prosperó, Ruiz Mateos demandó en 1990 a Gustavo Cisneros por evasión de más de cinco millones de dólares en impuestos del gobierno español a través de la supuesta falsificación de facturas de mercancías enviadas por empresas de la organización en América Latina. "Falso", argumentó Cisneros, "en ningún momento se hicieron tales pedidos a empresas latinoamericanas", pues era más barato comprar en Europa que atravesar el Atlántico con los costos que esa operación implicaba.

Hoy Gustavo se prepara para una nueva conquista en el mundo de las comunicaciones de Estados Unidos: la adquisición por 2,900 millones de dólares, por parte de *Univisión*, de Hispanic Broadcasting Corp, la más grande corporación de radio hispana de Estados Unidos, propietaria de 65 estaciones.

El aura de poder que ha logrado condensar en su figura en Venezuela está descrita en una crónica de la prensa caraqueña del año 2001, que afirma que al llegar a un brindis por la reconquista del primer lugar de sintonía de *Venevisión* un compacto "muro de estrellas" de la farándula se abrió en dos. "Como el mar rojo —decía el cronista—, ante la orden de Moisés".

La noche de las colas

Las vidas de Gustavo y Oswaldo Cisneros están muy ligadas desde la infancia. Oswaldo fue criado por don Diego cuando su padre, Antonio Cisneros, murió en 1951, a los 44 años. Aunque Oswaldo continuó viviendo con su madre viuda, don Diego lo adoptó como un hijo más y a la edad de trabajar encontró un sitio para su talento, que básicamente era el del micromanejo administrativo y financiero de la embotelladora de Pepsi Cola.

Fue Antonio quien obtuvo, en 1939, la primera franquicia independiente de Pepsi Cola. Aunque al principio a don Diego el negocio no le interesó, un año después, ante el aumento de las ventas, se vinculó a la fábrica y tuvo la idea que convirtió la empresa en la concesión estrella de la multinacional en el mundo entero: aglutinar todas las embotelladoras que funcionaban en el país con el apoyo de otros socios que aportaban dinero. En 1944 la producción de Pepsi en Venezuela igualó la de Coca-Cola y en 1948 la duplicó. Gracias a esta fórmula, la filial de Venezuela se convirtió en un ejemplo para la firma estadounidense, y los directivos de la sede se acercaron a los ejecutivos del país suramericano más que a cualquier otro para estudiar sus experiencias.

En el Babson College, Oswaldo conoció a Robert Enrico, presidente de la compañía. Después de graduarse mantuvieron la amistad y la estrecharon aun más a raíz del infarto que Enrico sufrió en Estambul mientras bailaba con Ella Cisneros, la esposa de Oswaldo. A las pocas horas de sufrir el ataque fue trasladado a Estados Unidos en el avión ejecutivo de Oswaldo, una decisión clave y oportuna por la que Enrico quedó profundamente agradecido.

A mediados de la década de los noventa, Oswaldo le ofreció a Enrico la venta de todas las plantas y operaciones de Pepsi Cola en Venezuela. Simultáneamente, Gustavo había iniciado un diálogo con Roberto Goizueta, el legendario presidente de la Junta Directiva de la Coca-Cola, y con Don Keough, el presidente ejecutivo de la empresa. Dichas conversaciones sentaron las bases para el acuerdo entre las embotelladoras de la familia Cisneros en Venezuela y la firma líder en la industria mundial de refrescos. En una de sus raras intervenciones públicas, Oswaldo dio a entender que su decisión de vender la empresa estaba más relacionada con una reflexión sobre su vida y su estado de salud que con intrigas o manipulaciones accionarias. Le preocupaba, explicó, su infructuosa lucha contra el colesterol y el hecho de que ninguna de sus tres hijas estaban interesadas en manejar el negocio.

Enrico respondió con una contrapropuesta que no excedía del 25% de Pepsi. Alberto Uribe, el vicepresidente de Pepsi-Co para la región andina, declaró que tres meses antes del cambio de marca Oswaldo le dijo que había firmado un acuerdo de confidencialidad para negociar sus embotelladoras, y que a partir de entonces no respondió las llamadas de Enrico.

Si Enrico no atendió los rumores de que otras compañías habían prestado atención a la oferta, mucho menos imaginó que finalmente lo harían con la empresa archirival, Coca-Cola. Unidos los esfuerzos de Gustavo y Oswaldo y con la mediación de "la joven con el rolex de oro", como se referían a Violy McCausland, la financista colombiana experta en fusiones en América Latina, se llevó a cabo un movimiento sigiloso a tal velocidad que, de la noche a la mañana, la filial más importante de Pepsi en el mundo se desplomó.

Entre la noche del 16 de agosto y el amanecer del día siguiente Pepsi de Venezuela pasó de controlar el 85% del mercado nacional de las colas y de ocupar el sexto lugar en el mercado mundial a perder toda la capacidad de hacer, envasar o transportar una sola gota del líquido que había nutrido la fortuna de los Cisneros.

El 17, tres días después de que Coca-Cola pagara 500 millones de dólares por el 50% de las acciones de la fusión, los empleados de Pepsi reemplazaron el logo de sus uniformes. Tiendas y camiones hacían lo mismo, mientras los altos ejecutivos de la compañía se enteraban de la transacción que Mc-Causland había sellado sin que la identidad del comprador se filtrara.

El 20, las acciones de PepsiCo cerraron a la baja en la bolsa de Nueva York perdiendo 87 centavos de dólar. "Destruyeron nuestro negocio en Venezuela", declaró impotente un ejecutivo de la compañía mientras tres jumbos volaban constantemente entre Atlanta y Caracas transportando botellas y tapas con el logotipo de Coca-Cola.

Oswaldo llamó al presidente Caldera, que se encontraba en República Dominicana, para informarle del negocio.

Las acciones de Coca-Cola se dispararon con la jugada. El 23 los obreros soltaron al fin las brochas con las que terminaron de cubrir los letreros de Pepsi en todo el país.

"No quiero que piensen que soy una persona con mucha liquidez", comentó Oswaldo sobre el negocio al diario *El Universal*, de Caracas.

Lo que sí piensan las pocas personas que conocen bien a Oswaldo es que para él son más importantes los negocios que la política, incluso que las convicciones ideológicas. Por ello, en los años ochenta no tuvo problema en negociar con el gobierno de Cuba la compra de azúcar para la fábrica de Pepsi Cola en Venezuela, un gesto que hubiera indignado a su tío Diego, furibundo opositor de Fidel Castro.

La conexión de Oswaldo con Cuba se produjo a través de su primera esposa, Ella Fontanals, hija de José Fontanals Pérez, que ha sido miembro del directorio del Banco Nacional de Cuba y consejero económico de Castro. Oswaldo se separó de Fontanals y en 2001, a sus 61 años, se casó con Mireya Blavia Gómez, una psicopedagoga chilena 20 años menor que él. Mireya se dedicaba a vender yates de lujo. La ceremonia civil se celebró en la casa de Gustavo en Caracas.

La señora de Oswaldo maneja la fundación Venezuela Sin Límites, que coordina los esfuerzos de otras entidades sin ánimo de lucro dedicadas a socorrer a la población infantil desamparada.

Una revista de la sociedad venezolana dice que Mireya "ahora se rodea de venezolanos —mujeres, en su mayoría—, que decidieron revivir sus horas muertas de ocio y dedicarlas a ganar sonrisas en la tierra y a garantizarse su parcelita celestial".

El negocio de Telcel

Al estallar en Venezuela el debate de la renegociación de la deuda externa, el presidente Lusinchi solicitó la mediación de Gustavo. En ese momento, en respuesta a la pregunta que un reportero le hizo sobre su relación con el Presidente, Gustavo respondió: "Nos ayudamos mutuamente... —y luego aña-dió—: ¿Qué obtenemos de esto? La respuesta es: probable-mente, muy poco".

La adjudicación del contrato de telefonía celular de Vene-zuela en 1991 al consorcio Telcel, integrado por BellSouth de Estados Unidos, Oswaldo Cisneros y en una menor propor-ción por Gustavo, no es un detalle despreciable o "probable-mente muy poco", como dice Gustavo. La banda en la que operan los celulares en ese país fue prácticamente sustraída sin previo aviso por el gobierno de Carlos Andrés Pérez a las fuerzas militares para adjudicársela a Telcel en una operación que hoy es motivo de una lenta y silenciosa pesquisa judicial. Paradójicamente, el último en enterarse de la cesión de la fre-cuencia fue el entonces ministro de Defensa, general Fernan-do Ochoa Antich, que pidió una investigación sobre la insóli-ta determinación. La conclusión de la investigación confirmó que el proceso estuvo plagado de irregularidades y que la fre-cuencia privilegiada, por ser la de mayor claridad y seguri-dad, para la cual estaban diseñados los costosos equipos de las Fuerzas Armadas, pasó de la noche a la mañana del comando de comunicaciones del ejército a los centros de operación de BellSouth.

Con la decisión del gobierno de Pérez de adjudicar la con-cesión de la banda de telefonía celular al consorcio Telcel por un valor de 105 millones de dólares, no sólo se cedió una franja de comunicación, sino que, además, quedaron inservibles por lo menos 50 unidades móviles que Venezuela adquirió para des-plazar a cualquier lugar del país los aparatos de comunicación programados para operar exclusivamente en esa frecuencia.

A partir de ese momento, la filial de BellSouth en Vene-zuela se convirtió en uno de los mejores negocios de la mul-tinacional en el mundo. Con un total de más de 3.2 millones de usuarios, Venezuela es el país de América Latina donde BellSouth tiene más clientes después de Brasil. En agosto de 1998, BellSouth Corp. pagó 210 millones de dólares a una empresa controlada por Oswaldo (Comtel Comunicaciones

Telefónicas CA) para quedarse con el 35% de las acciones, lo cual colocó a la empresa telefónica de Atlanta en una posición de dominio. La participación accionaria de BellSouth subió al 78%.

Aunque quedó con un paquete minoritario de acciones, esa situación no liberó a Oswaldo de tener que dar explicaciones a la Comisión de Valores de Estados Unidos (SEC). La autoridad bursátil investigó a la filial en Venezuela y concluyó que violó la ley de anticorrupción que prohibe a las empresas estadounidenses pagar sobornos. En enero de 2002, SEC impuso una multa civil a BellSouth en Atlanta. Como se llegó a un acuerdo nunca se supo cuáles fueron las prácticas que violaron la ley. Lo máximo que se dio a conocer fue que es que durante la inspección los investigadores descubrieron que Telcel hizo varias transferencias a firmas en el exterior por 10.8 millones de dólares, con base en facturas falsas. Ante la inminencia de un juicio en Atlanta, la compañía matriz llegó a un acuerdo con el gobierno estadounidense y pagó una multa de 150,000 dólares que cubría las actividades ilícitas en Venezuela y en Nicaragua. Para quién o por qué se hicieron los desembolsos desde Telcel es un asunto que continúa en el misterio absoluto.

El costo del poder

El nombre de Oswaldo salió por primer vez en los periódicos de la Florida a principios de los años ochenta cuando algunos ejecutivos del Flagship Bank Inc, entonces el quinto banco del estado, denunciaron que el conglomerado de los Cisneros estaba agazapado detrás de un esfuerzo por hacerse con el control del Flagship.

De acuerdo con la demanda, radicada en Miami en 1982, la toma se pretendía hacer a través de Credival una empresa matriz con negocios que iban desde la exploración petrolera hasta las inversiones en bienes raíces. La Organización Cisneros aportó pruebas de la ausencia de vínculos entre sus empresas y Credival. Pero a los demandantes les llamaba mucho la atención que el presidente de Credival, Juan Vicente Pérez Sandoval, fuese el cuñado de Oswaldo Cisneros y que controlase el 52% de Credival. Según sus cálculos, Pérez Sandoval sería el hombre clave de Oswaldo Cisneros para concretar la operación.

Las sospechas habían surgido a raíz de que los abogados del Flagship establecieron que Oswaldo Cisneros y su familia eran accionistas en Caracas de la empresa Ufasa, que controlaba un 25.5% de una filial de Credival (Sociedad Financiera Credival). Los abogados aseguraron que en los documentos presentados por el Grupo Cisneros ante la comisión de valores de Estados Unidos (Securities Exchange Commission, SEC) y el Banco de la Reserva, relacionados con Inversiones Credival, omitieron declarar los intereses que el conglomerado poseía en esa sociedad. A raíz de la demanda, los periódicos de Miami recordaron algo que sumaba un indicio más a favor de los argumentos de los demandantes: que Gustavo había declarado públicamente que estaba interesado en adquirir una tajada minoritaria de un banco en Miami, aunque advirtió que su intención no era controlarlo.

Con el argumento de que no tenía ningún control de Credival, Gustavo rechazó la acusación de Flagship. Como ha ocurrido varias veces, agregó, sus negocios fueron confundidos con los del primo Oswaldo. Si bien Gustavo compartía intereses con Oswaldo en Pepsi Cola, éste no tenía ninguna relación con la Organización Diego Cisneros. Los representantes del banco respondieron que la defensa de Gustavo no era más que una cortina de humo para ocultar las verdaderas intenciones del grupo. Las cosas se complicaron cuando dos de los testigos en el proceso de Flagship aseguraron que Pérez había inflado el valor de sus propiedades en los documentos entregados a las autoridades norteamericanas para justificar la solidez de su patrimonio a la hora de comprar las acciones del banco. Al mismo tiempo, Pérez se vio envuelto en un problema familiar que lo distanció de los Cisneros. El empresario, de unos 40 años, se separó de la hermana de Oswaldo para casarse con la hija del propio Oswaldo, una estudiante de la Universidad Internacional de Florida.

A todas éstas, el Flagship se embarcó en una fusión con Sun Banks, lo que obligó a este último banco a negociar con Pérez una voluminosa transacción extrajudicial para evitar que el empresario entorpeciera la operación. En mayo de 1983, el banco le pagó a Pérez 65 millones de dólares por el 20% de Flagship.

Lo que meses después salió a relucir fue que los fondos que Pérez usó para comprar acciones de Flagship en Miami no le pertenecían a él, sino al Banco de Comercio de Venezuela, del que fue presidente y accionista junto con Oswaldo Cisneros. El dinero se canalizó desde Venezuela a través de empresas con fachada en el exterior, en una operación que quedó al descubierto cuando el gobierno de Venezuela intervino el banco. Entonces se calculó que el fraude llegaba a los 100 millones de dólares.

El gobierno venezolano demandó a Pérez en Miami, pero éste nunca se apareció en la Corte. Por un descuido —dejó una libreta Gucci en la silla de un avión de Swiss Air— se supo que viajó a Suiza a pasar la tempestad. Su abogado, Stephen W. Arky, uno de los más famosos del país —que fue acusado de complicidad en las operaciones—, se suicidó en julio de 1985, semanas antes de que el gobierno de Venezuela presentara la demanda en Miami. Tenía 42 años.

"Los procedimientos judiciales que siguieron demostraron que la Organización Cisneros, presidida por Gustavo, no tenía vinculación alguna con el banco", dijo Carlos Bardasano, vicepresidente de la organización, al ser consultado sobre el epílogo de este escándalo.

jaron. La nueva compañía Wal-Mart de México heredó la magia Arango. Cifras actuales la ubican en el segundo lugar en importancia dentro de la Bolsa Mexicana de Valores y en la tercera posición en ventas y en número de empleados.

Jerónimo Arango tiene acciones de la nueva empresa, no se sabe cuántas. No importa. Es parte de la leyenda. Su ecuación para la victoria empresarial la resume en su frase preferida: "Ten percent of inspiration, ninety percent of transpiration". ("Diez por ciento de inspiración, noventa por ciento de transpiración").

ANTONIO ERMÍRIO DE MORAES

**El nieto de un lustrabotas que
mantuvo en crecimiento durante
50 años el imperio de Votorantim,
una marca del éxito industrial de Brasil**

POR MILTON F. DA ROCHA FILHO*

El señor de 73 años y 1.87 metros de altura entra sonriente en su carro, que está estacionado en la Plaza Ramos, en el centro de São Paulo. Se dirige a la Rua Augusta, donde pretende almorzar en el tradicional y ya no tan glorioso hotel Cad'oro. En el camino saluda a quien lo observa. Sabe que las personas lo conocen y retribuye con gentileza las miradas curiosas que aparecen cada vez que su automóvil para en un semáforo.

Nunca utiliza coches de lujo, sólo los de la empresa. Algunas veces hace el mismo camino a pie, siempre sólo, sin seguridad. Así de sencillos son los hábitos de Antonio Ermírio de Moraes, el mito empresarial que lidera el Grupo Votorantim. Un gigante que participa en diversos mercados: cemento, papel y celulosa, metalurgia, fabricación de jugos, haciendas de reforestación e inversiones en finanzas, energía e Internet.

Antonio y su hermano José Ermírio son considerados los hombres más ricos de Brasil, según la lista de millonarios de *Forbes*. Su fortuna está valorada en 3,600 millones de dólares (*Forbes* 2002). A Antonio Ermírio no le gusta hablar de su riqueza ni del grupo que dirige. Prefiere decir que Votorantim paga cerca de 300 millones de dólares en impuestos cada año.

*Editor y coordinador de la Agencia Estado desde 1993. Rocha Filho fue jefe de redacción del periódico *O'Globo*, en São Paulo, además de ocupar el cargo de coordinador de economía del *Jornal do Brasil*. Fue ganador del premio Esso por un artículo publicado en el *O'Globo* sobre el programa nuclear brasileño.

Con un estilo muy metódico, Antonio Ermírio mantiene la misma rutina de trabajo desde hace 52 años: se despierta a las cinco de la mañana y sale hacia su oficina en la Beneficencia Portuguesa —uno de los hospitales más grandes de São Paulo—, donde se queda hasta un poco más de las siete de la mañana. No solamente es el director, también es voluntario durante 12 horas a la semana. Llega a la oficina de Votorantim a las ocho de la mañana y se queda hasta terminar con su último compromiso. Su día de trabajo no se acaba antes de las nueve de la noche. Bajo su mando están 42 empresas y 30,000 empleados, además de la administración de Beneficencia Portuguesa. Su fama de trabajador está tan extendida que se comenta que en su luna de miel visitó seis empresas metalúrgicas.

La historia del Grupo Votorantim comenzó con el abuelo de Antonio Ermírio, el portugués Antonio Pereira Ignácio. Habiendo empezado como zapatero, Pereira Ignácio tuvo un ascenso digno de guión de película. Dejó el betún para comprar una empresa de telas quebrada y la convirtió en una mina de dinero. Su siguiente paso fue viajar a Estados Unidos, donde se hizo pasar por operario para trabajar en una fábrica de producción de aceite comestible en Wilson, Carolina del Norte, con el fin de aprender los secretos de ese negocio, al que se pensaba dedicar.

Sin embargo, Ignácio siguió otro camino. Después de abandonar el disfraz en Estados Unidos, visitó Portugal con su hija Helena. En tierras lusitanas conoció a otro brasileño: José Ermírio de Moraes. Miembro de una tradicional familia empresarial de Pernambuco, Brasil, José Ermírio decidió dejar la tranquilidad del interior para estudiar ingeniería de minas en Estados Unidos, en 1916. Cuando encontró a Ignácio en Portugal trató de convencerlo de que manejar cemento y metalurgia sería mucho más beneficioso que manejar telas o aceite. El otrora zapatero aceptó el consejo y a partir de allí nació Votorantim, fundada en 1918.

Poco tiempo después, José Ermírio se casó con Helena, la

hija de Ignácio. La pareja tuvo cuatro hijos; el segundo se llamó Antonio Ermírio. Demostró tener habilidad para los negocios enseguida. Un artículo publicado en la revista *Veja*, en 1998, cuenta que el futuro presidente del Grupo Votorantim compró un camión repleto de naranjas con el dinero que había robado de las gavetas de su padre. Tenía siete años. "En aquella época me parecía un buen negocio. Sin embargo, mi padre, al tropezarse con las naranjas regadas por toda la casa, pensó que no", dijo Antonio Ermírio.

Esa tendencia emprendedora fue pulida en la Universidad de Columbia, en Nueva York, a donde Antonio Ermírio fue a estudiar ingeniería metalúrgica, enviado por su padre. Según una de las historias de la familia, Antonio Ermírio quiso cambiarse de carrera y estudiar algo relacionado con petróleo. Pero su padre no lo permitió; le dijo que si lo hacía terminaría por trabajar en una empresa estatal.

Cuando regresó, Antonio Ermírio se fue de inmediato a trabajar con su padre. Él ayudó a Votorantim a crecer a pasos agigantados, hasta que se convirtió en una empresa símbolo en Brasil: grande, competitiva y sin un dólar de capital extranjero. Gran parte de su éxito está asociado a la capacidad de los Ermírio de Moraes para percibir la oportunidad correcta. La empresa comenzó con una fábrica de telas, pasó a fabricar cemento y actualmente produce, además, energía eléctrica y jugos.

"Aprendimos con nuestros abuelos y padres que es necesario saber cuándo cambiar. Estamos preparando a nuestros hijos para eso", dice Antonio Ermírio.

Energía inagotable

Bien sea en el momento de cambiar o en el de verificar cada una de las cuentas del Grupo hasta en el más ínfimo detalle, el empresario es conocido por su energía inagotable. Un caso famoso —y muy usado para explicar quién es Antonio Ermírio de Moraes— se relaciona con una sospecha de secuestro.

Ocurrió en 1989, cuando la policía de São Paulo le informó que un presidiario había confesado tener un plan para ello. Antônio Ermírio descubrió que el tal hombre trabajaba para la empresa Lanifício Vidal, una compañía que hacía muchos negocios con Votorantim. Su siguiente paso, después de la liberación del criminal, fue ir hasta Lanifício. Abordó al individuo y le dijo: "Si algo me pasa a mí a o a mi familia no va a quedar nadie vivo en su familia". El secuestro nunca ocurrió.

Esa disposición casi sin límites sólo disminuye en su intensidad el 9 de agosto. Ese día no va a trabajar. Esta fecha marca la muerte de su padre, que para Antonio Ermírio fue un empresario modelo. "Él siempre fue moderno y vio mucho más allá de su tiempo —dice—. Por eso el Grupo Votorantim creció tanto. Actualmente, leyendo algunas de sus palabras, puedo constatar que sus pensamientos todavía son modernos".

Fue de José Ermírio la idea de enfocar la empresa hacia la producción de cemento y productos no ferrosos, una estrategia de negocios que en aquella época no se consideraba muy prometedora.

"Cuando anunciamos que íbamos a producir aluminio en Brasil fuimos atacados y tildados de locos —cuenta Antonio Ermírio—. Felizmente, la historia demostró que estábamos en lo correcto". Según él, hoy Votorantim tiene un aluminio de calidad a precios competitivos, que puede conquistar mercados en el extranjero. "Tenemos también nuestras propias hidroeléctricas, que producen la energía necesaria para la fabricación del metal", afirma.

Empresa familiar

Hoy toda la familia tiene que ver con el Grupo Votorantim. El hermano mayor, José Ermírio de Moraes Filho, preside el Consejo de Administración de Votorantim, y los menores, Ermírio Pereira de Moraes y su hermana Helena —antes representada por su esposo, Clovis Scripilitti, ya fallecido— tienen cada uno voto en todas las decisiones.

Además de liderar el grupo con la ayuda de sus hermanos, Antonio Ermírio todavía encuentra tiempo para sus incansables lecturas técnicas y sus otras actividades, que van desde el teatro hasta la política.

Tal vez por inspiración de su padre, que fue senador, Antonio Ermírio se postuló para gobernador de São Paulo en 1986, aunque perdió la elección contra Orestes Quércia. En aquella época estaba muy indignado por lo que vio durante su campaña, experiencia que jura que no volverá a vivir "ni con una camisa de fuerza". Asegura que la mayoría de los hombres que están en la disputa por el poder no piensan en el crecimiento del país, sino en beneficios personales. "Infelizmente, fue eso lo que sentí. Me enojé con algunos políticos que prefiero no nombrar, y esa realidad me desalentó a seguir con una vida política", dice con mucho pesar.

Después de las elecciones, Antonio Ermírio se interesó en el teatro. Ya ha escrito dos libros sobre los problemas sociales brasileños. Ambas obras, *Brasil S.A.* y *SOS Brasil*, se presentaron en varias ciudades de ese país. Desde 1999 el empresario recopila información para una tercera obra. "Cada vez más tengo la seguridad de que una educación más seria y de mejor nivel técnico podría cambiar la cara de Brasil, y eso se puede lograr", afirma.

La postura crítica sobre los asuntos económicos y sociales de Brasil está asociada desde hace tiempo a su nombre. Es común que periodistas y representantes de la sociedad civil lo busquen para que dé su opinión sobre los problemas del país. Por esta razón, Antonio Ermírio aceptó la invitación del diario *Folha* de São Paulo para escribir una columna los domingos, en la que analiza los asuntos económicos y sociales de Brasil.

"Busco entender lo que está pasando en nuestro país y ofrezco sugerencias. No me limito sólo a criticar, quiero ayudar con ideas, haciendo que las personas entiendan lo que está pasando en nuestra tierra."

Tal vez también por sus preocupaciones sociales, a Antonio Ermírio le produce un cierto pudor parecer rico o incluso serlo. Cuando alguien le toca el tema, trata inmediatamente de cambiar de conversación: "No soy el único dueño del Grupo Votorantim, casi el 75% del dinero que ganamos va para inversiones en las mismas empresas —afirma—. Muchas veces hemos subido ese porcentaje, pues es muy difícil conseguir dinero barato en el mercado".

Cuando menos se espera, Antonio Ermírio ya está hablando sobre la economía brasileña, tema que le gusta analizar y criticar todos los días. "Las tasas de interés se encuentran demasiado altas debido a la política monetaria adoptada en nuestro país. Sé que esto está pasando hace tiempo y, por esa razón, llegó la hora de parar. El gobierno debería incentivar el aumento de la producción industrial, sin eso no hay forma de crecer", explica el empresario. Otro punto que le incomoda mucho es la actual legislación, que fija impuestos sobre las exportaciones, que considera absurda. "En otros países no se fijan impuestos sobre productos exportados. Mantener esa práctica elimina la competitividad de nuestras empresas".

Aún con la reforma tributaria programada por el gobierno brasileño, Antonio Ermírio se considera escéptico. Eso porque, según él, existe una gran preocupación del gobierno por ampliar la recaudación dejando a un lado las reformas esenciales. Por eso defiende los cambios en las leyes fiscales. Tanta preocupación, y la falta de confianza en las medidas del gobierno en relación con la crisis de energía eléctrica del país, hicieron que Votorantim resolviera tomar acciones paralelas. "En los últimos años hemos venido aplicando un programa especial para la construcción de hidroeléctricas", dice. A su entender, Brasil debería hacer lo mismo. En otras palabras, invertir sin parar.

Para el empresario, además de las hidroeléctricas también se tienen que destinar recursos a la construcción de termoeléctricas. "Sin ellas nos quedaremos en la oscuridad. Adicionalmente, es necesario ordenar la recomposición de los embalses de las hidroeléctricas y rezar para que llueva bastante", dice. En el caso de Votorantim los problemas se están resolviendo. La empresa es socia en la represa de Machadinho.

Hay otras dos unidades en construcción: Pirajuzão, con una inversión total superior a los 200 millones de dólares y una segunda, en río Ribeira, en Iguape, en el interior del estado de São Paulo. Esta hidroeléctrica es una obra que trata de arrancar desde hace 12 años, pero no ha podido. El problema es que el Ibama (Instituto Brasileño del Medio Ambiente) todavía no ha dado la autorización para que se construya. Las máquinas y los equipos ya están comprados, y se han invertido más de 200 millones de dólares.

"Adquirimos las tierras para la formación del tanque de reserva, sin embargo, el Ibama alega que con la construcción de la hidroeléctrica vamos a matar los peces en el río Ribeira de Iguape, cosa que no es cierta", dice Antonio Ermírio.

El empresario, siempre serio, tiene un tono irónico cuando habla sobre las medidas de racionalización del consumo de energía.

"Llegué a comprar una planta para iluminar la sede del Grupo en la Plaza Ramos de Azevedo, en São Paulo. Sin embargo, no he utilizado el equipo porque me daría pena ver a la gente economizando en sus casas y yo usando energía para iluminar la entrada del edificio. Solamente usamos la planta para trabajar", dice.

Aunque le guste discutir los problemas nacionales, Antonio Ermírio ya ha sido clasificado por muchos como inflexible, autoritario y acaparador. Sin duda es una mezcla de todo, y eso lo ha convertido en uno de los iconos del mundo empresarial brasileño. Esta particularidad hará muy difícil encontrar a alguien para ocupar su puesto a la cabeza del Grupo Votorantim. Hasta ahora no ha aparecido en el seno de la familia Moraes ningún heredero con tanta personalidad y determinación como él. La familia nunca ha divulgado quién sería el candidato, que se escogería entre nueve hijos y más de veinte herederos de la cuarta generación, muchos de los cuales ya reciben preparación para asumir los negocios del grupo.

"Mi familia es grande y, excepto mi hija menor, que todavía vive con nosotros, la mayoría ya están cuidando de sus vidas", dice Antonio Ermírio. "La casa ya está quedándose vacía y sólo se llena en los fines de semana".

Votorantim siglo XXI
POR GERARDO REYES

En agosto de 2001, Antonio Ermírio de Moraes, el máximo líder del grupo Votorantim, invitó a representantes de los medios de comunicación de Brasil para que escucharan un anuncio extremadamente importante: los cambios en el equipo gerencial de la compañía. Después de presentar a los directivos de la tercera generación de la familia, nombrados en posiciones claves, se despidió y dijo: "De aquí en adelante ustedes hablan con ellos".

Fue una decisión de un día. Moraes siguió hablando con la prensa, como lo ha hecho siempre, para dar buenas noticias, para hacer cábalas políticas o para anticipar el aumento de utilidades y de inversiones del conglomerado. Votorantim comenzó el siglo XXI con varios motivos para celebrar en medio de una economía cuyo único indicador positivo es el optimismo.

Fue Moraes quien en junio de 2003 informó que las exportaciones del sector industrial del grupo ocuparían el 63% de total de ventas. La cifra responde a una estrategia sencilla que Moraes ha explicado varias veces: exportar es la única manera de mantenerse en pie cuando la economía interna está deprimida.

El legendario director del grupo calcula que para 2004 las exportaciones de Votorantim pueden llegar a 1,000 millones de dólares.

"Nos estamos transformado en un grupo exportador que atiende también las necesidades del mercado doméstico en forma competitiva", explicó.

Mirar al exterior no era una actitud muy común en un grupo que creció sin mayores obstáculos a lo largo y ancho de un país de 170 millones de habitantes. Decía un artículo de la publicación *Dinheiro* que algunos empresarios brasileros no veían a Moraes compartiendo sociedades con empresas extranjeras y que sólo se le mediría al reto cuando consiguiera alguien de su estatura.

"Parece que ese día llegó", afirmó el artículo al anunciar que Votorantim había firmado una alianza estratégica con "el magnate de la Florida Joe Anderson, uno de los mayores contribuyentes a la campaña del gobernador Jeb Bush y dueño de Anderson Columbia".

La firma Anderson Columbia es una empresa con inversiones en construcción, minería, concretos y propiedad horizontal en Estados Unidos. El proyecto conjunto entre Votorantim y la empresa americana, llamado Suwanee American Cement, tiene como meta la construcción de una fábrica de cemento en la Florida con una producción de 800,000 toneladas. Votorantim aportó al proyecto 100 millones de dólares.

Con anterioridad a la inversión en la Florida, a mediados de 2001, el conglomerado adquirió Blue Circle en Canadá, una de las filiales del gigante cementero Lafarge. La compra por 680 millones de dólares puso en su imperio las plantas de Bowmanville y de St. Marys en Ontario; 39 plantas de mezcla de concreto, también en Ontario; instalaciones de trituración en Detroit y siete terminales en la región de los Grandes Lagos.

"Finalmente un Ermírio americano", decía la nota.

Moraes admite que es un momento difícil para buscar mercados en el exterior. "Pero estamos atentos a las oportunidades. Puedo adelantar que la operación de la fábrica en Panamá está dando excelentes resultados a partir del momento que asumimos". En la política de comienzos de siglo, Moraes no tuvo una opción diferente a la de aceptar la victoria de una mezcla menos conocida para él: un Presidente que llegó al poder sobre los hombros de una frágil combinación de fuerzas en la que encontraron espacio desde militantes del derechista

Partido Liberal hasta Los Sin Tierra, un frente socialista de invasores de propiedades.

Desde el palco privilegiado de viejo avizor, Moraes votó por José Serra, el candidato del gobierno. Durante la campaña exigió a los postulantes no esquivar el debate sobre el desempleo, y fue especialmente duro con Luis Inácio Lula da Silva, el candidato del Partido de los Trabajadores, que subía como espuma en las encuestas.

"Un problema es que él nunca ha trabajado en su vida", dijo. "¿Quién lo mantuvo en los últimos 20 años? Yo trabajo desde hace 53 y no he visto trabajar a Lula".

Pero el ataque más fuerte se produjo cuando Moraes puso en duda las capacidades de Lula de lograr un ritmo de inversión de capital extranjero de 25 mil a 30 mil millones que necesita Brasil al año, según los cálculos del empresario.

"¿Vendrá ese dinero si Lula es elegido?", preguntó durante una entrevista con el diario *Folha* de São Paulo. "Si el dinero no llega, el dólar va a llegar hasta el techo, la inflación va a explotar y tendremos graves problemas". Para gobernar, agregó, se necesita "seriedad y competencia".

En otras de sus presentaciones en público, Moraes atacó al gobierno por pagar pensiones desproporcionadamente más altas que las del sector privado y advirtió que la solución de ese problema serviría para evaluar la fortaleza y efectividad del próximo presidente.

Angustiados por los rumores de que Lula llevaría al país por un barranco ideológico antinorteamericano y populista, muchos empresarios esperaron los resultados de las elecciones abanicándose con un pasaje reservado para salir corriendo a Estados Unidos. Lula Da Silva, un trabajador que perdió el dedo pulgar en una siderúrgica, llegó a la presidencia de Brasil en 2002. El terremoto nunca ocurrió. Al año siguiente Votorantim celebró 85 años de existencia bajo la presidencia de Lula, un mandatario que lo primero que hizo para dejar tranquilos a los inversionistas fue tocar las puertas de la Casa Blanca y hablar al presidente George Bush de integración comercial y liderazgo en Suramérica.

Y Moraes siguió dando buenas noticias:

• La inversión de 627 millones de dólares en nueve hidroeléctricas que suministrarán energía a su propia industria

• El aumento de la capacidad de producción de la Compañía Brasilera de Aluminio (CBA), filial del conglomerado, de 240 mil a 500 mil toneladas

• La propuesta de compra de la minera de zinc del Perú Volcán Cía. Minera S.A.

• El ingreso de 52 millones de dólares de ganancias en el Banco Votorantim en el primer trimestre de 2003, un aumento en el 92 por ciento si se compara con el mismo período el año anterior

• El aumento en un 53% de las exportaciones de Votorantim Celulose e Papel (VCP) en el primer semestre de 2003

• La inauguración del primer puerto de Votorantim Cimentos Imbituba, a 90 kilómetros de Florianopolis.

Dos obstáculos importantes afronta, sin embargo, la organización en este gobierno: por un lado, una investigación de la posible existencia de un cartel de los productores de alumnio que realiza la Secretaría de Investigación Económica (SEAE). El organismo sostiene que algunos de los productos del sector del aluminio están monopolizados. Y por el otro, la fuerte oposición de los grupos ambientalistas a proyectos hidroeléctricos en zonas protegidas por cuestiones ecológicas. Un importante proyecto en Amazonas —la hidroeléctrica de Santa Isabel— entregado en concesión por el Estado, debió ser devuelto al gobierno por el consorcio favorecido, en el cual participaba Votorantim, debido al intenso cabildeo de los ambientalistas.

Sin embargo, estos son inconvenientes de rutina para un grupo octogenario.

ALOYSIO DE ANDRADE FARIA

**A los 80 años, este médico convertido
en banquero, todavía tiene energía para
multiplicar una de las fortunas más grandes
del Brasil y cuidar cientos de caballos árabes**

por María Teresa Márques*

En un edificio de 13 pisos del centro de São Paulo hay un aviso en metal que dice: "Orden y Progreso. Orden sin progreso es inútil. Progreso sin orden es falso".

La primera parte del mensaje reproduce la leyenda del escudo nacional de Brasil y el final es el grito de batalla del segundo hombre más rico de Brasil y el número 132 del mundo, Aloysio de Andrade Faria. En ese mensaje está la clave del éxito del financista brasileño, explica Adolfo Melito, uno de los ejecutivos del Instituto Alfa, del conglomerado de Faria. Esos son "los retos que hacen que el doctor Faria se levante de la cama todos los días".

El edificio es la sede del Grupo Alfa, la cabeza del conglomerado financiero de Faria, y refleja el estilo personal del empresario: sobrio, sin exageraciones y con salas privadas sólo para Faria y su vicepresidente. Los directores trabajan en otros pisos. Esa misma estructura se repite en los predios de todas las compañías del imperio del magnate. Un rigor que ha seguido Aloysio de Andrade Faria durante toda su vida.

A sus 80 años, todavía se levanta a cuidar su fortuna con su idea castrense de los retos, incluyendo el de poder hacer lo que le venga en gana. "Estoy en el momento en que hago solamente lo que quiero hacer", dijo en una de las pocas entrevis-

*Periodista independiente. Trabajó durante casi 25 años en el diario O *Estado*, de São Paulo, donde fue editora.

tas que ha concedido. El trabajo, en sus palabras, es su placer. "No necesito trabajar, pero lo hago porque ése es el reto que me mueve".

Según la revista *Forbes*, Faria es el segundo hombre más rico de Brasil, después de Joseph y Moise Safra (lista de 2003). Tiene un patrimonio de 2,700 millones de dólares y continúa manejando sus negocios. Opuesto a figurar en los medios, trabaja sin llamar la atención; pero el mercado sabe que sus actividades empresariales se extienden por muchos sectores. Y que a algunos de sus negocios los trata con una dedicación apasionada. Tal es el caso de su criadero de caballos de raza árabe, su fábrica de helados (La Basque) y el Instituto Alfa de Cultura.

Así es ahora, y así ha sido siempre. Incluso cuando vendió el Banco Real al holandés ABN Amro en 1998, por 3,000 millones de dólares, de los cuales recibió 2,100 millones en efectivo. La transacción fue considerada en su época como la más grande en América Latina con una empresa del sector privado.

Paradójicamente, la operación estuvo a punto de ser cancelada por el propio Faria. En una tensa reunión, después de haber acordado los términos de la venta, el banquero decidió no hacer el negocio por un recuerdo que tuvo de una operación anterior con el ABN que no dio buenos resultados. Fueron los directores de la consultora Ernst & Young —los asesores en el negocio— quienes convencieron a Faria de continuar con la transacción. La operación, además, no estuvo exenta de controversias. Según los banqueros locales, Faria nunca les dio la oportunidad de tratar de comprar su banco, cosa que en la época era casi una obligación legal, pues la legislación vigente no permitía vender un banco en buen estado a un extranjero, salvo por interés nacional, según lo definieran el Presidente y las autoridades competentes. Pero el Banco Central aprobó la transacción a pesar de las protestas de los otros banqueros nacionales.

Fuentes cercanas al negocio aseguran que la decisión de Faria fue resultado del precio ofrecido por el ABN —superior al de las otras ofertas— y del hecho de que el empresario no quería que su banco terminara en manos de uno de sus competidores locales. Pero una de las razones principales por las cuales escogió al banco holandés fue que esa entidad había estructurado los eurobonos que emitía el Banco Real —y, por tanto, ya la conocía bien—, lo cual le permitió negociar personalmente con Faria, sin la intermediación de un banco de inversión.

Lo que tenía Faria era nostalgia de dejar el negocio. Y tal vez eso, su cultura del trabajo y su deseo de seguir haciendo cosas lo empujaron a más. En el mismo año de la venta del Banco Real creó el Banco Alfa de Inversiones, que abrió con cinco sucursales y lo festejó con una presentación de gala de la ópera *Madame Butterfly*. En los años siguientes fue creando las otras empresas que forman actualmente el Grupo Alfa: Financiera Alfa, Alfa Leasing y Alfa Corretora de Cambio y Valores Mobiliarios. Siempre actuando en el campo de las inversiones, el grupo de Faria es hoy uno de los más experimentados de Brasil, con un patrimonio bruto de 380 millones de dólares y activos por 1,700 millones. Según datos del grupo, el volumen de recursos captados y administrados en 1999 sobrepasó los 2,000 millones de dólares, un crecimiento de más del 30% con respecto a 1998.

Un médico banquero

Aloysio de Andrade Faria nació el 9 de noviembre de 1920 en Belo Horizonte, Brasil. En 1925, su padre, Clemente Soares Faria, fundó —con algunos amigos— la Cooperativa de Crédito en una humilde casa de la capital minera, que más tarde llegaría a ser el próspero Banco da Lavoura de Minas Gerais. En lugar de ocupar un puesto privilegiado en el banco de su padre, optó por estudiar medicina en la Universidad Federal de Minas Gerais. Se graduó en 1944, hizo un postgrado en Estados Unidos —en Northwestern University, en Chicago— y regresó a Brasil para ejercer su profesión.

Mientras el joven Faria seguía su carrera de médico, su padre hacía lo propio en su banco. En 1945, con el objetivo de conquistar el bolsillo de los clientes paulistanos, Clemente Faria transfirió la sede del Lavoura a São Paulo. Los depósitos se multiplicaron de tal forma que la institución financiera se transformó en la quinta más grande del país. Tres años después, cuando Faria tenía sólo 28 años, su vida cambió para siempre. La muerte de Clemente —en 1948— lo convirtió en el nuevo jefe del banco, mientras su hermano, Gilberto de Andrade Faria, se dedicaba a los otros negocios de su padre, particularmente a las haciendas que en ese momento tenía la familia.

Faria llevaba dos años trabajando como gastroenterólogo en su propio consultorio de Belo Horizonte. Durante seis meses intentó combinar las funciones de médico, por la mañana en el hospital, y de banquero, por la tarde en la oficina. El intento no funcionó, y Faria se vio obligado a escoger entre los pacientes y los clientes. Las venas de su cuerpo pulsaban más por Adam Smith que por Hipócrates. Después de la dura decisión, Faria pasó una buena prueba: cambiar el nombre de Banco da Lavoura a Banco Real, y éste fue uno de los factores que logró posicionar al Banco Real como una de las instituciones financieras privadas líderes de Brasil. El banco participó en algunos de los mayores negocios de la época. En los años cuarenta financió la construcción del puerto de Vitória, en Espírito Santo, y en los cincuenta, la apropiación de tierras para la construcción de Brasilia. En esos años, además, Faria introdujo varias innovaciones en el sistema bancario local: creó una escuela para la formación de gerentes y empezó a conceder préstamos navideños a los empleados.

Años después, en 1964, abrió la primera sucursal de un banco brasileño en Nueva York. Ésa fue su primera incursión en el mercado de Estados Unidos, pero no la única. En 1986 fundó el Banco Delta, que actualmente administra cerca de 2,500 millones de dólares en depósitos de brasileños a través de sus oficinas en Estados Unidos y la isla Gran Caimán. La idea surgió de la necesidad de proteger al Banco Real de la crisis de la deuda que se vivía en ese momento en Brasil.

Hoy, desde un modernísimo edificio cerca de la Avenida Paulista, en São Paulo, donde reside cuando no está en su hacienda en el interior del estado dedicado a sus caballos, Faria sigue supervisando las actividades del grupo. Pero no lo maneja, pues ha delegado la administración de parte de sus negocios a sus yernos, Luiz Henrique de Vasconcelos y Carlos Nascimento.

Tiene cinco hijas, aunque sólo una de ellas trabaja con él, en Sorbetes Premium La Basque, una de sus empresas consentidas. Fundada en 1980 en Campinhas con la idea de hacer una heladería que conservara las características artesanales de los helados Premium que se producían en Estados Unidos, la venta de sus productos se extendió rápidamente por todo el país. El primer negocio se inauguró en São Paulo en mayo de 1981, y tiene 51 locales propios, y ventas en supermercados y tiendas de comida rápida.

Faria no ha perdido del todo su conexión con la medicina. Al menos emocionalmente, pues en el año 2000 donó cerca de dos millones de dólares al Hospital Universitario, administrado por la Universidad Federal de Minas Gerais. La donación representó casi el 16% del presupuesto de mantenimiento de toda la Universidad. El doctor figura también entre quienes donaron dinero al Centro de Técnicas Avanzadas en Urología, que funciona en el tercer piso del Hospital del Riñón y de la Hipertensión de la Fundación Oswaldo Ramos, en São Paulo. Roberto Setúbal, del Banco Itaú, y Abílio Diniz, de Pão de Azúcar, también integran el grupo patrocinador.

Pero en la práctica, según el propio Faria, su relación con la medicina se circunscribe a algunas "sugerencias" en las conversaciones que mantiene con el veterinario en sus establos. Sugerencias que seguramente también fueron útiles para Naciones Unidas cuando participó en la organización como miembro del Comité de Inversiones.

Además de los bancos y de los helados, Faria es dueño de la red de hoteles Transamérica y de la cadena de radio del mismo nombre; de Transcheck, una empresa que vende tiquetes de alimentación; y de Aguas da Prata, envasadora de agua mineral. Como si no le bastase tanta diversificación, también invierte en empresas agrícolas y culturales.

A pesar de que confiesa no entender nada de Internet, también ha invertido en la red. El primer paso en ese sentido lo dio en marzo de 2000, con la inversión en el portal de viajes Pasaporte Brasil. El Grupo Alfa invirtió 15 millones de dólares en adquirir el control del 51% de las acciones del portal de turismo y entretenimiento.

Dado su estilo prudente y conservador a la hora de invertir, su participación en el sector no es muy grande. Pero la actuación cotidiana de Faria en este campo es intensa, según Beny Fiterman, director del grupo para esa industria: "El doctor Aloysio participa activamente, tiene una mente abierta y mucha visión empresarial". Para él, la diversificación del grupo no quita al empresario el control de sus negocios: "Diversifica, pero mantiene el enfoque en cada una de las cosas separadamente".

Tras bambalinas

El columnista César Giobi, de las páginas sociales del diario *O Estado* de São Paulo admira la postura discreta de Aloysio Faría —no le gustan los medios ni las reuniones sociales— y cuenta que se lo encontró en "rarísimas" ocasiones en eventos importantes en la ciudad de São Paulo. "Veo mucho más a su esposa, doña Clea Dalva, que acostumbra a asistir a eventos musicales." Según Giobi, aunque la invitación se extienda a la pareja, Faria prefiere mantenerse en la privacidad de su residencia. "Sólo tuve oportunidad de saludarlo en algunas ocasiones, en matrimonios de amigos y en eventos del propio grupo, pero nunca conversé con él", dice Giobi, que encuentra bastante comprensible la insistencia del empresario en mantenerse alejado de los medios.

La ausencia de los eventos culturales no impide que Faria

también participe con sus inversiones y su ingenio en el campo de la cultura. La máxima expresión de ese interés fue la creación del Teatro Alfa. Con capacidad para 1,212 personas, el teatro es el centro del Instituto Alfa de Cultura, que hoy cuenta con 15 años de existencia y tiene a Aloysio Faria como presidente del Consejo de Administración. Las empresas del grupo mantienen la mayoría de las actividades del teatro, inaugurado en abril de 1998.

El hecho de ser una iniciativa cultural no exime al teatro de la necesidad de obtener buenos resultados. "Tenemos que mostrar que la actividad es un buen negocio", afirma el director del Instituto Alfa, Adolfo Melito. Para ello, el grupo desarrolla una amplia agenda de eventos, entre los cuales destacan los espectáculos de ópera realizados en asociación con el Teatro Municipal de São Paulo. "El teatro representa hoy, en la ciudad, el único espacio para presentaciones de ópera, además del propio Municipal", dice Melito.

La banca, la medicina y la cultura mantienen a Faria muy ocupado. Pero ninguna de ellas, según él mismo, es su pasión. Para encontrarla es necesario buscar en el campo, en sus haciendas del interior del estado de São Paulo, donde corren cientos de caballos árabes de su propiedad. Hoy sus animales son referencia nacional para cualquier criador o interesado en el tema. El prefijo AF de su Fazenda Fortaleza, según consta en la historia de la Asociación Brasileña de Criadores de Caballos Árabes, inauguró una nueva fase en la crianza del caballo árabe brasileño, pues Faria importó ejemplares de Estados Unidos y Europa con los mejores pedigríes.

Uno de los mejores fotógrafos de caballos del mercado, Marçal Borges Duarte, dice que las letras AF al frente del nombre de un animal son un factor de total credibilidad y de despreocupación. "Cuando el caballo es AF, el comprador puede olvidar las preocupaciones por el pedigrí, pues sabe que la raza es pura".

Lo mismo piensa la mozambiqueña María Helena Vidal, que maneja las relaciones públicas de la Asociación de Criadores desde hace 22 años: "Todo criador sueña con tener un reproductor AF, por la tradición y seriedad en su actitud".

Según declaraciones del propio empresario, su inicio en la cría de caballos árabes se dio en el año 1960. En ese entonces criaba caballos de la raza mangalarga marchador en Minas Gerais, una actividad heredada de la familia. En un viaje al exterior vio por primera vez a un animal de raza árabe y quedó fascinado. Entonces reflexionó: "Este caballo es mucho más bonito que el mangalarga". A partir de entonces comenzó a indagar acerca de su crianza, visitó algunas haciendas en Estados Unidos e Inglaterra y resolvió comenzar a criar caballos árabes.

Fue pionero en el área; fue el fundador y primer presidente de la Asociación de Criadores y permaneció al frente de la entidad por más de 10 años, entre 1964 y 1975, época durante la que se triplicó el número de criadores de la raza en Brasil.

Aun con la dedicación que exige la actividad de criador, Faria mantiene su conocida discreción a la hora de las apariciones públicas, que en el mercado de animales están relacionadas principalmente con las exposiciones. "No soy un fanático de esos eventos", dice, aunque admite que ir es una necesidad. "Es la oportunidad de comparar, divulgar y masajear el ego de quien gana", dice.

Faria reconoce el carácter de inversión de la actividad de cría del caballo árabe, pero insiste en señalar la necesidad de una gran dedicación. "Es evidente que por lo general la cría de caballos puede traer buenos resultados financieros, pero la crianza depende, antes que nada, de la dedicación y principalmente del gusto y afecto por el animal".

Un episodio de su historia como criador muestra la filosofía de negocios de Faria. Cuenta que casi por casualidad, en un solo día, adquirió dos caballos que finalmente saldrían campeones nacionales de la cría brasileña. Uno de ellos era apenas un potrillo que aún se amamantaba. En una visita a una hacienda en Texas, al pasar por los corrales lo vio y se interesó por él. Era el animal del hijo del dueño, que pidió un precio un tanto elevado. "Pero cuando se hace un viaje de éstos no se puede volver con las manos vacías, así que acabé comprando el potrillo", dijo. El otro animal fue escogido a ojo por el empresario, entre algunos potros que analizó. Las elecciones demostraron ser las más acertadas y exitosas en el mercado nacional. Cuando se le preguntó sobre este episodio, Faria declaró: "Por lo general, la gente en la vida no acierta cuando busca acertar; siempre existe en todo una fuerte dosis de intuición y de suerte". Es la receta de alguien que a los 80 años sigue activo en los negocios. Y a quien no le ha ido nada mal.

LORENZO ZAMBRANO

**Un hombre que convirtió su obsesión
por la tecnología y la volatilidad en una máquina
de hacer –o de ahorrar– millones**

POR GERARDO REYES Y FRANCISCO VIDAL*

El 15 de septiembre de 1999, fecha en la que se celebra la independencia de México, Lorenzo Zambrano hizo sonar la campana que dio inicio a la sesión bursátil del día en el salón de remates del New York Stock Exchange. Esa señal no sólo marcó la inscripción oficial de Cementos de México (Cemex), en la bolsa de valores más importante del mundo, sino el comienzo de una nueva etapa en la vida de un empresario que se ganó a pulso un puesto en la historia industrial de México.

Lorenzo Zambrano es el fundador de una filosofía empresarial que se conoce en todo el mundo como *"Cemex way"*, una forma de hacer negocios con lo mejor de la tecnología —su principal obsesión— y los controles más estrictos de calidad a nivel local y mundial. Cemex es la tercera fábrica de cemento más grande del mundo y posiblemente la más eficiente.

El campanazo de Nueva York era también un aviso de final de asalto para los celosos competidores americanos de Cemex que durante una década avasallaron a la empresa con toda clase de reclamos. A finales de los años ochenta, la Comisión Internacional de Comercio de Estados Unidos impu-

*Periodista del diario mexicano *Milenio*, donde firma la columna "La rueda de la fortuna". Trabajó en los periódicos *El Financiero* y *Reforma*. Fue fundador de la primera agencia de información financiera en tiempo real Infosel Financiero. Es editor asociado de la revista *Milenio Semanal* y profesor de periodismo de investigación en la Universidad Iberoamericana.

so un arancel del 58% a las importaciones de Cemex bajo la presión de la deprimida industria cementera de Estados Unidos. Los productores estadounidenses argumentaban, algunos hoy insisten en la idea, que la empresa mexicana estaba incurriendo en prácticas de *dumping* al competir con precios artificialmente más bajos. La guerra era tan absurda, según recuerda uno de los ejecutivos de Cemex, que al mismo tiempo que el gobierno federal investigaba el *dumping* puso a la empresa bajo la mira por un supuesto aumento artifical de sus precios. En 1992 el Acuerdo General de Tarifas y Comercios (GATT) terció a favor de México en la disputa, pero hasta el año 2000 la decisión no había tenido ningún efecto en la reducción del arancel.

Hoy hay muchos que quieren aprender del *Cemex way*. Zambrano fue nombrado miembro de la junta directiva de la multinacional de los computadores IBM y la escuela de negocios de Harvard University analiza el fenómeno de la globalización de su empresa como un caso especial. Un estudio de 22 páginas publicado por el profesor Pankaj Ghemawat y el investigador Jamie L. Matthews de esa universidad desgrana el proceso de expansión mundial de la empresa que opera plantas de cemento en 15 países, es propietaria de instalaciones de producción o distribución en 30 y comercia con cemento en más de 60.

Es un "anillo de oro gris", como suelen decir algunos de los ejecutivos de la compañía al explicar la forma como Cemex le dio la vuelta al mundo. Millones de casas y edificios de México, Indonesia, España, Egipto, Filipinas, República Dominicana, Colombia, Venezuela, Puerto Rico y Chile se construyen con Cemex. La empresa no sólo apunta a los grandes proyectos de ingeniería. En varios de estos países el cemento es una materia prima del desarrollo informal. En México, por ejemplo, se promociona casi como un producto de la canasta familiar en bolsas pequeñas y de precio más bajo que las del tamaño industrial. Cemex es el patrocinador de populares equipos de fútbol y de un programa que permite a mexicanos residentes en Estados Unidos enviar dinero para que sus parientes en México puedan comprar cemento.

Cien años de sociedad

Son pocas las empresa en América Latina que se dan el gusto de convocar a sus accionistas para aumentar los años de vida de la compañía. Cemex, que fue inscrita en el Registro de Propiedad Pública y Comercio de Monterrey el 11 de junio de 1920 con una duración de 100 años, se dio ese gusto en la asamblea de accionistas de 2002 en la que se acordó extender su vida un siglo más.

Las bases de concreto de la historia de Cemex se fundieron en 1906 con la apertura de Cementos Hidalgo, en el norte de México, cerca a Monterrey, una ciudad situada a 140 millas de la frontera con Texas. Hidalgo se fusionó 25 años después con Cementos Portland Monterrery, sociedad fundada por Lorenzo Zambrano, abuelo del actual presidente de la empresa. De esa fusión surgió Cementos de México, Cemex. En 1966, Cemex adquirió las plantas de Cementos Maya, fábrica ubicada en el sureño estado de Yucatán y otras instalaciones en México. Con la compra de las tres plantas de Cemento Guadalajara la empresa se convirtió en la número uno.

A sus 41 años, Zambrano, quien ya había recorrido laboralmente durante 16 años la fábrica en diferentes posiciones, desde cargos en los laboratorios de la empresa hasta la dirección de operaciones, llegó a la presidencia de Cemex. Se había graduado de ingeniero industrial y mecánico en el Instituto Tecnológico y de Estudios Superiores de Monterrey, más conocido como el TEC, una escuela formadora de cuadros profesionales para los consorcios regiomontanos. Zambrano tomó una maestría en administración en la Universidad de Stanford de la que egresó en 1968.

A los pocos meses de su llegada a la presidencia de Cemex, emprendió un plan de diversificación en áreas como la petroquímica, la minería y el turismo con la idea de no depender exclusivamente de la industria cementera. Esa decisión ya tenía el sello personal de Zambrano; reflejaba su preocupación por un fenómeno que se ha dedicado a estudiar con alma de meteorólogo y alrededor del cual ha desarrollado casi todas las estrategias macroeconómicas de su empresa: la volatilidad de los mercados.

"Nosotros no vemos la volatilidad como un elemento ocasional, azaroso, que se agrega al costo de hacer negocios… Nosotros planeamos para la volatilidad. Nos preparamos para ella. Sabemos cómo obtener utilidades de ella", afirmó en 1992 en uno de los informes de Cemex.

Los primeros desafíos de Zambrano tuvieron que ver con la competencia. México abrió sus mercados y muy pronto las grandes cementeras mundiales vieron en el país un gran potencial para expandirse. Multinacionales como Holderbank y Lafarge, las más grandes del mundo, se lanzaron a competir en un mercado dinámico y de grandes posibilidades. Como reacción al asedio, Cemex adquirió en 1987 Cementos Tolteca y aumentó sus capaciadades de exportación. En cuestión de dos años, afirma el estudio de Harvard, con la adquisición de Tolteca, el segundo productor de cemento en México, que aportaba al complejo siete nuevas plantas y 6.6 millones de toneladas de capacidad, Cemex se convirtió en el mayor productor de México.

"Las fusiones, que le costaron 1,000 millones de dólares a Cemex, aseguraron su posición en México y le dieron el tamaño y los recursos para iniciar el proceso de la expansión geográfica", dice el estudio.

Tiempo de Cemex

En 1988 llegó a la presidencia de México un amigo de Zambrano, Carlos Salinas de Gortari, quien se montó en el tren de moda de la apertura de los mercados y las privatizaciones, y entregó al sector privado las grandes, medianas y pequeñas empresas del Estado. Muchas de estas adjudicaciones fueron el resultado de subastas cuestionadas por alegatos de favoritismo y de precios desinflados para favorecer a los amigos del Presidente. En gran parte, por cuenta de esa bonanza de las privatizaciones, durante el sexenio de Salinas (1988-1994), 24 individuos o familias aterrizaron en la lista de los más ricos de la revista *Forbes* (edición de julio de 1994). En 1991 México sólo tenía dos billonarios.

No fue una simple casualidad que Salinas comenzara su campaña presidencial en Monterrey. Allí sus relaciones con los empresarios regiomontanos estaban afianzadas desde el gran respaldo que estos le dieron a la candidatura del gobernador del Partido Revolucionario Institucional (PRI), Sócrates Rizzo, en 1988. En el comité de finanzas de la campaña de Rizzo de 1991, aparecía Zambrano.

El empresario fue uno de los invitados de Monterrey al famoso "charolazo" en casa de Antonio Ortiz Mena en el que se pidió a cada potentado del país una donación de 25 millones de dólares para los fondos de campaña de Salinas.

"Los empresarios de Monterrey ... convivieron con los Salinas en actos privados y públicos, desde festivales priistas hasta giras de Solidaridad, desde actos en Los Pinos hasta paseos en velero en San Diego...", escribió Antonio Jáquez, periodista de la revista *Proceso*.

Esa misma revista citó un episodio, no desmentido, que aparentemente empañó las relaciones de Zambrano con los Salinas. Según la publicación, dos días antes de la drástica devaluación del peso en 1995, Zambrano se encontró con el ex presidente Salinas en Nueva York y le preguntó si habría una modificación en la paridad y éste le contestó que "no tenía por qué darse". Pero se dio. Otros poderosos como Carlos Slim (Grupo Carso) y Emilio Azcárraga (*Televisa*) aparentemente sí lo sabían. En una acción que la prensa de la época especuló que sólo podría ser producto de una "previsión providencial" o "informacion privilegiada", ambos grupos lograron convertir en pesos sus deudas en dólares y quedaron inmunes al chaparrón de la devaluación.

Cemex tuvo que arrastrar su propia deuda en medio de los estragos políticos y económicos provocados por una racha de turbulentos episodios que cambiaron la historia de México. El punto de partida de esa racha fue probablemente el 1º de enero de 1994, cuando el país se preparaba para ingresar al primer mundo por la puerta grande del Tratado de Libre Comercio (TLC). Ese día, que se estrenaba el acuerdo comercial, un puñado de indígenas, al mando de un idealista enmascarado, protagonizó un levantamiento armado en el estado de Chiapas y declaró la guerra al gobierno de Salinas. El Ejército Zapatista de Liberación Nacional exigió "trabajo, tierra, techo, alimentación, salud, educación, independencia, libertad, democracia, justicia y paz". Dos meses después, el 23 de marzo, fue asesinado el candidato presidencial del PRI, Luis Donaldo Colosio, y en diciembre los indicadores mostraban que las reservas de México habían caído de 30 mil millones de dólares a 5 mil millones.

La revuelta zapatista y el asesinato de Colosio cambiaron el curso de las elecciones que culminaron con el triunfo del presidente Ernesto Zedillo, quien asumió la presidencia ese diciembre. De los 24 multimillonarios de México registrados por *Forbes*, quedaban 10 en la lista, y en no muy buenas condiciones. La fortuna de los Zambrano se redujo, según cálculos de la publicación, de 3.800 millones a 1.800 millones de dólares.

Eran tiempos de volatilidad. Tiempo de Zambrano. Mientras el empresario buscaba dinero para tapar el agujero de la deuda en dólares de su conglomerado en crisis, en otro frente organizaba su artillería para responder a los ataques de los productores de cemento en Estados Unidos que insistían en que se mantuvieran las sanciones *antidumping* a las exportaciones de Cemex. Los industriales norteamericanos publicaron en periódicos de México anuncios dirigidos a Zedillo en los que acusaron al gobierno de favoritismo con Cemex y denunciaron que la empresa explotaba a los consumidores, frustraba la recuperación económica, perjudicaba el TLC y violaba las leyes del comercio en Estados Unidos.

Zambrano consideró que quienes violaban el tratado eran los estadounidenses y por ello se convirtió en uno de los críticos del TLC desde antes de que fuera aprobado.

"Debido a la actitud proteccionista estadounidense en contra de productos nacionales, México no debería firmar el TLC... por lo menos los negociadores mexicanos del TLC deben endurecer sus posiciones, ya que si no vamos a recibir nada a cambio de la firma del tratado es mejor no hacerlo porque entraríamos en un esquema irreversible donde habrá presiones para que sigamos cediendo...", dijo Zambrano en abril de 1992.

Lo más doloroso para el orgullo mexicano es que el producto de los aranceles sancionatorios fijados a las importaciones por prácticas de *dumping* se distribuye entre las empresas norteamericanas demandantes, o sea, entre los propios competidores, según una ley comercial conocida como Enmienda Byrd.

La controversia lleva más de 12 años. En junio de 2002 un panel del TLC dio instrucciones al Departamento de Comercio de Estados Unidos de eliminar una parte de los aranceles *antidumping* en contra de los productos de Cemex importados por Estados Unidos, pero las correcciones han sido muy lentas.

Los aranceles no eran el único punto de controversia con Estados Unidos. A los pocos meses de aprobarse la ley Helms-Burton que recrudeció el embargo a Cuba, la empresa de Zambrano recibió una carta del Departamento de Estado, donde se le advirtía que él y su familia podrían perder la visa de Estados Unidos si Cemex continuaba operando una fábrica de cemento en la isla. La ley contemplaba, además, la posibilidad de que la empresa fuese demandada en tribunales de Estados Unidos por adquirir propiedades confiscadas por el gobierno de Fidel Castro. Según el vocero del Departamento de Estado en mayo de 1996, Cemex operaba en Cuba una planta de cemento que fue confiscada a la empresa estadounidense Lone Star. Cemex alegaba que su contrato era de administración y no tenía derechos de propiedad.

Las soluciones

¿Cómo salió Zambrano de estas crisis? Frente al problema de Cuba tomó el camino más corto. Cerró sus negocios en la isla a pesar de que insistió que su empresa nunca violó el embargo. En el Congreso de Estados Unidos clamaron victoria —"Es un primer triunfo de la ley", dijo uno de los asistentes de Helms— y en el Departamento de Estado aplaudieron la actitud del empresario.

En cuanto a la batalla contra los aranceles *antidumping*, en lugar de seguir esperando una decisión favorable de las oficinas comerciales del gobierno de Estados Unidos, Zambrano resolvió comprar una planta de cemento en Texas con una producción de un millón de toneladas. Así no tendría que preocuparse más por las lupas inquisitivas de los industriales americanos que, envueltos en la bandera de Estados Unidos, continuaban sospechando de manipulaciones ilícitas de los precios del producto. La nueva adquisición ayudó a reforzar las operaciones de los centros de mezcla y distribución que ya poseía en el sur de Estados Unidos.

La respuesta a la crisis económica la resolvió, una vez más, con sus antídotos para la contingencia y con el ingenio de uno de sus más cercanos colaboradores y pariente, Francisco Treviño, director financiero. Cemex resistió la recesión del país gracias, en buena parte, al sector informal de la autoconstrucción que no dependía del crédito, según el estudio de la Universidad de Harvard. En la peor arremetida de la crisis, la demanda del sector formal cayó en un 50%, lo que no ocurrió con el sector informal. De todas maneras, Zambrano tuvo que salir a buscar dinero fresco y refinanciar deudas. En 1997 logró poner de acuerdo a numerosas instituciones financieras, entre las que estaban el Banco de Bilbao Vizcaya, J.P. Morgan y Deutsche Morgan Grenfell, para que confiaran en su conglomerado. Los bancos aprobaron un crédito de 850 millones de dólares, que fue obtenido a través de la subsidiaria de Cemex en España, La Valenciana.

"No significó un mayor endeudamiento", explicó Zambrano, "sino una renegociación en mejores términos en cuanto a tasa de interés y plazo". En la historia de España ninguna empresa había recibido un préstamo integrado de esa cuantía.

Cemex llegó a España en 1992. Con una inversión de 1,800 millones de dólares se quedó con el 68% de las acciones y el 94% de los derechos de voto de las dos compañías cementeras más grandes de ese país, Valencia y Sansón. Ambas tienen una capacidad de producción de 12 millones de toneladas. A partir de esta experiencia, Cemex desarrolló un modelo de fusión que aplicó y perfeccionó en el proceso de adquisición de otras empresas en el resto del mundo, especialmente en los aspectos de la armonización e integración de los sistemas operativos.

El proceso de expansión es casi un juego de guerra e invasiones.

El primer paso es la identificación de la oportunidad. Los ejecutores buscan un país con una población importante en donde sea posible controlar, como mínimo, el 25% del mercado. En esta primera ponderación, el riesgo político tiene un peso de 35%. El segundo paso es el *due diligence*, que demora no más de dos semanas. En 1999, de 20 procesos de *due diligence* resultaron tres adquisiciones. El tercero es la integración posfusión que consiste en tomarse la compañía y someterla a una intensa terapia de *Cemex way*. El abordaje de empresas se transformó en un acelerado procedimiento de rutina que varios ejecutivos de Cemex están en capacidad de culminar en dos meses.

"Son como grupos de asalto (*SWAT teams*)", comentó alguna vez Zambrano. "En los dos primeros meses buscamos los flancos que nos representen ahorros inmediatos. Introducimos nuestro sistema, pero también aprendemos de las buenas prácticas que encontramos y que no hayamos visto en otras partes".

Con el manual de cómo hacer una conquista, los ejecutivos de Cemex se embarcaron en una vertiginosa carrera de adquisiciones en el resto del mundo. Un papel muy importante en esa labor lo desarrolló el jefe de planeación Héctor Medina.

Estos fueron los puertos de llegada:

• En abril de 1994 Cemex adquirió el 61% de Vencemos de Venezuela, una planta con capacidad para producir 4 millones de toneladas (40% del total de Venezuela). Aunque la situación de Venezuela no ha sido buena en los últimos años, la planta de Cemex tiene la ventaja de estar ubicada a poca distancia de un puerto, lo cual facilita las exportaciones a las islas del Caribe y a Estados Unidos.

• En 1995 Cemex desembarcó en República Dominicana y compró Cementos Nacionales.

• En 1996 se hizo con el 54% de Cementos Diamante en Colombia, la segunda cementera más grande de ese país, con una capacidad de 3.5 millones de toneladas. Ese mismo año, adquirió el 12% de Cementos Bio-Bio de Chile.

• Entre 1997 y 1999 invirtió en las firmas Rizal de Filipinas, con una capacidad de 2.3 millones de toneladas (adquirió un 70%) y APO, con una capacidad de 2 millones de toneladas. Por la primera pagó 218 millones de dólares y por la segunda 400.

• En 1998 pagó $115 millones por un 14% de Semen Gresik, la fábrica más grande de cemento de Indonesia, con una capacidad de producción de 17 millones de toneladas.

• En 1999 adquirió el 77 por ciento de Assiut Cement Company, la fábrica más grande de Egipto, con una capacidad de 4 millones de toneladas. Precio de compra: 370 millones de dólares.

• También en 1999 Cemex consolidó su presencia en Centro América con la compra del 95% de Cementos del Pacífico en Costa Rica, la fábrica más grande de ese país, la adquisición de 99.2% de Cemento Bayano de Panamá, a través de Valenciana, y la construcción de dos terminales en Haití.

• En 2000 compró Southdown, la segunda cementera más grande de Estados Unidos, con una capacidad de producción de 11 millones de toneladas. El costo total de la adquisición fue 2,800 millones de dólares. El nuevo nombre de la empresa es Cemex Inc.

• En 2001 adquirió el 99% de Saraburi Cement, una productora tailandesa de cemento.

En 2002 abordó la Puerto Rican Cement Company Inc. por 180.2 millones, suma que no incluye una deuda asumida por Cemex de 100.8 millones de dólares.

Cemex emplea unos 24,000 trabajadores en todo el mundo y tiene una capacidad de producción de 80.9 millones de toneladas, según informes de la empresa presentados al Securities Exchange Comission.

"Si hubiéramos seguido siendo una compañía regional, una compañía mexicana, hubiéramos desaparecido como una compañía independiente", le dijo Zambrano a la revista *Latin Finance*, en abril de 2002. "Es tan simple como eso".

A juzgar por las declaraciones del empresario, después de la jornada continental el futuro está en el norte y no en el sur.

"México no es América Latina, México es Norteamérica, así que ahí se termina la discusión, no tenemos nada que ver con Latinoamérica, punto", aseguró al diario *Reforma*.

La empresa en pantalla

En el centro de operaciones de Cemex, cada camión de la compañía, cada mezcladora, tiene un historial electrónico que le permite al operador de la empresa seguir su trayecto, cronometrar su hora de salida y de llegada, y guiar a su conductor por calles descongestionados en caso de que el tráfico esté muy lento. Frente a las pantallas de ese centro, Zambrano, que es un apasionado de la tecnología —es el magnate latinoamericano que más sabe de computación— puede verificar con el golpe de una tecla cualquier problema que se presente en una cadena de producción en la fábrica de Venezuela, por ejemplo, o verificar la temperatura de los hornos en cualquiera de las plantas de la empresa.

Esa infraestructura no es un valor agregado de seguridad de Cemex, es la razón de su éxito.

Cuando Zambrano asumió la presidencia de la empresa, Cemex era una compañía con un bajo nivel de eficiencia y un alto grado de insatisfacción de los clientes. Entonces no existía ningún sistema de seguimiento de los pedidos del cemento ni de las quejas de los compradores. Zambrano contrató a Galacio Iñíguez, un asesor en tecnología que le ayudó a convencer a la monolítica empresa del abuelo que el futuro de Cemex estaba en la sistematización de su operación. El inglés fue declarado como el idioma oficial de la administración. El primer paso, explicó José Luis Luna, el actual CIO de la firma —y quien también ayudó a sacar adelante la revolución tecnológica de Cemex— fue estudiar los sistemas de supervisión de entregas y cumplimiento de servicios en compañías como Fedex, Exxon y el servicio de emergencia (911) de la ciudad de Houston.

"Dado que Cemex no podía cambiar la forma como trabajan sus clientes, Zambrano y su equipo técnico cambiaron la forma en que la empresa maneja lo inescrutable", escribió Simone Kaplan de la revista *CIO*.

Al estudiar las necesidades de la compañía, el equipo técnico de Zambrano desarrolló el Cemexnet, un sistema de comunicación vía satélite. El sistema, en funcionamiento desde 1989, organizó los flujos de suministro y demanda y regularizó la información financiera. Una vez resuelto el problema de comunicación, los técnicos se dedicaron a buscar soluciones para las dificultades de la entrega del producto. En 1990 Cemex instaló el sistema Dynamic Synchronization of Operation. Basado en la tecnología de GPS, método de comunicación de la aviación, el sistema le permitió a la compañía seguir la ruta de sus camiones y su velocidad y dirigir sus entregas de acuerdo con la cercanía de las plantas. En cada camión fue instalado un transmisor de GPS. El siguiente paso fue la digitalización de las comunicaciones, un proceso que culminó a finales de la década de los noventa. A través de esta tecnología todas las fábricas de Cemex quedaron comunicadas en "tiempo real".

La portada de la revista *Forbes* en junio de 1998 resumió el esfuerzo de casi 15 años de Cemex de utilizar la tecnología para ahorrar costos y ganar clientes. El ingeniero Zambrano aparecía sonriente en la foto principal bajo un título que decía: "Cyber-cement". El reportaje contaba la historia de cómo Zambrano mezcló la tecnología con el cemento y produjo una fortuna digna de estudio.

Poder concreto

En un país donde ocho de cada diez ladrillos son pegados con Cemex, se entiende que Zambrano sea considerado parte de un estrecho círculo de empresarios ilustres cuyos comentarios, señales de gusto y de disgusto, tienen eco en el palacio presidencial, no importa quién gobierne, PAN o PRI. Zambrano, quien no es casado ni tiene hijos, viaja esporádicamente en las delegaciones del presidente Vicente Fox al exterior y fue miembro del *dream team* que el presidente nombró en la junta directiva del monopolio estatal Petróleos de México, Pemex para la modernización de una de las entidades que más atacó en su discurso de candidato. En medio de críticas del sector sindical y de los partidos de oposición en el sentido de que el nombramiento de Zambrano y de otros tres magnates mexicanos era un solapado preámbulo para la privatización de la petrolera, Fox decidió retirar a sus recomendados. Los diputados del Partido Revolucionario Institucional (PRI) y de la Revolución Democrática (PRD) argumentaron que Pemex es una empresa estratégica para la nación, por lo que los ejecutivos no pueden representar los intereses del Estado.

Andar con políticos tiene su precio. En octubre de 1998, el nombre de Zambrano salió a relucir en unas confusas declaraciones de un narcotraficante ante la justicia suiza en el marco de una investigación a Raúl Salinas de Gortari por narcotráfico, lavado de dinero y enriquecimiento ilícito. Según el informe de la procuradora de Suiza, Carla del Ponte, que investigó el caso, el testigo Marco Enrique Torres mencionó el nombre de Zambrano como uno de los asistentes a una fiesta de recaudación de fondos para Carlos Salinas. A la reunión, que se celebró en Monterrey, según el testigo, asistieron también varios conocidos narcotraficantes como Juan García Ábrego y Gilberto [Rodríguez] Orejuela, este último cabecilla del Cartel de Cali.

A principios de 2003 el nombre de Cemex volvió a aparecer en un escándalo. Esta vez de contribuciones ilegales a la campaña Fox 2000. Según la Comision de Fiscalización del Instituto Federal Electoral (IFE), Cemex es una de las empresas que supuestamente se prestó para canalizar parte de estos aportes. Zambrano negó que su empresa hubiera apoyado con más de 1.3 millones de dólares la campaña de Fox a través de una sociedad de Lino Korrodi y de la asociación civil Amigos de Fox. Sin embargo, aceptó que alguna de las miles de transacciones comerciales que realiza Cemex "pudo haber sido con una empresa que ahora liguen con el PAN". Hizo, además, otra aclaración: que no había autorizado pagos para Fox ni para ningún candidato.

La vida privada de Zambrano es un misterio del que poco se escribe en los medios de comunicación de México. De la pública se sabe que es muy activa. A Zambrano le sobran los cargos. Además de participar en la junta directiva de IBM, es consejero de Stanford University, Americas Society y de empresas como la cervecería Femsa, la firma de ingeniería ICA, la corporación de químicos y plásticos Cydsa, la fábrica de envases Vitro, *Televisa* y se sienta en el Comité Ejecutivo de Banamex. También está en la junta de Americas Society, del Museo de Arte Contemporáneo (Marco), la comisión de Estados Unidos y México para la Educación y el Intercambio Cultural y es presidente del Instituto Tecnológico y de Estudios Superiores de Monterrey. A finales de 2000, Zambrano le acolitó la idea al premio Nobel de literatura Gabriel García Márquez de crear un premio de 35,000 dólares para promover la excelencia del periodismo en América Latina y el Caribe.

Y en el tiempo que le queda libre se dedica a su colección de automóviles antiguos.

El futuro de Cemex está hecho del mismo material que los analistas han visto en los últimos diez años: crecimiento con utilidades. Zambrano quiere amortiguar el peso de las deudas —en 2003 se propuso reducirla en 600 millones de dólares— como condición para continuar con sus planes de inversión global. Algunos analistas consideran que las probabilidades de que las cosas no le resulten como en el pasado, pueden ser mayores. Esta insistencia de Cemex de seguir buscando mercados emergentes en el mundo entero —Zambrano está pensando en China— garantiza que, al menos por un tiempo, los capítulos que se refieren a los riesgos y los imprevistos en los informes de la compañía ante las autoridades bursátiles de Estados Unidos sigan dando la impresión de ser más bien estudios sociopolíticos de los convulsionados países donde la compañía tiene inversiones que una simple presentación de sus filiales. En el reporte de 2003 ante la SEC, para citar sólo un ejemplo, Cemex advierte a los inversionistas, en medio de las alentadoras cifras de utilidades, que la situación de Venezuela es preocupante; que los ataques terroristas en Indonesia así como las acciones de extremistas en Egipto se deben considerar como factores de riesgo, y que los graves problemas de orden público en Colombia no han cambiado. Pero eso no parece intimidar a Zambrano (de 59 años) ni a su equipo de asesores porque ellos saben, y lo han demostrado en la última década, que lidiar con la incertidumbre es también un buen negocio.

GREGORIO PÉREZ COMPANC

**Este hombre religioso, tímido, fanático
de los Ferrari y de la vida privada ha sido
el petrolero más importante de América
Latina en los últimos diez años**

por Luis Majul*

Gregorio Pérez Companc no es un hombre que brille por su inteligencia. Tampoco es carismático ni sobresaliente. A primera vista se le puede confundir con un vendedor de autos usados. Tiene 68 años. Mide un metro con 68 centímetros, pesa aproximadamente 80 kilos y usa trajes grises o azules, nunca de marca. Católico de misa diaria, modesto, sumamente tímido, a Goyo también lo apodan 'El Fantasma', porque no suele mostrarse en público ni aparece en televisión ni va a reuniones con el Presidente.

En toda su vida de hombre austero sólo se le conoce un par de caprichos que contrastan con su manera de ser. Uno fue la compra en julio de 1998 de un coupé Ferrari F50, edición limitada, dos plazas, descapotable, color rojo brillante, considerado uno de los más caros del mundo por el que pagó 600,000 dólares. El automóvil fue especialmente construido por Ferrari para festejar sus 50 años y sólo hay 150 unidades en el mundo. Otro gusto extraño a su personalidad fue la compra, por 45 millones de dólares, de un jet Boeing 737, un avión capaz de volar de Buenos Aires a Miami sin escalas.

*Conocido periodista argentino experto en la biografía de los millonarios de su país. Es autor de *Los Dueños de la Argentina, Las máscaras de la Argentina* y *Los Nuevos Ricos de la Argentina.* Ha sido reportero de *Diarios y Noticias* y de la revista *El Periodista* y conductor de La Cornisa TV y La Cornisa Radio.

A veces Goyo participa en una competencia llamada carrera de las mil millas. Suele acompañar, como copiloto, a Luis, uno de sus hijos menores, igual de fanático de los carros. Utiliza uno de sus campos de Escobar (una localidad al norte de Buenos Aires) como pista de pruebas: allí suele conducir otras máquinas de colección, como un Ford Cobra de los años cincuenta.

Después de cinco años de estar en la cumbre de la revista *Forbes* como uno de los hombres más ricos de América Latina, el nombre del petrolero argentino, dueño del Grupo Pérez Companc S.A., la organización más poderosa de capital nacional, se despeñó al pasar del puesto 292 en 2001, al 445 el año siguiente. La crisis argentina menguó su patrimonio en unos 700 millones de dólares para quedar en 1,000 millones. Asfixiado por las deudas y la situación económica de su país, Pérez Companc vendió a la petrolera brasileña Petrobras el control accionarial de su compañía (59%) por 1,000 millones de dólares.

"Tiene miedo por él y por su familia, teme un secuestro, las cosas en la empresa no andan nada bien, y él tampoco. Lo sometieron a una angioplastia y tiene que cuidarse mucho", dijo un ejecutivo que trabaja en el *holding*.

Pérez Companc era una pequeña empresa familiar de transporte que se transformó en uno de los conglomerados de energía mejor integrados de Argentina. Dedicado a los negocios de petróleo, gas, petroquímica, refinación y electricidad en América Latina, el grupo estaba encabezado por Pecom Energía S.A., que, a su vez, controlaba varias empresas vinculadas principalmente con el sector energético. Pecom tuvo unos ingresos de 1,546 millones de dólares en el año 2000. De esta empresa dependía una larga lista de filiales, como Pérez Companc de Perú, Venezuela, Ecuador y Brasil; Innova, una productora y comercializadora de petroquímicos; Conuar y Fabricación de Aleaciones, que suministra combustibles a las centrales nucleares argentinas Atucha I y Embalse, y Enecor, empresa de conexión eléctrica.

En el frente de la producción agrícola, el grupo Pérez

Companc controlaba el 100% de Pecom Agropecuaria, que comprendía 10 complejos agroindustriales con un total de 87,000 hectáreas dedicadas a la cría y engorde de ganado, la producción de leche y el cultivo de trigo, maíz, soja, girasol y arroz. El grupo inversor norteamericano Argentina Farmland Investors, liderado por la empresa Halderman Farm, compró en septiembre de 2002, en 53 millones de dólares, ocho campos que pertenecían a Pecom Energía.

Hasta el año 2000, Pérez Companc era propietario del 18.5 por ciento del Banco Río, de Argentina, porcentaje que vendió al banco de inversión americano Merrill Lynch (el resto de la institución, que también era de su propiedad, se lo había vendido antes al Banco Santander de España). El Grupo daba empleo a cerca de 10,000 personas, con un salario promedio de bolsillo de 1,000 dólares. Manejaba, a través de sus empresas, más del 25% de los negocios que se movían en la bolsa de Buenos Aires.

La historia de Pérez Companc es una mezcla de leyendas y misterios que el magnate, con su silencio, ha dejado en manos del mundo de la especulación. Hay quienes dicen que fue adoptado por la señora Margarita Companc de Pérez Acuña. Otros sostienen que en realidad es el fruto de una relación de su padre, Ramón Pérez Acuña, con una empleada del servicio doméstico. Es tan complejo y oscuro su origen, que en el propio Registro de Personas fue modificada su identidad, y de un día para otro su apellido original, Bazán, se transformó en el de Pérez Companc.

Goyo se sacó el premio mayor hace 44 años, el bendito día en que Margarita se dirigió a dos de sus hijos de sangre, Carlos y Alicia, y pronunció, las siguientes palabras desde su lecho de muerte: "Se llamará Pérez Companc. Tendrá todo lo que tienen ustedes. Es mi último deseo y espero que lo cumplan". Goyo tenía entonces 24 años y nadie, sinceramente nadie, esperaba que tiempo después se quedara con semejante imperio.

Fue enviado a los mejores colegios y sus boletines eran siempre idénticos: el mejor en conducta y el peor en la mayoría de las asignaturas. No terminó la secundaria, y la familia empezó a preocuparse. Fue entrenado para familiarizarse con la administración de las empresas del grupo, pero él amaba el campo, las ovejas y las vacas, y durante años llegaron a pensar que jamás sería capaz de administrar ni la caja chica. Fue maltratado e ignorado por sus hermanastros mayores, Carlos y Alicia. Y tuvo que esperar más de 35 años para comandar, de manera efectiva, el grupo económico más grande de Argentina.

Pérez Companc, la empresa, nació en 1946, cuando los hermanos Carlos y Jorge Joaquín Pérez Companc cobraron una indemnización del Estado por la expropiación de unas tierras en La Patagonia y lo sumaron a un préstamo de un grupo de amigos de la Acción Católica para comprar cuatro barcazas en Estados Unidos. Antes de su largo viaje al norte, los hermanos obtuvieron una carta de presentación del abad de los benedictinos de Buenos Aires, Andrés Azcárate, que les sirvió para tener acceso a empresarios influyentes de Estados Unidos en su búsqueda de un precio cómodo para las embarcaciones. Las barcazas les salieron, en total, en 600,000 dólares y con ellas armaron una flota de transporte entre Buenos Aires y el sur del país.

Pero la Naviera Pérez Companc no hizo grandes negocios hasta después de 1959, cuando, bajo la presidencia de Arturo Frondizi, se le otorgó la primera concesión petrolera. En los años siguientes la compañía se especializó en la perforación y reparación de pozos petroleros, mientras las actividades de transporte marítimo fueron gradualmente abandonadas.

Desde entonces el grupo aprovechó cada momento político para sacar ventaja de la debilidad del Estado. En 1968, el dictador Juan Carlos Onganía anuló una licitación y le entregó a Pérez Companc un yacimiento muy productivo; en 1977 el ministro de Economía, José Alfredo Martínez de Hoz, le cedió facilidades en detrimento de su competidor, Yacimientos Petrolíferos Fiscales (YPF).

El grupo fue el mayor beneficiario de las privatizaciones de la era menemista en campos como el petróleo (refinería San

Lorenzo); el gas (Transportadora de Gas del Sur) y la telefonía (Pérez participó en el consorcio Telecom para licitar por Telecom Argentina), y también el que más dinero aportó a la campaña presidencial.

"Aunque fue el participante más activo del proceso de privatizaciones de la era menemista —escribió el periodista de *Página 12*, David Cufré, a propósito de la responsabilidad de su electrificadora en los apagones de febrero de 1999 en Buenos Aires—, su estilo de vida monacal, sus generosas donaciones al Opus Dei, su alejamiento de la casta de empresarios farandulescos, y su trabajada habilidad para mantenerse a distancia de los escándalos del poder, pero no tanto como para desaprovechar las oportunidades que éste genera, crearon en Goyo un aura de castidad que lo ampara de apagones y denuncias".

Goyo se quedó con todo el imperio de la familia por obra del destino. Su hermanastro menor, Jorge Joaquín, murió en 1959. Su hermanastro mayor, Carlos, el verdadero hacedor del grupo, murió en 1977. Y la hermanastra que le quedaba, Alicia, sufrió una trombosis en 1992 y falleció tres años después. Ni Jorge Joaquín ni Carlos ni Alicia dejaron descendientes.

La cuestión es que en 1977, cuando empezó a manejar Pérez Companc, el grupo facturaba 200 millones de dólares por año. Y 25 años después la cifra se multiplicó por ocho. ¿Qué fue lo que hizo que un hombre no muy inteligente, poco instruido, silencioso y sin la mínima preparación se convirtiera en el más rico y poderoso de Argentina? La respuesta hay que buscarla en su capacidad para elegir colaboradores, su humildad para delegar hasta las principales decisiones y su confianza ciega en su familia, contó un alto ejecutivo que trabajó muy cerca de él hasta hace poco.

Goyo se casó a los 27 años con María Carmen Munchi Sundblad, una atractiva argentina de la alta sociedad. Munchi, de 62 años, alta y delgada, morocha, muy sencilla, tan católica como él, suele usar faldas por encima de las rodillas y mocasines sin tacones, para no parecer más alta que su marido.

Durante mucho tiempo fue presidenta de la Asociación Argentina de Criadores de Vacas Jersey, y en los años noventa cumplió su sueño dorado: abrir su cadena de heladerías Munchi's. Los helados Munchi's son elaborados con leche de vaca Jersey, lo que los hace más suaves, sabrosos y cremosos. La tienda más grande de la cadena está en una localidad de Escobar. Se levantó con una inversión de cuatro millones de dólares, cifra despreciable para la fortuna de los Pérez Companc, pero enorme para el tipo de negocio que se desarrolló. A poca distancia de la heladería hay un campo de 262 hectáreas. Allí Munchi cría las Jersey que alimentan los helados. Munchi's no es una heladería como la mayoría. Tiene un mini zoológico de animales exóticos traídos desde todas partes del mundo.

Goyo y Munchi tuvieron siete hijos: Margarita, Jorge, Rosario, Pilar, Cecilia, Pablo y Luis. Margarita, la primera, murió de manera absurda en un accidente automovilístico, en una ruta de la Patagonia, el 16 de abril de 1984, cuando apenas tenía 19 años. Goyo jamás pudo superar lo que se considera como el golpe más terrible de su vida. Un día que la extrañaba mucho se llevó a su antigua oficina, en un piso 23, un dibujo que Margarita le había regalado cuando era pequeña. Otro día se llevó el retrato de la virgen que Margarita tenía en su cuarto de estudiante. Poco después de su muerte, en los folletos de Pérez Companc se incorporó, junto a la bandera azul y amarilla de la empresa, el dibujo de una margarita, en homenaje a la hija.

El segundo hijo de Goyo y Munchi se llama Jorge y es el heredero indiscutido del gran imperio económico. Con 36 años, casado, tres hijos, 1.80 de estatura, ojos azules, sencillo y tímido como su padre, amante del campo y con estudios universitarios incompletos, Jorgito pasó en 1993 de nené de papá a tesorero del Banco Río —el banco privado más importante entonces de Argentina—, en lo que constituyó el primer avance de Goyo y su familia para controlar de manera absoluta todos los negocios del grupo.

Hasta el ingreso del primogénito, las decisiones del grupo pasaban por un trío de ejecutivos: Roque Maccarone, Eduardo Casabal y Óscar Vicente. Maccarone se ocupaba del Banco Río. Casabal se encargaba de la administración y finanzas de las otras empresas del grupo. Y Vicente era el gran estratega de los negocios petroleros y energéticos. Pero Maccarone renunció apenas Jorge fue nombrado tesorero, Casabal se retiró al poco tiempo, y Vicente soportó estoico hasta abril de este año, cuando fue reemplazado como vicepresidente y mano derecha de Goyo por Mario Lagrosa.

Cambio de rumbo

Con Jorge Pérez Companc aterrizaron cuatro especialistas de McKinsey por seis millones de dólares anuales para decidir su estrategia de negocios. Desde entonces, el hombre más rico y misterioso de Argentina vio cómo su grupo cambiaba de rumbo una y otra vez.

En 1997 Jorge se consolidó en la conducción del conglomerado al ser nombrado vicepresidente de PC Holding. Entonces, el grupo, aconsejado por McKinsey, había decidido concentrarse en su actividad principal —el petróleo— e irse desprendiendo de la mayoría de los negocios obtenidos en las privatizaciones, como el de los teléfonos, la construcción y las rutas, lo que le reportó 2,000 millones de dólares. Pero esa decisión coincidió con el derrumbe del negocio petrolero en todo el mundo y las fusiones de los grandes jugadores en esa actividad. Entonces se encontraron con un panorama muy complejo.

Se dieron cuenta de que no podían competir con las grandes petroleras internacionales, que facturan en promedio entre 30,000 y 100,000 millones de dólares, mientras Pérez Companc tenía ventas por menos de 1,500 millones de dólares. Sentían que, una vez vendido el Banco Río, el costo del dinero en el mercado internacional era demasiado alto: las petroleras internacionales grandes obtenían dinero al 6% anual; su competidor nacional, YPF, lo lograba al 10%; pero a Pérez Companc le estaban pidiendo entre el 12 y el 13%. En consecuencia, entendieron que iba a ser más difícil todavía pelear en el mundo en plena etapa de megafusiones como la de British Petroleum con Amoco.

Además, apartándose de la decisión de concentrarse en el sector petrolero, el grupo compró Molinos La Paulina y Molfino por 600 millones de dólares para hacerse fuertes en el sector alimentario y diversificar los negocios hacia sectores que conocen bien. Finalmente, comenzaron a analizar la posibilidad de vender la empresa.

Pérez Companc es la cuarta petrolera de Argentina. Produce 80,000 barriles diarios, mientras YPF produce 685,000. Pero es chica si se compara con cualquier empresa similar en el resto del mundo. La apertura y la globalización la perjudicaron tanto o más que al resto de los grupos económicos locales. La diferencia entre éstos y Pérez es que los primeros vendieron y, según expertos en grupos económicos como Miguel Khavisse, Pérez Companc "se equivocó al haber apostado tanto a petróleo, petroquímica y gas".

El primer intento de vender Pecom Energía fue en 1997, cuando Shell hizo una oferta tentativa que se rechazó. El segundo tuvo lugar a finales de 1998, pero tampoco prosperó. El tercero ocurrió en mayo de 1999. Y en ese momento se llevaron a cabo conversaciones no sólo con Shell. También oyeron a Enron, Chevron y BP-Amoco.

Mientras tanto, el grupo decidió invertir 5,000 millones de dólares en los siguientes cuatro años en la extracción y exploración de petróleo en Venezuela, Ecuador, Perú y Bolivia. No le fue nada bien en el mercado de valores. PC Holdings, la firma del magnate que salió a bolsa en Nueva York en enero de 2001, tuvo un comportamiento muy malo comparado con el promedio Dow de firmas petroleras. Mientras que la media ganó el 27% en el último año, Pérez Companc perdió un 6%.

Un hombre común

Gregorio Pérez Companc parece el más común de todos los mortales. Se levanta muy temprano por la mañana y antes de las ocho y media llega a su oficina. La mayoría de las veces conduce él mismo. Durante mucho tiempo no tuvo custodia, pero cuando sus tres únicas fotos empezaron a ser publicadas en los medios, un reducido grupo de hombres muy discretos lo sigue de lejos, vaya donde vaya. Los domingos asiste a misa en la localidad de Escobar. En su casa de Palermo Chico no hay ningún signo de riqueza u ostentación.

La familia no suele veranear en Europa o Estados Unidos, sino en la Patagonia, en un paraíso natural llamado Quina-Quila, a 36 kilómetros de San Martín de los Andes, muy cerca de Bariloche. Cuando no veranea ni va a misa, Goyo utiliza el domingo para hacer lo que más le gusta en la vida: ir al estadio Monumental de Buenos Aires para ver al River Plate, el equipo de sus amores.

En una nota de la revista *Noticias*, de Argentina, publicada en julio de 2002, el periodista James Neilson puso a los argentinos al tanto de la tensa vida del magnate en los últimos meses de la crisis de su país:

"En marzo pasado, Pérez Companc vio la muerte de cerca. Regresando de uno de sus campos de la Patagonia, una obstrucción en su arteria coronaria lo depositó en la sala de terapia intensiva del Instituto Fleni, una clínica de alta complejidad que ayudó a levantar con plata de su propio bolsillo. Y a la que tuvo que regresar el pasado jueves 25 al mediodía. Según fuentes de la clínica, se trató de un chequeo de control programado. Según otras fuentes consultadas por *Noticias*, Goyo habría sentido dolores torácicos la noche previa, que lo habrían obligado a someterse a un cateterismo diagnóstico. Su afección coronaria de marzo fue el principio del fin. La gota que rebasó el vaso y que obligó a su familia a tomar el toro por las astas. No fue otra que su compañera de toda la vida, Munchi, que en las angustiosas horas de espera en los pasillos del Fleni comenzó a idear un brusco golpe de timón que le garantizara a su marido un retiro pleno de tranquilidad y le diera a sus herederos el impulso definitivo para continuar la obra del líder del clan".

ANACLETO ANGELINI

**La austeridad contagiosa
de este inmigrante italiano
en Chile es una de las claves
de la solidez de la más
importantes industria forestal
y de combustible del Cono Sur**

por Javiera Moraga*

El mismo año que la revista *Forbes* eliminó al octogenario empresario chileno Anacleto Angelini Fabri de su *ranking* anual de los hombres más ricos del mundo en su edición de 2001, el empresario acumulaba nada menos que 900 millones de dólares en su bolsillo. En parte gracias a la ventas en marzo de ese año de las filiales eléctricas de Copec, la compañía estrella de su *holding* AntarChile. Por estos y otros negocios Angelini regresó a la famosa tabla de *Forbes* en 2003, donde le correspondió el puesto 303 de los hombres más ricos del mundo. Angelini es el discreto amo y señor de un conglomerado que maneja inversiones forestales, combustibles, industrias pesqueras y mineras.

En 2001 fue uno de los pocos empresarios que desafió la crisis económica de Chile y anunció la construcción de una planta de procesamiento de Celulosa en Valdivia, con una inversión de más de 1,200 millones de dólares. Angelini no parece afectado porque su nombre deje de aparecer o reaparezca en las revistas de negocios. En Italia —su tierra natal— connotadas personalidades de todos los sectores le ofrecieron un esplendoroso homenaje en el que la actriz Claudia Cardinale

*Periodista chilena. Cubrió para la revista *Qué Pasa* casos de droga y política internacional y la detención del general Augusto Pinochet. Es corresponsal de la revista *Time* y escribe en la revista *Capital*, una publicación especializada en temas de negocios.

lo condecoró con el premio "Los italianos del mundo" por ser uno de los hombres que más alto ha llevado el nombre de ese país en el extranjero.

"Que pase *l'imperatore* del Chile," exclamó la Cardinale entre los aplausos del público. Pero el emperador chileno no asistió al evento. En su representación subió al estrado Roberto Angelini, su sobrino y heredero. El magnate no tiene hijos.

Que el propio empresario no viajara hasta Roma para recibir el premio no fue un agravio ni una sorpresa, pues este hombre de negocios se ha impuesto el bajo perfil como una regla de comportamiento. Angelini es muy poco sociable. Jamás ha asistido a fiestas ni a cocteles porque considera que ese tipo de actos son la antítesis de un emprendedor. Otra prueba de esta austeridad personal que don Cleto —como le dicen sus colaboradores más cercanos— carga sobre sus hombros fue apreciada por la mayoría del empresariado chileno el 31 de julio de 2001. Ese día, en el Teatro Municipal de Santiago se entregaron los premios Icare, y la entidad distinguió a la Compañía de Petróleos de Chile, S.A., Copec —la compañía estrella de Angelini y madre del conglomerado energético, forestal y pesquero del millonario chileno— como la empresa del año. Felipe Lamarca, presidente de Copec, siguió el mismo ritual de Roberto Angelini en Roma, y fue él quien subió al escenario a recibir el premio. Don Cleto aplaudió, sentado junto a su esposa, María Noseda, en uno de los palcos del Municipal. Apenas terminó el acto, Angelini no hizo ningún intento de quedarse al coctel y se retiró por la puerta principal, sin guardaespaldas ni chofer. Es más, bajo la lluvia torrencial que caía ese día sobre Santiago paró un taxi cualquiera para que lo llevara a casa. Angelini, de impermeable café, le abrió la puerta a María, una escena que permitió a los medios de comunicación nacionales actualizar su archivo fotográfico.

Este estilo le ha permitido circular por las calles céntricas de la capital chilena sin problemas. No tiene temor de sufrir un asalto ni menos un secuestro. Hasta hace poco era él quien hacía sus depósitos en los bancos, y no le importaba hacer la fila como cualquier ciudadano común. No obstante, los jefes de las entidades bancarias sabían de quién se trataba e intentaban ahorrarle el trámite, pero más de una vez nadie lo reconoció y siguió las normas al pie de la letra. Cuando sus oficinas quedaban en el centro —hasta el año 2000— almorzaba casi a diario en el Café Paula, uno de los lugares más antiguos de la capital y tal vez uno de los más sencillos, donde cualquiera iba a comerse un sándwich. El empresario entraba y se sentaba en la barra, ni siquiera pedía una mesa, y acudía a tomarle el pedido el mismo mozo de siempre. En el lugar solían almorzar muchos de sus empleados, a quienes él saludaba con la mayor deferencia. El mismo buen trato lo recibe el pescador que abastece sus pesqueras. Allí saluda a los empleados uno por uno como si fuera el gerente general. Pocas veces este hombre de negocios asistió a uno de los restaurantes exclusivos del sector y si es que había que hacerlo, siempre escogía Le Due Torri, el mejor italiano del centro.

A sus 87 años, Angelini tiene claro que su austeridad también puede ser un buen negocio, un argumento para exigir el mismo estilo a sus ejecutivos, comenta un empresario de su entorno. Quizás por ello don Cleto no tiene ningún interés en cambiar su Mercedes Benz del año 80 por un automóvil catalítico. El hombre más rico de Chile, con una fortuna que asciende a 1,300 millones de dólares según la escala de *Forbes* de 2003, prefiere que el día de la restricción vehicular —implantada durante todo el invierno en Santiago por causa del esmog— uno de los ejecutivos de sus empresas se levante más temprano, pase a recogerlo y lo lleve hasta el barrio El Golf, donde está ubicada la torre de las empresas Angelini. Su oficina está en el piso 19. Pero ni hablar de invertir en un auto nuevo. Hasta antes de cambiarse a la elite automovilística de los Mercedes su automóvil era un Fiat, también del año 80.

Vive en un apartamento en Martín Zamora con Colón, situado en Los Condes, un barrio de clase media que en una época fue un sector exclusivo, pero en el que hoy habitan desde ejecutivos jóvenes hasta jubilados de pensiones bajas. Su departamento, donde vive con su esposa, no es un *penthouse*, sino uno más del edificio, amplio y acogedor, pero sin lujos. Para Angelini el máximo atractivo de su residencia es la terraza, que por cierto no tiene nada especial. Es su lugar predilecto para tomarse un café y sentarse a leer, un pasatiempo que lo apasiona. La vista desde el balcón no debe de ser muy interesante, pues el departamento está rodeado de edificios que bloquean la posibilidad de ver siquiera un filo de la cordillera de Los Andes o del cerro Manquehue.

Cuando tuvo que dejar forzosamente su antigua casa en La Reina —otro barrio para toda clase de habitantes— porque había quedado muy dañada con el terremoto de 1985, no se le ocurrió comprar una casa en La Dehesa, Los Curros o Los Dominicos, donde viven la mayoría de los hombres de fortuna de Chile. Prefirió un departamento y seguir conservando su casa en Rocas de Santo Domingo, un exclusivo balneario; y, por supuesto, su villa a orillas del lago Como, en Italia, donde viaja con frecuencia —aunque cada vez menos— a ver a sus parientes.

¿Empresario audaz o estancado?

La disminución del patrimonio de Angelini no era un signo de decadencia, sino de un endeudamiento sano que asumió para lograr el control total de Copec. Buena parte de los créditos serán totalmente amortizados en breve. Como si esto fuera poco, anunció una inversión de 1,200 millones de dólares en el área forestal; todo esto en medio de una recesión vacilante en Estados Unidos y con la peor tasa de crecimiento de Chile en los últimos años, alrededor del 3%.

Angelini tomó la decisión de ordenar la casa en 1999. De partida cambió sus oficinas del centro al barrio alto de la capital, y en lo empresarial terminó todos los conflictos con Carter Holt Harvey, filial de la estadounidense International Paper. Compró la parte de esa filial en Copec por 1,233 millones de dólares, lo que le permite controlar la compañía. Esa transacción lo obligó a endeudarse en unos 700 millones de dólares, que recibió en créditos de entidades bancarias en el extranjero.

Como todo empresario con visión, Angelini es cauteloso para mover las piezas de su tablero empresarial. Lo que no quiere decir que sea poco audaz. Generalmente es en los momentos en que su empresa es más silenciosa cuando da un gran golpe. Como sucedió en el año 2001, cuando el grupo finalmente decidió construir la planta de celulosa Valdivia en la X Región de Chile, un proyecto que estaba guardado bajo siete llaves, y que se materializó con la inversión de 1,200 millones de dólares.

El directorio de Celulosa Arauco y Constitución —la mayor filial del *holding* Copec— aprobó la construcción de esta planta en San José de Maquina (X Región, provincia de Valdivia). Esto permitirá una capacidad de producción de 550,000 a 600,000 toneladas anuales de celulosa blanqueada de pino y eucalipto, lo que situará a la firma como la tercera comercializadora de este *commodity* en el mundo. Su apuesta es que cuando la nueva planta comience a funcionar, a finales de 2004, el precio de la celulosa se habrá recuperado.

A comienzos de los noventa los chilenos estaban obsesionados con irse a Argentina a emprender nuevos negocios. En ese entonces Angelini recibió muchas críticas por no hacerlo, cuando otros que estaban en el mismo nivel que él ya habían cruzado la cordillera de Los Andes. En la actualidad Angelini está invirtiendo fuerte en Argentina, en un momento en que muchos han regresado decepcionados y con las manos vacías. El empresario tiene 70,000 hectáreas de pino plantadas en ese país. "Lo que refleja que este grupo funciona con base en los negocios y no en la moda", comenta un empleado de don Cleto.

La forestación con especies exóticas ha provocado fuertes quejas de comunidades de indígenas mapuches, que se consideran afectadas por el grave deterioro de su medio ambiente. Según las denuncias del líder mapuche Víctor Ancalaf, las empresas de forestación "han quemado miles de hectáreas de bosques nativos para dar lugar a sus plantaciones de pino y eucalipto; laboran con una serie de elementos químicos dañinos; y producto de la gran absorción de agua que tienen estas especies exóticas se han secado ríos, vertientes, esteros y napas".

El origen

Aunque su historia podría ser la de muchos inmigrantes que desembarcaron en el país con más sueños que recursos, la de Angelini es muy diferente. Cuando llegó a Chile tenía 34 años, y ya poseía capital suficiente para montar su propio negocio y la experiencia empresarial que absorbió de sus padres y abuelos. Eso sí, en Chile su vida ha sido mucho más fácil de lo que fueron su niñez y su adolescencia en Italia.

Anacleto Angelini proviene del norte de Italia, específicamente de Ferrara. En 1936 los únicos tres hermanos, Gino, Arturo y Anacleto, el mayor con sólo 22 años, se vieron obligados a trasladarse a Abisinia, hoy Etiopía. Cuando Mussolini anexó esa región a Italia, Anacleto probó suerte en los negocios. Allí pasaron la segunda guerra mundial, con la angustia de escuchar las noticias de las tragedias que ocurrían en Europa. Una vez terminó el conflicto no dudaron en dejar el continente africano y volver a su tierra natal, pero Anacleto encontró una Italia destruida y arruinada, y decidió hacer las Américas. Viajó por azar a Chile con una idea en la cabeza: poner una fábrica de pinturas, la actividad a la que se dedicaba en Italia. Por eso, cuando llegó, en 1948, ya llevaba equipos especiales valorados en 100,000 dólares. Con ese capital formó la famosa industria de Pinturas Tajamar.

Por el camino de la industria del color, el empresario se entusiasmó con la construcción, para lo cual se asoció con otro italiano, Antonio Franchini. Desde un principio, Angelini estuvo inclinado a realizar negocios sólo con compatriotas. Este enclaustramiento cultural no le dejó soltar la lengua en español. Después de más de 50 años de vivir en Chile, Angelini no habla bien el castellano. Con su socio italiano se especializó en la construcción de viviendas y entidades comerciales durante la década de los cincuenta. Angelini también se acercó al negocio agrícola, y fue administrador del fundo La Fortuna de Curicó. Y hasta probó suerte abriendo una planta de cerrajería y chapas en el barrio industrial de Santiago.

En 1959 contrajo matrimonio con una chilena hija de italianos, María Noseda Zambra, una persona muy sencilla. Se viste en tiendas de departamento y no se da grandes lujos. Es muy poco amiga de las joyas, comenta un amigo de la pareja. Ya bien instalado, Angelini mandó a buscar a su hermano menor, Gino, que a principios de los cincuenta llegó a Chile y se convirtió en un excelente aliado en las aventuras empresariales de Anacleto. Pero Gino era más bohemio y menos cuadriculado que su hermano. Así que le pidió a Anacleto que le ayudara a financiar algunos de sus caprichos. Gino abrió en pleno centro de Santiago un local llamado el Café del Artista. Anacleto dejó que su hermano instalara ese negocio mientras él se embarcaba en uno mucho más rentable: la harina de pescado.

Pesca milagrosa

El empresario se trasladó un tiempo al norte de Chile, donde un hombre de negocios de la zona, Ricardo Varenne, por cierto, italiano, le ofreció la posibilidad de comprar una línea de procesamiento de harina de pescado en Arica, llamada Pesquera Eperva y que en ese entonces contaba con cinco goletas pesqueras de origen noruego. Pero para echarla a andar se requería de una urgente inversión en acceso vial para llegar y de una completa modernización de su flota.

Angelini llegó a Iquique como el rey Midas de la pesca. Todo lo que hacía le generaba gran rentabilidad. Le fue tan bien que decidió dedicarse sólo a este rubro y vender su participación en la constructora. La zona norte estaba muy devastada por el cierre de las salitreras y por la falta de empleo. Pero Angelini decidió invertirlo todo allí y profesionalizó la pesca. Por ejemplo, introdujo una flota de barcos de madera con cascos metálicos, redes industriales y grúas motorizadas. En un abrir y cerrar de ojos se convirtió en el principal exportador de harina de pescado de Chile, y dueño de dos tercios de esa industria en el norte del país. Sus empresas llegaron a tener 6,000 empleados y a procesar dos millones de toneladas de pescado. Pero se dio cuenta de que la actividad se estaba poniendo muy difícil por una serie de leyes que había promulgado el gobierno de Augusto Pinochet. Y a eso se unió la competencia. Los pescadores de Perú estaban capturando más que las pesqueras del norte, propiedad de Angelini. Por eso, dejó a su hermano Gino a cargo de esas empresas, y se trajo a su sobrino Roberto a vivir con él.

Corrían los años ochenta y Angelini tenía entre ceja y ceja otros dos negocios: el de los combustibles y el forestal. En esta última área empezó a invertir en los sesenta, cuando compró acciones de la empresa de Maderas Prensadas Cholguán. Antes de que terminara la década se convirtió en el mayor accionista.

Copec: la joya

En 1986 decidió adquirir el 41% de Copec, una de las empresas matriz del *holding* que en ese entonces manejaba el grupo económico de Manuel Cruzat. Fue una especie de corazonada del italiano, que se nacionalizó como chileno en 1994. En la actualidad, Copec es la compañía de combustibles más importante del país, y hace años lidera la lista de las compañías más rentables de Chile. De hecho, en 2000 recibió el premio "Hall of Fame" a la marca clásica más famosa de Chile, y en 2001 fue premiada por Icare como la mejor compañía del país.

Para los chilenos hablar de Copec es hablar de combustibles. Pero el negocio es más que eso. Basta con desglosarlo: en ventas consolidadas en el año 2000, el Holding AntarChile obtuvo un 32.5% en el sector forestal; un 59%, en el de combustibles; un 1.1%, en el de las pesqueras, y un 4% en servicios y otros.

Cuando se hizo cargo de Copec, en la década de los ochenta, buscó como socia para realizar todos los proyectos de expansión a la firma neozelandesa Carter Holt Harvey, que invirtió 164 millones de dólares. Pero la relación empezó a complicarse a medida que la empresa extranjera aumentaba la participación en International Paper, la mayor compañía forestal del mundo. International se movía en el mismo sector que Celulosa Arauco y Constitución (Celarauco), la filial de Copec que le reportaba más de dos tercios de las utilidades de la compañía chilena. Diez años después, en 1996, International Paper era dueña por completo de Carter Holt Harvey, algo que dejó absolutamente desencajado a Angelini. El empresario se demoró sólo cinco años en dejar fuera a Carter Holt de Copec. En la actualidad, Angelini posee unas 900,000 hectáreas en Chile, a través de la compañía forestal Celulosa Arauco y Constitución, que aportó el 78% de los resultados operacionales consolidados de Copec.

La contabilidad del conglomerado ha empezado a reflejar los resultados. A principios de 2003 el grupo Copec reportó el aumento de sus beneficios en un 164,2% en el primer trimestre del año respecto a igual período de 2002, al totalizar 139,20 millones de dólares. En un informe presentado a la Superintendencia de Valores y Seguros, el consorcio precisó que los resultados de explotación de las empresas que controla sumaron 151,71 millones de dólares.

El propio presidente de Chile, Ricardo Lagos, reconoció el esfuerzo de Angelini en la proyección internacional de la economía de su país. Durante la ceremonia de inauguración de la nueva planta MDF de Celulosa Arauco (Celarauco) en noviembre de 2002, el presidente dijo:

"En lo que era el Chile en la década de los cincuenta y lo que es hoy, en esas tremendas revoluciones que sucedieron en el país, Anacleto Angelini jugó un papel fundamental. Pasamos desde un Chile que se desarrolla hacia adentro a un Chile que se atreve a dar un salto hacia afuera, a exportar e intercambiar".

El sucesor

El hecho de que no tenga descendientes no preocupa a Anacleto Angelini cuando piensa en dejar a un heredero de su imperio económico. Al fin y al cabo, 1,300 millones de dólares —según *Forbes*— y su participación en 57 empresas que dan empleo a 11,000 personas en Chile, es un patrimonio que alguien debe administrar. El escogido es su sobrino Roberto Angelini, de 52 años, hijo de su hermano Gino, cuyas peripecias con el famoso Café del Artista no duraron mucho.

De hecho, Anacleto lo envió para que se hiciera cargo de la pesquera en el norte. Pero Roberto no vivió ahí con su padre, sino en Santiago con su tío Anacleto. Incluso fue su tío quien le pagó los estudios de ingeniería civil con mención en química en la Universidad Católica. En la actualidad maneja los negocios forestales.

De carácter reservado, quienes lo conocen aseguran que Roberto es un hombre de gustos sencillos y alejados de la ostentación. Su único *hobby* consumista es su afición por la ropa, que compra siempre durante sus viajes por Europa. Su padre, en cambio, era la oveja negra de la familia y un buen representante del típico italiano, extrovertido y amante de disfrutar de la vida. Se cuenta que en las pesqueras les ofrecía a los empleados que quisieran ahorrar hacerles los depósitos en el banco porque argumentaba que a él le daban mejores tasas. Robertito, como le dicen sus amigos, es más bien tímido. Meticuloso y ordenado al punto de que quienes han trabajado con él aseguran que todas las mañanas al llegar a su oficina le pasa un paño a su silla y al escritorio. Algunos opinan que le falta carácter, pues nunca ha emprendido un negocio por sí mismo. Otros aseguran que en la tradición italiana "el delfín es el delfín hasta que suceda al rey", ahí recién empieza a sacar su carácter, comenta un amigo suyo que prefiere mantenerse en el anonimato. Y Anacleto Angelini, infatigable a sus 87 años, sigue siendo el que da la última palabra en todas las decisiones importantes.

JULIO BOZANO

Cuando tenía tres años enterró
una moneda en el jardín de su casa
para luego desenterrarla con más valor.
La disciplina de ese ritual, mantenida
a lo largo de su vida, convirtió a Bozano
en un poderoso banquero de Brasil

POR SOLANGE ARRUDA*

"Lo que me da el dinero no es la posibilidad de hacer lo que quiero, sino la posibilidad de no hacer lo que no quiero". Así resume su forma de vivir el empresario y ex banquero Julio Bozano, el tercer hombre más rico de Brasil, según la revista *Forbes* —con una fortuna valorada en 1,200 millones de dólares—. Ésta fue la mentalidad con la que hace algunos años abolió totalmente el uso diario del traje, un atuendo que reemplazó con ropas menos formales, como pantalón *beige*, camisa blanca y mocasines.

Además de ganar mucho dinero a lo largo de sus 66 años de vida, Bozano cultivó otra gran pasión: los caballos. Hay quien dice que son más de 700, diseminados en cinco grandes haciendas en Brasil, Argentina y Estados Unidos. Tanto tiempo dedicado a ese caro capricho tal vez justifique el final de su primer matrimonio. Hace tres años, el empresario se unió a Inés de Castro, una mujer 30 años más joven que él, que hasta ese momento era la veterinaria que cuidaba sus animales. Por ella dejó a Iza, madre de Patricia, su única hija, casada con el corredor bursátil Alfredo Grunser, antiguo socio del controvertido especulador Naji Nahas. La separación le costó 175

*Periodista y publicista independiente. Ha colaborado con varias publicaciones de la Editora Abril y suplementos del periódico *Folha* de São Paulo. También trabajó para la sección de negocios y servicios del portal MyWeb. Es colaboradora de la revista *Poder*.

millones de reales (60.35 millones de dólares de hoy), además de varios inmuebles.

Nacido en Porto Alegre (capital de la sureña provincia de Río Grande do Sul), hijo de un abogado que participó en la rebelión integrista contra Getulio Vargas en la década de los treinta del siglo pasado, Bozano es considerado, de la misma manera que otros banqueros de su generación, una especie de Midas. Casi todo lo que tocó se convirtió en oro. El empresario comenzó a construir su imperio financiero en los años sesenta, con una pequeña distribuidora de valores que abrió en sociedad con el fallecido economista y ex ministro Mario Henrique Simonsen. Se habían conocido en el curso de Oficiales de la Reserva de la Marina. Sobre ese inicio, admitió: "Como para mí todo en la vida es muy difícil, la persistencia tuvo que ser grande".

En la década de los setenta, "Bozano, Simonsen" empezó a crecer rápidamente. En los ochenta diversificó sus actividades, con el ingreso en el sector del oro, en compañía de la firma sudafricana Anglo American. Pero fue en la década de los noventa cuando el banco se convirtió en un verdadero gigante, a tal punto que en las licitaciones por la privatización del sector siderúrgico terminó por adueñarse de casi todo. Fueron tres victorias prácticamente consecutivas: Usiminas, Cosipa y la Compañía Siderúrgica de Tubarão. Cuando decidió deshacerse de esas participaciones, la institución registró ganancias por 500 millones de dólares.

El propio Bozano reconoció, en las pocas entrevistas que concedió a la prensa, que cuando era joven no soñaba con tener tanto éxito. Pero llegó a contar que, aún siendo un niño, tenía la afición de guardar dinero. Una vez relató a la revista *Istoé* que cuando tenía tres años enterró una moneda en el jardín de la casa donde vivía, en el barrio de Copacabana, en Río de Janeiro, para luego desenterrarla. Bozano cree que la repetición de dicho ritual a lo largo de su vida ha contribuido a hacerlo cada día más rico. Sea como fuere, el hecho es que, de moneda en moneda, su fortuna de 1,200 millones de dólares, en Brasil, compite con las de Aloysio de Andrade Faria (ex Banco Real), de Antonio Ermírio de Moraes (Grupo Votorantim) y de Joseph y Moise Safra.

Negociador profesional

Por encima de todo, el ex banquero siempre fue considerado un gran negociador. Tenía 27 años cuando le pidió a Mario Henrique Simonsen que lo ayudara a armar una tabla de intereses para la casa de corretaje creada por su padre. Así fue como se unieron, en 1961, en la fundación del banco que llevaba el nombre de ambos. "Tienes una relación platónica con el capitalismo", le repetía a Simonsen, generalmente más interesado en la teoría económica, en la ópera y en el ajedrez. Antes de morir, el ex ministro vendió su parte de la compañía.

Equiparable a su habilidad para negociar, la discreción de Bozano ha sido una aliada en los grandes momentos. El millonario siempre intenta evitar polémicas. No se encuentran de él, por ejemplo, rastros de una participación efectiva en las reuniones políticas de banqueros en las que se discutieron —y muchas veces se decidieron— el veto o la apertura gradual de segmentos de la economía brasileña a los extranjeros. Pero en todas las oportunidades en las que pudo dejó claro que su predilección es la apertura de la economía al capital externo, incluso en el sector financiero.

Sin embargo, en diversos momentos su apodo de Midas peligró. Bozano estuvo al borde de la quiebra al comienzo de los años ochenta, cuando el gobierno dejó de pagar a los acreedores de la antigua Superintendencia Nacional de la Marina Mercante (Sunamam). El empresario tenía una serie de títulos que se convirtieron en polvo. Pero sobrevivió y terminó por ganar dinero en otras operaciones, como en la administración del Banco del Estado de Río de Janeiro (Banerj).

En 1997, vio una buena oportunidad en la subasta de privatización del Banco Meridional. Compró la institución utilizando viejos títulos de la Sunamam como parte del pago. Así se hizo cargo de la nueva locomotora de su grupo e instaló la sede del *holding* en el paraíso fiscal de Islas Caimán, bautizándola Bozano, Simonsen Financial Holdings. En esa ocasión le sugirió al gobierno que permitiera la venta del banco estatal a inversionistas de otros países, mientras gran parte de los empresarios brasileños del mismo sector pregonaban exactamente lo contrario. Y se cuenta que sólo adquirió el Meridional cuando obtuvo la expresa autorización federal de venderlo a quien quisiera, incluso a extranjeros. Y fue lo que hizo más tarde, cuando le pasó la pelota al Santander. Por eso no tuvo que pedir permiso para negociar con los españoles. Si hubiera dependido de una autorización formal, seguramente se habría enfrentado a presiones políticas.

El hecho es que Bozano concluyó, con exquisita maestría, un meganegocio en sólo 36 meses. En aquella transacción pagó 700,000 reales (unos 241,400 dólares al cambio actual) por cada una de las 222 sucursales del Meridional, y además recibió incentivos fiscales. Menos de tres años después era dueño del banco más caro del mercado brasileño. Al venderlo al Santander, en 2000, cobró ocho veces más de lo que había desembolsado —y recibió aproximadamente 5.8 millones de reales (dos millones de dólares) por cada una de las sucursales. El negocio también fue integralmente hecho en Islas Caimán, donde el secreto fiscal es asegurado y no se cobran impuestos.

Hasta el año 2000, cuando el Bozano, Simonsen también fue vendido al Santander, Julio Bozano ocupaba la presidencia del consejo de administración del grupo. Entre sus negocios más importantes en el área industrial merece destacarse el de Embraer, empresa de fabricación de aviones en la que hoy tiene todavía una participación significativa. Dicho sea de paso, éste fue otro ejemplo de osadía. En 1994, el gobierno no lograba privatizar Embraer, que llegó a ofrecerse en subasta dos veces. Bozano compró el 30% de las acciones y ubicó en la presidencia al ejecutivo Mauricio Botelho, que transformó a Embraer en un ejemplo de competitividad. Además, en 1999 el grupo adquirió parte de la Siderúrgica Gerdau. Por el lado comercial, invirtió en el Barra

Shopping, el más grande de Latinoamérica, con aproximadamente 1,000 millones de reales anuales en ventas (unos 344,8 millones de dólares). En el sector financiero, la Bozano Financial Holding operaba como banco de inversiones y como minorista, mediante el Meridional.

A la defensiva

Poco tiempo después de haber concluido las dos ventas, Bozano, que no quería figurar, saltó a las noticias con la denuncia de Yssuyuki Nakano, un empresario que alegaba que durante cinco años había operado una caja paralela en el Bozano, Simonsen, donde decía haber trabajado. En una entrevista con el diario Folha de São Paulo, acusó al ex banquero de una serie de irregularidades que habría denunciado previamente a la Comisión Parlamentaria de Investigación (CPI) de los Bancos, pero sin presentar pruebas jamás. Bozano sostuvo que Nakano nunca prestó sus servicios en el banco. "Hasta hace poco tiempo yo era considerado uno de los más importantes empresarios del país, y ahora soy comparado con un ladrón", se quejó en una entrevista con la revista *Veja*.

Pero sus problemas no terminaron ahí. Ese mismo año, la Receita Federal (Dirección General Impositiva de Brasil) inició procedimientos para cobrarle a su ex banco una multa por más de 1,000 millones de reales (unos 344.8 millones de dólares) por operaciones realizadas en paraísos fiscales, que no estaban relacionadas de ninguna manera con las acusaciones de Nakano. En ese entonces, la Receita investigaba unas transacciones destinadas aparentemente a reducir el valor del impuesto sobre las utilidades entre la Bozano, Simonsen y su subsidiaria Bozano Overseas. La compañía tenía la tradición de usar una política fiscal agresiva, lo que no es otra cosa, según expertos del área fiscal, que encontrar resquicios en la legislación con el objetivo de pagar menos impuestos. Bozano desestimó las acusaciones y apeló, y hoy la justicia brasileña sigue juzgando el caso.

Sin detenerse en esos problemas, el ex banquero dio declaraciones sobre el acuerdo con el Santander, que dejaba bien delineada su disposición de retirarse de la competencia con los grandes bancos nacionales. "Estoy aliviado. Hace seis meses que quería cerrar este negocio, que es muy bueno", afirmó inmediatamente después del anuncio de la venta. En verdad, dos años antes la situación del empresario era bastante complicada. Incluso se decía que se encontraba en un dilema crítico. Podía optar por el difícil camino de invertir más e intentar crecer para sobrevivir a la constante competencia que existe en el sector financiero o aprovechar el momento favorable y vender el banco por un buen monto. Prevaleció la segunda opción, y el Santander pagó aproximadamente 1,800 millones de reales (620 millones de dólares) por el Bozano, Simonsen.

Bozano se dedica ahora a los caballos rápidos, de la raza purasangre inglesa, a las colecciones de arte —que forman parte de la decoración de sus oficinas en Río de Janeiro— y a los sectores de alta tecnología, como Internet y la industria aeronáutica. En la actualidad, entre las diversas inversiones de la compañía Bozano, muchas de ellas no reveladas oficialmente, el empresario tiene el 49% de EverSystems, una multinacional de origen brasileño creada hace 10 años. La firma proporciona soluciones personalizadas de *e-banking* para el mercado latinoamericano, con unos 100 proyectos exitosos para más de 57 clientes y una base instalada de aproximadamente 2,5 millones de usuarios finales.

Pero algunas de las inversiones de Bozano, como la enorme mayoría de los negocios de Internet, no han podido alzar el vuelo. Entre los diversos portales de finanzas personales que siguen teniendo números negativos está el Investshop. A pesar de presentar —hasta el final del año 2001— un movimiento promedio mensual de 100 millones de reales (34,48 millones de dólares), todavía no ha logrado obtener un balance con resultados positivos, ya que sus ingresos provienen de una pequeña comisión sobre ese monto global. Y la participación de Bozano en ese sitio era considerada una pieza estratégica en su juego como inversionista. En definitiva, Investshop significaba el ingreso del multimillonario al Nasdaq. Pero la aparente derrota no perjudica su fama, ni siquiera hace menos acertada su apuesta. En el mundo virtual, por lo menos de momento, ningún empresario brasileño logró transformar ideas en oro.

LUIS CARLOS SARMIENTO ANGULO

**La historia del maestro de obra que
llegó a ser el principal urbanizador
y el más poderoso banquero de Colombia**

POR ANDRÉS JIMÉNEZ*

El poder de lo sagrado ha cambiado de rostro en Colombia. Hace exactamente 100 años el país fue consagrado por los gobernantes conservadores al Sagrado Corazón de Jesús, una imagen de origen francés que encarnaba la movilización de la Iglesia y el mayoritario partido Conservador contra el partido Liberal. Hoy esa imagen ha sido reemplazada por una nueva, de cuna mucho más popular, que surgió en 1948 en una incipiente iglesia de curas salesianos en el sur de Bogotá. Una imagen que, se dice, representa el bienestar y el reencuentro de los secuestrados, y que hoy es el icono religioso más adorado de Colombia, y tal vez el segundo en América Latina después de la Virgen de Guadalupe: El Divino Niño del barrio 20 de Julio de Bogotá.

Cuando se entra en su santuario, visitado por no menos de 10,000 personas cada día, no se puede evitar ver una enorme placa que agradece el aporte de un importante obispo de la orden salesiana, gracias a cuya gestión fue posible la construcción del mismo. Se trata de monseñor Enrique Sarmiento Angulo, destacado prelado que hizo sus estudios en Roma y que, no por casualidad, es el hermano de Luis Carlos Sarmien-

*Periodista colombiano. Estudió administración de empresas y obtuvo un master en *Political Management* en George Washington University. Fue editor de la sección Nación de la revista *Semana*, de Colombia, y consejero político de la embajada de Colombia en Estados Unidos.

to Angulo, el único potentado colombiano que todavía ocupa un lugar en la lista de los 500 hombres más ricos del mundo de *Forbes*.

El padre de ambos, don Eduardo Sarmiento, tenía un negocio de explotación de maderas en Maripí, departamento de Boyacá, y con gran esfuerzo logró educar a todos sus hijos. Uno de ellos, Arturo, estudió agronomía y se marchó a las sabanas de Bolívar, en el norte de Colombia, para buscar fortuna en los cultivos de arroz. Contra todos los pronósticos, se hizo muy rico, y hoy es dueño de grandes extensiones de cultivos de palma africana en los Llanos Orientales. Al igual que sus hermanos, es reconocido por su habilidad para las matemáticas. Es capaz de calcular casi con exactitud el tamaño de una hacienda con sólo verla desde el aire, o saber, con una mirada, la cantidad de sacos de arroz que hay en una bodega.

Los hermanos dicen, sin embargo, que el más inteligente de todos es Guillermo, el primer banquero de la familia y el que llevó a Luis Carlos a introducirse en la banca en 1972. Durante varios años Guillermo fue presidente del Banco de Occidente, de propiedad de Luis Carlos, hasta que una pelea familiar provocó su salida. Entonces creó su propio banco, el Banco Selfin, que finalmente quebró y fue intervenido por las autoridades de Colombia en el año 2000.

No fue ése el destino de Luis Carlos, que hoy amasa una de las fortunas más importantes de Colombia, lograda totalmente a pulso y a pesar de una feroz competencia de gigantes internacionales de Estados Unidos y España. Para muestra un botón: el banco con las mayores utilidades en el año 2002, el Banco de Bogotá, propiedad de Sarmiento, obtuvo 199,000 millones de pesos (70 millones de dólares), seguido por el Banco de Occidente, también de Sarmiento, que obtuvo el cuarto puesto con 89,000 millones de pesos (31 millones de dólares). El banco extranjero que más utilidades obtuvo fue Citibank, con 65,779 millones de pesos (23 millones de dólares). Los gigantes españoles, BBV Banco Ganadero y Banco Santander tuvieron pérdidas. No es fácil avasallar de esa forma, en un país del tamaño de Colombia, a semejantes multinacionales del sector financiero.

De maestro de obras a ingeniero

Luis Carlos Sarmiento Angulo comenzó su vida profesional en 1956, como maestro de obra, construyendo andenes para la Alcaldía de Bogotá, y se graduó con honores como ingeniero civil en la Universidad Nacional. Tiempo después adquirió unos terrenos en Bogotá que alguna vez pertenecieron al multimillonario Pepe Sierra y se especializó en la construcción de vivienda de clase media y media baja. No tardó en consolidar la mayor firma urbanizadora del país. Su incursión en el sector financiero comenzó con la necesidad de financiar la vivienda que él mismo construía, para lo cual creó la Corporación de Ahorro y Vivienda Las Villas. Durante muchos años el logotipo de la misma fue un obrero gigante, producto de la creatividad del propio Sarmiento, que decide hasta el último detalle de la publicidad de su organización.

En 1972, Sarmiento se dejó convencer por su hermano Guillermo de adquirir el Banco de Occidente —de propiedad de varios cultivadores de caña del Valle del Cauca y Risaralda—, que estaba prácticamente en quiebra. Según un colaborador cercano a él, "el banco fue comprado a billetazo limpio; Sarmiento se fue para Cali, se encerró en un hotel, y con una lista de los accionistas en la mano se dedicó a llamarlos uno a uno para negociar sus acciones, hasta que logró hacerse con el control de la institución".

Guillermo entró como gerente del banco, que en menos de 10 años ya daba las mayores utilidades del sector financiero. La recuperación de la institución, sin embargo, no estuvo exenta de sobresaltos, como los que se produjeron cuando —por las operaciones de su filial en Panamá— recibió de las autoridades estadounidenses la multa más alta que haya recibido banco alguno por lavado de activos. Sarmiento dio la cara, pagó la multa, explicó a satisfacción lo sucedido y aprendió la lección. A tal punto que su fondo de pensiones Porvenir fue multado el año pasado en 104 millones de pesos por la Superintendencia Bancaria de Colombia porque se negó a afiliar a empleados de varias compañías de propiedad de los hermanos Rodríguez Orejuela, cabecillas del Cartel de Cali, empresas que forman parte de la famosa "lista Clinton".

Pero el gran salto de Sarmiento en el sector financiero se dio con la adquisición del Banco de Bogotá, durante el gobierno de Belisiario Betancur (1982-1986). El empresario se hizo con el control de la entidad en una pugna hostil con el poderoso grupo Bolívar, en la que —según la revista colombiana *Dinero*— se dio una verdadera guerra bursátil que llevó el valor de la acción de 65 a 451 pesos en menos de dos meses. La guerra dejó muchos heridos, y no faltaron las quejas por la supuesta presencia de maniobras especulativas en toda la operación. Pero las autoridades encontraron que todas las actuaciones estuvieron ceñidas a la ley y no hubo lugar a ningún tipo de sanción.

A lo largo de su carrera, Sarmiento ha sido objeto de varias investigaciones, y en todas ellas ha salido airoso. Unos lo atribuyen a su gran dominio de las normas. Quienes lo conocen aseguran que no hay política pública o decisión administrativa que no le quepa en la cabeza y entienda a la perfección. Otros lo atribuyen a su buena estrella. "Tiene la suerte de un gran jugador, que sabe dónde pone sus fichas y entiende muy bien sus límites", dijo una de las fuentes. En todo caso, se ha dado a conocer recientemente en Colombia como el hombre de negocios colombiano que con más entusiasmo apoya al presidente Álvaro Uribe, y no se ha cansado de vaticinar en los medios de comunicación la recuperación económica del país.

El 8 de marzo de 2002, el diario *El Tiempo* anunció que la Superintendencia de Valores había iniciado una investigación contra el *holding* de Sarmiento —el Grupo Aval— por operaciones que se celebraron entre 1998 y 1999 con acciones del Grupo que, según la entidad, "no eran representativas del mercado". Sarmiento presentó una queja contra el entonces superintendente, Gabriel Taboada, por considerar que no fue imparcial en su trabajo. Siendo un tema tan delicado, el entonces ministro de Hacienda, Juan Manuel Santos, a quien correspondía estudiar la queja, se declaró impedido para tomar una decisión. Pero a comienzos de junio del año pasado, Taboada fue acusado por la Procuraduría por presuntas irregularidades en otro caso y se vio obligado a renunciar.

Calculador

Inversionistas que alguna vez han hecho negocios con Sarmiento aseguran que, de todos los potentados de Colombia es, de lejos, el más inteligente. Es capaz de hacer mentalmente complejas operaciones matemáticas, desde multiplicaciones y raíces hasta cálculos de valor presente neto o tasas compuestas. Por lo general quienes lo acompañan a una reunión se ven perdidos con calculadora en mano, tratando de seguirle el ritmo. Él, siempre con humor y no poco orgullo, los espera pacientemente. "Es avasallador, es capaz de modelar hacia el futuro en forma sorprendente. Nunca se le olvida una cifra, guarda documentos de años atrás, y odia a la gente que quiere sonar inteligente y se las tira de estratega. Cuando eso sucede es capaz de pararse y salir de la reunión", dijo una de las fuentes cercanas a Sarmiento. También tiene una extraordinaria habilidad para los negocios. Uno de sus socios asegura que, en las propias palabras del empresario, "es capaz de oler un negocio una fracción de segundo antes que nadie, y moverse con mayor rapidez corriendo riesgos calculados".

Sarmiento trabaja de sol a sol, y toma tan sólo una semana de vacaciones al año, normalmente en Navidad, cuando parte con toda su familia para su isla privada en Bahamas. Y en eso se distingue de otros millonarios de la región. Para él, pasar un buen rato es estar con su familia, y no en un evento social. Dicen que una vez hizo un viaje a esquiar en la nieve con todos sus hijos y nietos, y cuando éstos llegaron había esquíes con la talla de cada uno esperándolos en sus respectivos cuartos de hotel.

La idea que tiene Sarmiento de un buen descanso es irse a la oficina sin corbata un sábado y revisar él mismo los planos de las obras de su constructora, recordando sus tiempos de ingeniero. Cuando va a su austera finca sabanera se divierte llevando las cuentas de cuánta leche produce cada una de sus vacas. Como fue actor de radionovelas en su juventud, no pierde oportunidad de verse los primeros capítulos de las ahora famosas novelas colombianas de televisión, y con ello le basta para saber, sin lugar a errores, si serán exitosas o no.

Muchos le critican que es demasiado austero. Dicen que nunca cede un día de trabajo a sus empleados, ni siquiera para eventos de la misma empresa. Y no tiene fama de ser particularmente generoso en materia de sueldos. Pero es un hombre amable, respetuoso y con sentido social. La Fundación Luis Carlos Sarmiento Angulo donó una unidad para recién nacidos al Hospital Simón Bolívar, la entidad pública más grande de su tipo en Colombia, y él es el principal impulsor de la Fundación Excelencia en la Justicia.

Otros le reprochan que sea tan reservado. Pero a él no se le olvida que su negocio es cobrar sus préstamos a millones de colombianos, y que si bien todo el mundo agradece cuando le conceden un crédito, tiende a maldecir al banco por el resto de sus días. Así que el bajo perfil, además de un rasgo de personalidad, es una necesidad estratégica.

A pesar de tener fama de Midas, no todo lo que toca Sarmiento se convierte en oro. Ha aprendido también de los malos negocios. Uno de ellos fue la compra de la Corporación de Ahorro y Vivienda Ahorramás. En palabras de un amigo cercano "la compró a precio de Rolls Royce y resultó un Volkswagen estrellado". En parte, fue una sobrerreacción a la llegada de los bancos españoles Santander y BBVA, que anunciaron con bombo y platillos que se tomarían el sector financiero colombiano. Sarmiento trató de mantener su posición agrandando su porción de mercado, comprando Ahorramás y el Banco Popular, en lugar de aceptar una alianza con los españoles en unas condiciones nada malas. Y pagó un precio muy elevado por las dos instituciones.

Otro negocio que no ha sido muy bueno es el de Orbitel, una empresa de telecomunicaciones. Sarmiento es dueño del 25% de la empresa, Valores Bavaria tiene otro 25% y las Empresas Públicas de Medellín (EPM) tienen el 50% restante. Sarmiento —y al parecer Valores Bavaria— han tratado de vender su parte, pero el problema es que nadie quiere comprar un 50% y no quedarse con el control, y EPM no quiere vender. Y la constructora, que ha sido golpeada por la crisis de la construcción que apenas ahora empieza a ceder tímidamente, trabaja un poco a media marcha en forma intermitente, pero subsiste.

La principal ambición de Sarmiento era colocar las acciones del Grupo Aval (conformado por Banco de Bogotá, Las Villas, Banco de Occidente, Ahorramás, Porvenir y el Banco Popular) en la bolsa de Nueva York. Pero se vio truncada porque los excesivos trámites exigidos por las autoridades norteamericanas le hicieron demorarse demasiado, y perdió el bus del *boom* latinoamericano. Cuando lo intentó ya era demasiado tarde, y las condiciones de mercado no lo permitieron. Pareciera que su principal fortaleza, y, al mismo tiempo, su peor defecto, es ser demasiado parroquial.

No obstante, los resultados de su organización son cuando menos sorprendentes. Sus bancos son los más rentables, ha consolidado un 25% del mercado financiero colombiano, y su fondo de pensiones y cesantías, Porvenir, no solamente es el primero en rentabilidad y número de afiliados, sino que con sus 53,000 millones de pesos (18 millones de dólares) de utilidad en el año 2002 ya es uno de sus principales negocios en el país. Y es la segunda mesa de dinero, después del Instituto de Seguro Social, entidad pública que Sarmiento aspira a superar este año.

En el área de telecomunicaciones, Sarmiento hizo un excelente negocio al comprar sus participaciones a Carlos Ardila Lülle —otro de los grandes empresarios de Colombia— y a Telefónica de España, en la firma de telefonía celular Cocelco y vendérsela —después de un cuidadoso proceso de reestructuración— a la multinacional BellSouth por un muy buen precio.

La operación de Cocelco la realizó Luis Carlos Sarmiento *jr.*, único hijo varón del empresario, que trabaja en la organización desde hace varios años. Junior, a diferencia de su padre —que tuvo que aprender inglés con un diccionario—, ha contado con todos los estudios que el mundo moderno pueda ofrecer a un ejecutivo. Tiene un perfil mucho más internacional y moderno, y se especula que podría llegar al mando de la organización en pocos años. Aunque Sarmiento habla todo el tiempo de retirarse, lo cierto es que los que lo conocen le creen muy poco.

Y es que no le faltan temas para estar ocupado.

Hoy, se sabe que sus relaciones con el gobierno Uribe son excelentes, a pesar de un debate que surgió al inicio del gobierno por supuestas irregularidades en la compra de acciones de la firma de gas Invercolsa por parte de Fernando Londoño —ministro de Justicia y del Interior del nuevo gobierno—; éste dijo en entrevista al diario *El Tiempo*: "Ellos (el gobierno Samper) pusieron un precio sospechosamente barato a las acciones para poderlas vender a un amigo del presidente de Ecopetrol. ¿Quién? En su momento lo dije. No quiero pelear con nadie. Antes de la venta de acciones, Jaime Bernal —que fue el abogado de Luis Carlos Sarmiento— dijo que al que se atreviera a comprar acciones de Invercolsa lo hacía meter a la cárcel. Acepté el desafío —Y siguió—. La democratización de las empresas (privatizadas) nunca se hizo. El Banco Popular, por ejemplo, lo ofrecieron a todos, pero para tener acceso a una acción teníamos que comprarlas todas y valían 300,000 millones de pesos. Como no los teníamos, lo compró Luis Carlos Sarmiento porque se diseñó para que los cacaos (potentados) se quedaran con el país".

Un par de semanas después, *El Tiempo* publicó: "Entre 1997, época de la controvertida operación (la compra de acciones), y hoy, el patrimonio de Invercolsa pasó de 23,000 millones de pesos a 174,000 millones de pesos. 'No somos unos genios de la administración. Lo que ocurre es que existía un valor artificial de las acciones, para favorecer a un amigo del entonces presidente de Ecopetrol', dijo Londoño —y concluyó su nota diciendo—. ¿A quién se refiere? Al parecer, al banquero Luis Carlos Sarmiento, dijeron personas cercanas al caso y agregaron que (Antonio) Urdinola fue directivo del Banco de Bogotá —del grupo Sarmiento— antes de llegar a Ecopetrol".

Si bien Londoño se estaba defendiendo de fuertes acusaciones contra su integridad moral —que amenazaron en algún momento con tumbarlo de su cargo, aun antes de tomar posesión,— sorprendieron sus duros, y, para muchos, innecesarios comentarios contra Sarmiento. La explicación probablemente radique en que Londoño fue abogado de Sarmiento durante la pugna por el Banco de Bogotá. Como dijo uno de los asesores del empresario, "Sarmiento nunca pelea con la gente ni la despide, sino que la aburre hasta que se va sola, y es un genio para eso. Eso le hizo a Londoño en aquel entonces, y éste no se lo perdona".

Lo anterior, sin embargo, no pasó a mayores, pues, como en todas partes del mundo, el hombre más rico del país y el presidente más poderoso de la historia reciente se necesitan mutuamente. Hoy en día, es más probable una enemistad de Uribe con su Ministro del Interior que con Sarmiento, pues a ninguno de los dos les conviene —ni tampoco al país— un enfrentamiento de tales dimensiones. Particularmente por ser Sarmiento el mayor contribuyente al fisco que tiene Colombia. Además, son bien conocidas las buenas migas que hicieron Sarmiento y Uribe cuando este último era senador y estuvo a cargo de la reforma del sistema de pensiones.

En conclusión, nadie se verá más beneficiado de que a Uribe le vaya bien, particularmente en el frente económico, que a Sarmiento. Al fin y al cabo, su negocio es de prestarle a los colombianos, particularmente a quienes compran vivienda o equipos y maquinaria para sus empresas. Ambas actividades, la recuperación de la construcción y el reequipamiento industrial son prioritarias para Uribe y su equipo económico. No sorprende entonces que a pesar de haber sido en el pasado el "cacao" más discreto de todos, hoy sea el más fuerte defensor de Uribe, en un gobierno que casi todo el mundo defiende, más aún los empresarios. La explicación posiblemente radica en que Sarmiento siempre ha sabido dónde poner sus huevos, y, juzgando por la popularidad de Uribe, esta vez tampoco se equivocó.

RICARDO SALINAS PLIEGO

**Después de hacerse de un canal de televisión
en una controvertida subasta, Salinas está
empeñado en utilizar el poder, el dinero
y su egolatría para demostrar que es el gran
empresario de las masas de México**

POR JAVIER MARTÍNEZ STAINES*

Detrás de esa seductora y casi permanente sonrisa habita un hombre que se quiere a sí mismo por encima de todas las cosas. "Se adora con verdadera pasión", dice uno de sus allegados que, por obvias razones, prefiere que su nombre se mantenga en el anonimato. La cita de la obviedad se refiere a otros rasgos (los más temidos) del carácter de este empresario regiomontano, residente en Ciudad de México, de 48 años: temperamental, rudo, explosivo y en ocasiones francamente intolerante.

Es Ricardo Salinas Pliego, multimillonario ya por derecho propio, que se ha abierto camino a contracorriente en el muy selecto club de los grandes titanes mexicanos de los negocios. "El *establishment* no lo quiere ni lo respeta, pero a él le importa un bledo", confía el mismo ejecutivo. A fin de cuentas, qué más le da, si se permite el lujo de aparecer en horario estelar en sus canales televisivos, lo mismo para atacar a procuradores de justicia que para defender sus propios intereses con sus trajes impecables, su cabello grisáceo relamido, barba y bigote bien recortados y sus inseparables lentes finos.

Lo cierto es que hace menos de una década Salinas Pliego era más bien ubicado por sus colegas como "el vendedor de licuadoras y muebles en abonos", en alusión al negocio fami-

---

*Director editorial del Grupo Expansión, de México. Ha sido también durante varios años editor en jefe de la revista *Expansión*.

liar de tiendas de ventas a crédito Elektra. Lo que pocos imaginaban es que esta cadena, siempre presente en los barrios populares de las grandes ciudades del país, le serviría de plataforma para entrar a la subasta de la entonces televisora estatal *Imevisión*, que incluía la cadena de salas cinematográficas Compañía Operadora de Teatros y los Estudios América. En junio de 1993 se anunció que Salinas Pliego, en sociedad con los discretos empresarios textiles Alberto y Moisés Saba, resultaba ganador contra todos los pronósticos, ya que los favoritos eran más bien los otros tres postores, con amplia experiencia en medios: Grupo Radio Centro, Grupo MVS y Grupo Medcom. Salinas ofreció 650 millones de dólares, monto un 30% superior al más cercano postor.

El problema —que años más tarde sería ampliamente difundido por *Televisa*, su máximo rival— estalló poco después, cuando el gobierno de Ernesto Zedillo encarceló al hermano incómodo del ex presidente: Raúl Salinas de Gortari (que a pesar de su apellido no tiene ninguna relación familiar con Salinas Pliego). En sus intentos por completar la enorme suma que se había comprometido a pagar, Salinas Pliego recibió 30 millones de dólares del mismísimo demonio, prestados supuestamente a tasas de mercado, con plazo de vencimiento en 1998 y recibidos a través de Servicios Patrimoniales Integrados, firma de Raúl Salinas. En una entrevista concedida a la revista mexicana de negocios *Expansión*, se justificaba: "Como dice el proverbio chino: mala suerte, buena suerte. Casi todos los que me han atacado o criticado son personas con muy bajo nivel de información sobre lo que en realidad ha sucedido. Yo tengo mi conciencia tranquila... La cifra total que pagamos fue de 650 millones de dólares, había que fondearla y en ese contexto se contrató un crédito por 30 millones con el ingeniero Raúl Salinas de Gortari. De manera que ese crédito es irrelevante en el contexto total".

Lo que ciertamente minimizó en todo momento Salinas Pliego fue que ese "ingeniero" era hermano del entonces Presidente de México.

Mientras el Grupo Elektra es la máquina de flujo de efectivo del hoy llamado Grupo Salinas, el negocio glamuroso es *TV Azteca*, como de inmediato rebautizó a *Imevisión*. Y para quienes en el inicio —analistas incluidos— no entendían la estrategia de Salinas Pliego o dudaban de su coherencia, la claridad se fue acentuando con los años: este hombre aspiraba a convertirse en el gran empresario de las masas.

Líder cautivador y seductor, recurre a los argumentos más elaborados hasta para atraer a su equipo de directivos triple A. En 2001, la revista *Expansión* contaba la anécdota de cómo se había ganado la confianza de Luis Echarte, un cubano americano que había presidido Bacardí durante más de una década. Caminando por una playa de Acapulco, con la intención de contratarlo, le decía: "Mira, te voy a enseñar lo que es México y lo que es la gente que yo quiero ayudar y que me va a dar la oportunidad de hacer mucho dinero". Hoy, Echarte es el encargado de las finanzas de *TV Azteca*. De modo similar atrajo a sus edificios al sur de la Ciudad de México a Javier Sarro, entonces director de Banca Quadrum, y a Álvaro Rodríguez, ejecutivo del banco de inversión neoyorquino Violy, Byorum & Partners, que ha estado al frente de las finanzas de Elektra.

Pase lo que pase, siempre logra lo que se propone, aunque a veces provoque severas jaquecas a los analistas financieros y a los frecuentemente desdeñados accionistas minoritarios de sus negocios. Un poco con el afán de sacarse la espina y para probar que puede ser un encantador relacionista público, arrancó una jornada (el 18 de enero de 2001) llamada Grupo Salinas Day, de cara a la comunidad financiera de México y de Wall Street, a la que acudió incluso como invitado de honor el flamante presidente Vicente Fox. Micrófono en mano, y con la ayuda de su cerebro financiero y brazo derecho, Pedro Padilla Longoria —quien ha sido presidente ejecutivo de Elektra, vicepresidente del Grupo Salinas y director de *TV Azteca*—, el empresario explicó las razones para utilizar, por ejemplo, a la propia *TV Azteca* como proveedora del capital semilla para echar a andar Unefon, su empresa de telefonía.

Como muchos otros empresarios mexicanos, Salinas Pliego no ha sido siempre el mejor amigo de los pequeños inversionistas. Acusado hasta de mentiroso por algunos de los grandes fondos estadounidenses de inversión institucional por haber dicho a diestra y siniestra que jamás utilizaría recursos de *TV Azteca* para financiar su proyecto telefónico, cosa que hizo más pronto que tarde, fue incluso más allá y firmó acuerdos de intercambio publicitario por ventas entre ambas compañías. Según informes presentados por el Grupo Salinas a la máxima autoridad bursátil de Estados Unidos (Securities Exchange Comission) en el cuarto trimestre de 2002, *TV Azteca* es dueña del 46.5% de las acciones de Unefon (los primeros títulos mexicanos que se venden en horario estelar en la pantalla chica con un piso de 1,000 dólares el paquete), si bien la telefónica está escindida de la televisora. Más adelante, en otra maniobra rechiflada por los inversionistas minoritarios, hizo que Grupo Elektra se convirtiera en accionista de la televisora a través de una compañía llamada Comunicaciones Avanzadas, empresa cuyo capital se reparte entre su familia y la propia Elektra. De ese modo, poco atento a las críticas, creó un gran entramado de negocios en los que todos tienen que ver entre sí, siempre con la certeza de mantener el control para poder tomar las decisiones.

Así, en menos de una década, con la mirada puesta en la gente con menos recursos, este hombre ha ido creando plataformas de negocios que aprovecha para financiar nuevos proyectos. Le guste a quien le guste. "Los analistas hablan sin saber", dice constantemente Salinas. Y los analistas siempre responden: "Suponemos que para todos los inversionistas es importante saber diferenciar entre los intereses de Ricardo Salinas Pliego y los de sus empresas".

Mucho ha avanzado este nieto de Benjamín Salinas Rocha —fundador de las tiendas Salinas & Rocha— desde que se graduó como contador público en el TEC de Monterrey y como administrador de empresas de la Universidad de Tulane, en Louisiana, Estados Unidos.

Pantalla chica, ego grande

El estilo personal de gobernar de Ricardo Salinas se ha hecho presente en *TV Azteca* más que en ningún otro lugar. En agosto de 1993, apenas desempacado el nuevo equipo gerencial en la televisora, lo primero que encontraron fue a 1,500 personas y ni un centavo en la caja.

Primera medida: la población se redujo a la mitad (la mayoría nuevos empleados). Segunda: la astuta sofisticación de Salinas, que a sabiendas del hartazgo de muchísimas empresas anunciantes que eran presas del monopolio de *Televisa* abrió la guerra en múltiples frentes contra el emporio de 'El Tigre' Azcárraga, anunciando paquetes comerciales caracterizados por la accesibilidad y la flexibilidad. ¿Y la programación? Ahí no habría problema: Salinas no estaba dispuesto a inventar el hilo negro, por lo que se dedicó a sacar al aire programas muy similares a los de su competencia, sólo que con mayor dosis de amarillismo y artistas pirateados. Los resultados no se hicieron esperar: los 18 anunciantes que había encontrado a su llegada se reprodujeron como conejos en los siguientes tres años para sumar 265. La magia de Salinas Pliego se dejaba sentir.

Obviamente, el señor seducción no ha logrado cautivar a todos por igual. Se ha granjeado suficientes enemigos. A los pocos meses de anunciar, en mayo de 1994, con bombo y platillos, un acuerdo de programación y asesoría técnica con el coloso estadounidense *NBC* a cambio de siete millones de dólares anuales y el derecho de compra del 10% de las acciones de *TV Azteca*, Salinas Pliego cortó la relación con su socio, argumentando incumplimiento de su parte. Después de que la *NBC* pedía una indemnización de 300 millones de dólares, tras tres años de litigio en la Corte Internacional de Arbitraje en París, *TV Azteca* pagó 46 millones y cedió el 1.08% de sus acciones para fumar la pipa de la paz.

Esa misma corte recibiría nuevamente a este hombre de negocios, pero con un nuevo rival: Javier Moreno Valle, dueño de *Televisora del Valle de México* (Canal 40), con quien firmó una alianza estratégica en diciembre de 1998. En junio de 1999, a raíz del asesinato del conductor de *TV Azteca* Francisco Stanley al salir de una taquería en el sur de la capital, Salinas y sus huestes en los noticieros emprendieron una feroz embestida contra el entonces Procurador del Distrito de Justicia Samuel Del Villar y, para fines prácticos, contra todo el gobierno de la ciudad. Del Villar sugería que había sido un narcocrimen. Estas batallas se transformaron después en demandas por difamación a varios periodistas por parte del propio Salinas, que aún no terminan de prosperar.

La batalla legal fue tal vez la única etapa civilizada de larga confrontación de Salinas y Moreno. Lo peor ocurrió en la madrugada del 27 de diciembre de 2002 cuando un comando de guardias de seguridad tomó el control de las instalaciones del *Canal 40,* ubicadas en el cerro del Chiquihuite, al norte de la ciudad de México. Por órdenes de Salinas el grupo derribó las alambradas que protegían el transmisor de la estación y sometió a los ocupantes que custodiaban la antena. A los pocos minutos, *Azteca* comenzó a transmitir a través del *Canal 40* su programación con su propio personal.

Según el relato de Moreno, Salinas Pliego justificó la ocupación argumentando que tenía que actuar de esa manera porque si los tribunales no funcionan entonces alguien tiene que poner orden en el país. La versión oficial de *TV Azteca*: que la empresa se vio forzada a tomar esa decisión porque *Canal 40* había incumplido con un acuerdo de 1998 en virtud del cual *Azteca* pagó 25 millones de dólares por la opción de compra de un 51% de ese canal.

Así es el hombre polémico, que en enero de 2000, en Davos, Suiza, era el único empresario mexicano que hacía y recibía una y otra llamada en su teléfono móvil durante una cena privada con el presidente Vicente Fox. Y el único en todo el Foro Económico Mundial que llevaba detrás de sí las cámaras de su propia televisora para ser entrevistado en cualquier oportunidad, de preferencia cuando los pasillos de la sala de congresos estaban suficientemente concurridos.

De los abonos a la nueva economía

La ruta de navegación de Salinas Pliego siempre tiene a las masas como su minita de oro, de la que extrae beneficios permanentes. Su máquina de efectivo es su empresa más antigua: Elektra. De tal palo, tal astilla, podría decirse. La cadena de tiendas rojiamarillas nació justamente de un pleito familiar entre el padre (Hugo Salinas Price, gran promotor de la plata en México) y un tío de Salinas Pliego, accionistas principales de las tiendas departamentales Salinas y Rocha.

Salinas Price echó a andar entonces Elektra, con el apoyo de su familia nuclear, hasta sumar 800 tiendas en México (según reportó al SEC en 2002) y 98 en Guatemala, El Salvador, Honduras, Perú y República Dominicana. Vueltas de la vida, los primos terminaron llevando a la bancarrota a Salinas y Rocha que, por supuesto, fue adquirida por el mismísimo Salinas Pliego en una de esas operaciones que tanto le gustan, con tintes de revanchismo y reivindicación. Junto con The One (almacenes de ropa económica) y Bodega de Remates, Salinas y Rocha es una subsidiaria más de Grupo Elektra. El esquema de las tiendas de Salinas Pliego es bastante sencillo. Además, está hecho a la medida de un país con una población mayoritariamente pobre: venta de línea blanca, electrónicos y electrodomésticos por medio de pagos semanales, a precios bastante superiores a los que tendrían con un solo pago en otros almacenes. Como dice Padilla, "el mercado está dispuesto a pagar un precio justo (no barato), siempre y cuando le des lo que quiere".

Al círculo financiero sólo le faltaba un banco. En octubre de 2002, Salinas Pliego fundó el Banco Azteca, especializado en prestar dinero a familias de clase trabajadora con ingresos de 250 a 4,000 dólares mensuales. La mayor parte de esta franja de 73 millones de personas no tiene acceso al crédito bancario. El banco abre cuentas con un mínino de 5 dólares y concede créditos con el respaldo de garantías tales como carros usados y pequeñas propiedades.

En medio del crecimiento de este Elektra, hace una década Salinas Pliego ya se confesaba como un convencido de que el futuro era la telefonía inalámbrica. Y aunque no logró quedarse con nada en la primera licitación de telefonía celular, finalmente lo hizo en 1998, cuando se subastaron las frecuencias para la nueva generación de servicio digital. Así nació Unefon (junto con la controversia con los accionistas minoritarios). Antes de eso, el empresario ya participaba en otra área del negocio de telecomunicaciones, a través de Biper (rebautizada como Movil@ccess), firma de servicios de radiolocalización.

En junio de 2003, y en medio de vaticinios de que Azteca Holdings caería en mora, Salinas anunció la compra de la tercera empresa de telefonía móvil más grande de México, Grupo Iusacell, por 10 millones de dólares, un precio de realización. La quebrada firma de comunicaciones, propiedad de la estadounidense Verizon Communications y del grupo europeo Vodafone, invirtió más de 2,000 millones de dólares en la última década, pero no logró la tajada del mercado que buscaba en un mercado dominado por los gigantes América Móviles y Telefónica Móviles. Salinas cree que puede sobrevivir, pero primero tendrá que sentarse a sumar deudas.

"Estoy acostumbrado a lidiar con monstruos y eso no me molesta para nada", le dijo Salinas a *Dow Jones Newswires*. "Verizon y Vodafone eran unos monstruos lo suficientemente grandes con bolsillos más grandes que América Móvil, y eso no fue suficiente. Se necesita conocimiento del mercado, estar cerca de la operación de los negocios y tener un buen equipo gerencial".

En abril de 2002, el nombre de TV Azteca Holdings salió a relucir en el escándalo de corrupción de Nicaragua que involucró al ex presidente Arnoldo Alemán. De acuerdo con evidencias reveladas por la justicia, Alemán negoció el 9 de noviembre de 2000 con Salinas Pliego la firma de un contrato con la televisora estatal, que sirvió de mampara para desviar 1.35 millones de dólares del Estado nicaragüense. Los investigadores del caso descubrieron documentos que comprometían al mexicano Alejandro Toledo, residente en Managua, en un presunto plan diseñado para que el consorcio mexicano se apoderara de tres televisoras privadas, adquiriera cinco nuevas frecuencias y ganara (como en realidad ocurrió) la concesión de una banda de telefonía celular a través de una de las empresas asociadas al consorcio.

La apuesta de Salinas Pliego se dirige cada vez con más claridad a combinar su cercanía con las fieles masas con la incorporación de nuevas tecnologías. Por supuesto, más que mirar al competido mundo de la sofisticación, en la punta alta de la pirámide social seguirá brindando entretenimiento televisivo y por Internet, y vendiendo artículos por medios accesibles al público mayoritario.

Y, mientras tanto, se da gustos que ninguno de sus clientes podría tener. Su amor por los helicópteros lo llevó a comprar el *penthouse* del lujosísimo Edificio Omega, en el barrio Polanco de Ciudad de México, que utiliza para aterrizar y recibir visitas importantes.

ROBERTO ROCCA

**Un discreto empresario de origen
italiano que labró su fortuna en
la industria automotriz con
el favor de las democracias
–y las autocracias– argentinas**

POR OLGA WORNAT*

"Si quiere conocer a los Rocca mire bien el mapa de Italia y compare el sur con el norte. Techint y Rocca son la Italia del norte, cuyos hijos son fríos, lógicos, científicos, concretos, positivos, serios. Milán es tecnología, servicios, alto nivel y la Bolsa. Los Rocca viven en el barrio de Brera, donde hay una universidad. En cambio, Socma y Macri, otros italianos ricos de Argentina, son la Italia del sur, cuyos hijos son parecidos a los porteños (habitantes de Buenos Aires): gritones, prepotentes, soberbios, frívolos, poco serios. Roma es la ciudad de los carabineros, los ministerios, las putas, la corrupción y el Vaticano. El norte es otra cosa...", dice un íntimo amigo de una de las familias más ricas de Argentina que hasta antes de la crisis del país se mantuvo entre las mas ricas de América Latina. Apareció con 1,600 millones de dólares de patrimonio en la escala de *Forbes* en 2001.

Con una media sonrisa en el rostro, el hombre con fuerte acento italiano que exigió el anonimato compara a sus amigos de manera cruda, pero bastante certera, con los Macri, otros italianos que se hicieron millonarios en la construcción y la

*Periodista argentina corresponsal de *Tribuna* de Madrid, colaboradora de las revistas *Poder* y *Gatopardo* y redactora de la revista *Veintitrés*. Escribió dos libros sobre el ex presidente Carlos Menem: Menem, *La Vida Privada* y *Menem-Bolocco S.A.* Ediciones B editó en agosto de 2002 su último libro, *Nuestra Santa Madre*, una historia pública y privada sobre la Iglesia Católica argentina.

industria automotriz, pero que tienen poco que ver con sus coterráneos, salvo por una obsesiva y constante relación con el poder político —civiles y militares—, que ayudó a ambos a incrementar sus multimillonarios negocios.

Pero nada más. La diferencia fundamental no es solamente la facturación anual, que en el caso de Rocca alcanzó la suma de 7,500 millones de dólares y en el de Macri llegó a 1,500 millones, sino el estilo de las dos familias frente a la sociedad. Los Rocca mantienen un exagerado bajo perfil, odian la frivolidad y los lujos y son visitantes esporádicos de las sobrias reuniones que la aristocracia italiana argentina organiza cada año en el Círculo Italiano. Los Macri, en cambio, son protagonistas de las revistas del corazón y transitan sus noches bailando en las discotecas de moda, mostrándose alegremente en el balneario uruguayo de Punta del Este, siempre rodeados de bellas y jóvenes modelos.

El grupo Techint, el imperio fundado en 1945 por el italiano Agostino Rocca, es hoy un monstruo de varias cabezas que avanza por el mundo a pasos agigantados. Fue manejado por su hijo Roberto y ahora por su nieto Paolo, delfín del grupo después de la trágica muerte de su hermano Agostino, el 28 de abril de 2001, cuando la avioneta en la que viajaba se estrelló en un campo de la provincia de Buenos Aires.

Roberto murió en Milán, Italia, en junio de 2003, tenía 81 años.

Los Rocca son dueños de una historia personal de larga data, riquísima en anécdotas, curiosidades y excentricidades. El abuelo Agostino Rocca apoyó decididamente el movimiento fascista y en 1931, a los 36 años, fue designado por Benito Mussolini vicepresidente de Dalmine, la siderúrgica pública más grande de Italia. Admirados al mismo tiempo por políticos, sindicalistas e incluso por sus impiadosos pares del *establishment* local, los Rocca representan el poder económico en su máxima expresión. Sus opiniones influyen y logran torcer decisiones políticas y económicas del gobierno de turno. Ellos lo saben y utilizan esto en su provecho, con astucia y cierto halo de elegancia.

En los inicios del conglomerado, a mediados de los años cuarenta, en pleno auge del peronismo y durante muchísimos años, la acumulación del dinero se realizó a través de las íntimas relaciones que la familia y sus cabilderos tejieron con el Estado. Nadie como los Rocca fue tan altamente beneficiado con la gran obra pública argentina. Puentes monumentales, miles de kilómetros de líneas de alta tensión y caminos, gasoductos y túneles trasandinos llevan la marca indeleble del *holding*.

Durante mucho tiempo —y aunque sus protagonistas prefieran dejar este tramo de la historia en el libro negro de la empresa— el Estado les otorgó ventajas impositivas, créditos y promociones. También fueron ampliamente beneficiados durante los oscuros años de la dictadura militar. Como buena parte de los empresarios argentinos de esa época, los Rocca no tuvieron reparos en sentarse a hacer planes con el dictador de turno. Aunque fieles a sus principios, siempre enviaron cabilderos.

Poseen negocios en siderúrgica, ingeniería, construcciones, petróleo y gas, maquinaria industrial y servicios. El conglomerado facturaba hasta 2001, sólo en Argentina, 3,500 millones de dólares, lo que lo colocaba inmediatamente detrás de Repsol, la petrolera estatal española dirigida por Alfonso Cortina. Al principio se especializaron en acero y construcciones, pero finalmente se diversificaron en energía, informática, transportes, teléfonos e incluso salud. Dos de sus empresas, Siderca y Siderar, figuran entre las 20 primeras exportadoras de Argentina.

Con oficinas en 20 países —sus sedes están en Buenos Aires y Milán, las subsedes principales, en México, Brasil y Venezuela, y tienen oficinas en los países árabes y Asia—, Techint está integrada actualmente por cerca de 100 empresas independientes, en las que trabajan 50,000 personas.

Casi en el mismo instante en que el líder del grupo se estrellaba con su avioneta en Argentina, en Houston, Texas, la capital mundial del petróleo —en el piso 43 de un lujoso edificio de la compañía, con la mejor vista de la ciudad—, Techint anunciaba que Siderca cotizaba en la bolsa de Nueva York y lanzaba una nueva marca global para cobijar su imperio del acero: Tenaris, que en japonés remite a la mano que tiene éxito, a la tenacidad.

Cuando la dolorosa noticia llegó a la ciudad, el lanzamiento se transformó en un emocionado acto de homenaje a Agostino, frente a 1,300 clientes y proveedores que habían llegado desde todos los rincones del mundo. En medio del drama que trastocó el ambiente festivo del piso 43, el espíritu de cuerpo y la poderosa fuerza de la estirpe familiar se impusieron sobre la tragedia. *La famiglia* continuó con el plan establecido y el resultado fue todo un éxito. Tenaris era el nombre de fantasía elegido por los Rocca para agrupar los productos de sus ocho plantas: Dalmine, de Italia; Siderca y Siat, de Argentina; Tamsa, de México; NKK, de Japón; Algoma, de Canadá; Tavsa, de Venezuela y Comfa, de Brasil. Nacía en ese momento una empresa que hoy vende 2,200 millones de dólares al año y es líder absoluta en tubos de acero para la industria petrolera.

El patriarca

Roberto Rocca casi nunca concedía entrevistas y sentía fobia por los periodistas. Ni a él ni a sus hijos era fácil verlos en las fiestas de los millonarios de Argentina, pues detestan la exposición pública. Tampoco asisten a cocteles ni a reuniones sociales con los políticos de turno. No tienen custodia, y cuando le preguntaban qué pasaría si lo secuestraran, don Roberto, muy seguro de sí mismo, decía: "Si me secuestran, dejé instrucciones a mi gente de que no pagaremos rescate. Mi padre tampoco llevó custodia ni tenía miedo de que lo secuestraran. Además, yo creo que en la custodia está el germen de los secuestros. Es muy fácil que esta gente sepa dónde y cómo secuestrarte...".

Roberto nació en Milán en 1922. Se graduó de ingeniero mécanico en 1945, el año en que su padre Agostino fundó Techint en Milán. Años más tarde, Agostino trasladó las oficinas principales de la empresa a Argentina. Roberto fue enviado a

Estados Unidos, donde hizo un doctorado en metalurgia en el Massachusetts Institute of Technology (MIT). Cuando su padre murió, en 1978, tomó la riendas del imperio en el que trabajaban unas 15,000 personas. Estuvo casado durante 58 años con Andreína Basetti, con quien tuvo tres hijos: Agostino, Paolo y Gian Felice. Los tres se dedican a acrecentar las ganancias de la empresa familiar en Italia y en Argentina, y mantienen entre ellos un trato sin altibajos. Sin celos, sin competencias desleales, sin disturbios, según quienes los conocen de cerca. La relación entre padre e hijos siempre fue a la italiana. Es decir, los hijos actúan con independencia y fuerte dedicación al trabajo, pero consultando con el padre cada paso que dan en los negocios.

Roberto Rocca se levantaba todos los días a las siete de la mañana, hacía gimnasia, tomaba café, jugo de naranja y leche con cereal, y leía todo lo que pasaba por sus manos. Al lado de su cama siempre había 10 libros, con párrafos marcados por él; le encantaban los aforismos. Todos los años se iba de vacaciones con su mujer y sus nietos a una casa antigua y grande de la época medieval de su propiedad en la isla de Elba, el mismo lugar donde estuvo preso Napoleón.

El 28 de abril de 2001, cuando le avisaron que la avioneta turbohélice Cessna Grand Caravan en la que Agostino había viajado rumbo al sur había desaparecido, el corazón del otoñal mandamás del *holding* dio un salto al vacío. Un triple mortal inesperado. Justo a él, que miraba a la muerte desde lejos. Un amigo cuenta que el viejo cacique era muy supersticioso y que por eso nunca quería hablar del tema.

"No pienso en la muerte. Tampoco le tengo miedo. Ni siquiera la miro de costado. No quiero hablar de esto, soy un hombre racional. No quiero hablar de la muerte...", dijo hace mucho en una entrevista.

Eran las cuatro y media de la madrugada cuando sonó el teléfono en la austera casona de Martínez, en las afueras de Buenos Aires, donde vive desde hace varios años, cuando no está en Milán. A las seis de la mañana todo estaba confirmado.

El delfín

La avioneta en la que Agostino había emprendido un viaje de aventura hasta el Glaciar Perito Moreno, junto con sus amigos, el periodista del diario *La Nación* Germán Sopeña, el alpinista José Luis Fonrouge —director de Parques Nacionales y el primero en escalar el cerro Fitz Roy— y otras siete personas más, yacía destrozada en un campo cercano de la provincia de Buenos Aires. La empresaria Amalia Lacroze de Fortabat, íntima amiga de Roberto Rocca, no se separó un segundo de su lado. Se conocían desde hace muchos años, a tal punto que el nieto de Amalita, Alejandro Bengolea, una vez que finalizó sus estudios de economía en Estados Unidos trabajó un tiempo junto a Roberto Rocca en Techint para prepararse y por consejo del amigo de ambos, David Rockefeller.

Agostino era el hijo mimado de Roberto Rocca. Carismático, seductor, transgresor y temerario, fanático de los deportes de riesgo, había triplicado la facturación de la empresa desde que se hizo cargo de ésta en 1993. Tenía 55 años y convivía desde hacía poco tiempo con Claudia Siero, una mujer bellísima de la que estaba profundamente enamorado y —enfrentando a la férrea oposición familiar— por la que había abandonado a su primera esposa, la italiana Daria Tinelli di Gorla, perteneciente a una aristocrática familia de Milán.

Con Daria tenían tres hijos: Ludovico, Tommaso y Roberta. Los dos primeros nacieron sordomudos y quienes conocen de cerca la intimidad del clan aseguran que la aparente dureza que caracterizaba a Agostino tenía que ver con esta desgracia personal. Dicen también que les inculcó a sus hijos una dura disciplina de vida, sin demasiados gestos de ternura o condescendencia, para que se adaptaran a vivir en el mundo sin lamentos.

Con Claudia habían adoptado una niña de nombre Chiara, a la que adoraba, pero a la que, sin embargo, no tuvo tiempo de darle su apellido debido a asuntos legales sin resolver relacionados con su divorcio.

Trabajaba 16 horas diarias, había escalado el Aconcagua y

los cerros Tronador y Tupungato y caminó varias veces los hielos de la Patagonia. En una de estas excursiones se quedó 16 horas en un precipicio, hasta que fue rescatado. Amaba pilotear su avioneta y desafiar los vientos de los peligrosísimos corredores de la cordillera.

Cuando estaba de mal humor era habitual verlo salir apurado de la oficina. Se trepaba a su avión ultraliviano, se escapaba a la isla Martín García, enfrente de Buenos Aires, y luego regresaba como si nada. "Volando despejo mi mente de las tensiones y me siento cerca del cielo", decía con una sonrisa. Era clásico y austero para vestirse y no empleaba tiempo en comprarse ropa. "Una vez al año me compro las camisas en Milán, cinco o seis del mismo color. No pierdo tiempo en estas cosas, lo primero en lo que me fijo en una persona es en el aspecto interior".

Su versatilidad lo llevó a ser amigo personal de hombres tan disímiles como el prestigioso economista del Massachussets Institute of Technology, Rudi Dornbusch, y el ex canciller mexicano, Jorge Castañeda. Jamás concurrió al foro mundial de Davos, lugar predilecto de los empresarios más ricos del mundo, pero nunca faltaba a las reuniones del gigante suizo de la electricidad ABB, que cada año convoca a los filósofos más importantes, para debatir el futuro de la humanidad.

Agostino se educó en Milán y se especializó en finanzas en Cornell University, en Estados Unidos. Fue enterrado en el cementerio de la ciudad de Campana, en la provincia de Buenos Aires, junto a su abuelo, que antes de morir mandó construir 12 tumbas para los obreros de la fábrica que no tenían dónde ir en el momento de la muerte. Una caravana de 40 lujosos autos siguió la comitiva fúnebre bajo una tenaz llovizna y los acordes de la canción italiana *La muerte del capitán*, la misma que sonó cuando enterraron a su abuelo Agostino, en 1978. Atrás, un grupo numeroso de obreros de Siderca, con sus overoles azules, le hicieron una emotiva despedida.

"Si lo que se veía exteriormente era su reserva y su disciplina, en su interior había una formidable energía y pasión. Era un cúmulo de energía centrada en sus objetivos: los negocios, el montañismo y el amor por la naturaleza, la construcción de viviendas, una cabalgata de dos días para llegar a un glaciar o volar en su pequeño avión Piper Club para mostrar a sus amigos las vistas de su estancia El Fortín. Conozco exactamente esos lugares, porque hace un poco más de un año estuve allí como invitado, en el mismo avión en que Agostino se mató". Así lo recordó a pocas horas de su muerte su gran amigo Rudi Dornbusch.

Paolo Rocca es el segundo hijo de Roberto y el actual número uno del monstruo. Muy parecidos físicamente, su carácter tiene algunas diferencias con el de su hermano mayor. Calmo, reservado y tímido, Paolo no es un apasionado de los deportes de riesgo. Casado con una italiana de Milán, hija de una acaudalada familia, de la que se conoce muy poco, Paolo pasa mucho tiempo en Argentina o visitando las sedes mundiales de la empresa. Y aunque a él no le gusta nada contar detalles de su atípico matrimonio con una mujer con la que convive poco o nada, sí siente un gran amor por sus hijos, fruto de esta unión.

Cultísimo y talentoso, lector apasionado de los clásicos, amante de la ópera y de la música —es fanático del conjunto de salsa cubano Los Van-Van—, del cine y la pintura, al "nuevo delfín" le gusta definirse como un "socialdemócrata, un hombre de izquierda". Estudió pacientemente toda la literatura marxista tradicional y discute sobre el tema como si hubiera sido un militante del Partido Comunista. Devora los libros y artículos de Noam Chomsky y, al igual que su hermano Agostino, es amigo de Rudi Dornbusch. Cuando Paolo Rocca está en Buenos Aires le encanta ir a ver películas al Gaumont, un viejo y descuidado cine del barrio del Congreso y comer pizza con amigos en un antiguo local, reducto de jubilados y amas de casa. Sus compañeros dicen que, al revés que su padre, a quien todos definían como "tacaño", Paolo es generoso y humilde.

Alcanzar la cumbre de uno de los conglomerados económicos más importantes del mundo no le resultó ajeno ni le hizo subir los humos a la cabeza. Desde muy joven, al igual que sus hermanos, Paolo Rocca fue preparado para continuar la hazaña empresarial de sus ancestros. Sus lemas preferidos, sus guías de vida, son dos consejos que le transmitió su abuelo en Italia cuando era un niño de pantalones cortos que corría por las escaleras de la vieja casona de Brera, y que están debajo del vidrio del escritorio de su despacho:

"Uno no puede gastar más de lo que produce".

"El amateurismo no sirve, las cosas tienen que hacerse siempre bien, nunca más o menos".

EMILIO AZCÁRRAGA

**Cuando su padre murió, nadie apostó
al futuro de este joven en los laberintos
de un convulsionado emporio de comunicaciones
de México, pero Azcárraga Jean ha demostrado
que se quedó con las garras de su papá, 'El Tigre'**

POR CLAUDIA FERNÁNDEZ[*]

Cuando Emilio Fernando Azcárraga Jean fue convocado por su padre para entrar de lleno en *Televisa* —el negocio familiar que entonces era la empresa de medios más grande del mundo de habla hispana—, lo único que el rico heredero quería era ser presidente del Club América, su equipo favorito de fútbol.

A sus 23 años, el apasionado joven no podía pensar en un mejor trabajo que encabezar la controvertida escuadra deportiva, propiedad del conglomerado mexicano. Pero su padre, Emilio Azcárraga Milmo, 'El Tigre', no lo permitió.

"Mira, yo he conocido a las gentes más educadas que a la hora de ir al fútbol no sabes cómo se ponen, y como sé que eres uno de ésos, no puedes ser presidente del América", le dijo. Y en vez de darle el trono de las patadas, lo puso a aprender sobre series cómicas, noticieros y telenovelas, y lo nombró vicepresidente de programación de *Televisa* en 1991.

A 11 años de ese sueño, Azcárraga Jean es presidente, no sólo de un equipo de fútbol, sino del vasto imperio que su abuelo Emilio Azcárraga Vidaurreta comenzó 70 años atrás

[*]Licenciada en comunicación de la Universidad Iberoamericana de México. Tiene una maestría de periodismo internacional de la Universidad del Sur de California. Como reportera cubrió la fuente de finanzas para el periódico *El Financiero*, de México, y para el semanario en inglés *El Financiero Internacional*. También formó parte de las unidades de investigación de *El Financiero* y *El Universal*. Es coautora con Andrew Paxman del libro *El Tigre, Emilio Azcárraga y su imperio Televisa*.

y que su padre fortaleció y engrandeció hasta colocarlo en la cima de los medios en América Latina.

La tarea no ha sido fácil. Este joven de cara larga, ojos tristes y sonrisa infantil ha tenido que dominar sus pasiones y enfriar la cabeza para domesticar a la bestia que heredó. Aparentemente era un botín: una *Televisa* que contaba con cuatro cadenas nacionales de televisión, 280 estaciones televisivas, un negocio de TV satelital, más de una docena de estaciones de radio, una división editorial, compañías de producción y distribución cinematográfica y musical, equipos de fútbol, además de un estadio con capacidad para sentar a 114,000 personas, el manejo de una plaza de toros y hasta un museo.

Pero de la atractiva herencia también venía colgando una deuda de 1,800 millones de dólares; una nómina de 20,000 empleados (con más de 46 vicepresidentes en la lista); una competencia desafiante, aunque aún pequeña; una estructura de mando vertical y confusa; una precipitada caída en los *ratings* (de 80 puntos llegaron a 67) y diferencias con algunos miembros de la familia, que ya disputaban el legado de 'El Tigre'.

Tras seis años de arduo trabajo, de severos ajustes de cinturón, de institucionalizar el manejo de la empresa, de promover una visión más moderna y de seguir los consejos de empresarios y ejecutivos más experimentados en los negocios, el joven de 35 años le ha dado la vuelta a *Televisa*, actualmente valorada en 4,100 millones de dólares.

En el mercado doméstico no hay duda de su superioridad, aunque su archirrival, *TV Azteca*, le ha arrebatado un buen trozo del mercado. En el año 2002 el Grupo Televisa, que controla un 70% del mercado publicitario, reportó ingresos por alrededor de 2,100 millones de dólares, de los cuales un 64% provino de las operaciones televisivas. Por su parte, *TV Azteca* —con casi 30% del mercado— obtuvo ingresos de unos 650 millones de dólares, casi totalmente de la televisión, gracias a nuevas fórmulas como los *reality shows* y la alta competencia en horarios estelares, particularmente las telenovelas.

Comparada con otras compañías de medios de América

Latina en cuanto a ventas, *Televisa* ocupaba en 1999 un decoroso tercer lugar. El conglomerado brasileño Globo reportó ingresos de 2,600 millones de dólares, seguido del Grupo Clarín de Argentina, que generó 2,200 millones y de *Televisa*, que ese año obtuvo 1,929 millones. Según los analistas, las cifras no han variado mucho. Si bien ya no puede jactarse de ser "el conglomerado de medios en español más grande del mundo", el imperio de Azcárraga aún conserva el título de la empresa televisiva más grande del mundo de habla hispana.

Con un estilo de liderazgo menos autócrata que el de su padre, Azcárraga Jean ha manejado la empresa de manera más colegiada, establecido mecanismos de control internos que no existían anteriormente, y se ha mostrado más abierto a hablar con la prensa y los inversionistas. Políticamente, es percibido como ya no tan cercano al PRI, y sus noticieros han recuperado cierta credibilidad ante la audiencia. Nadie lo hubiera creído hace seis años. Los pronósticos de los analistas financieros, de sus abogados e, incluso, de sus amigos no eran nada halagadores para este joven, que sin la experiencia ni la personalidad arrolladora de su padre, con un poco de prudencia y cierta arrogancia, asumió el reto en apariencia descomunal, el 3 de marzo de 1997.

Seis semanas antes de morir, Azcárraga Milmo anunció públicamente que cedía el mando de la compañía a su hijo. Hasta entonces, su único vástago varón —hijo de su tercera esposa, Nadine Jean— se había mostrado más interesado en las actrices de telenovela, en su Ferrari 1962, en bucear o nadar con los tiburones en Sudáfrica, en tirarse de un paracaídas o en tomar prestado el avión de su padre para ir con sus amigos a Acapulco o Nueva York.

"Era un muchacho normal, común y corriente", recuerda uno de sus compañeros del Instituto Cumbres, un colegio religioso privado. Ellos aseguran que nunca alardeó de ser hijo de 'El Tigre'. En parte, quizá, porque durante su infancia su padre fue una figura ausente. Azcárraga Milmo dejó a Nadine Jean por Paula Cussi, una atractiva rubia, 20 años menor que él, cuando su hijo tenía unos seis años. Nadine educó entonces a Emilio y a su hermana Carla prácticamente sola. 'El Tigre' rara vez los visitaba y cuando eran niños le tenían miedo.

Azcárraga Jean inició estudios de relaciones industriales en la Universidad Iberoamericana de Ciudad de México, pero luego de un par de semestres decidió que quería dedicarse al negocio bancario. Su padre se opuso terminantemente, y a Emilio *jr.* no le quedó otro remedio que acudir al llamado de la dinastía. En 1988, Azcárraga Jean entró a *Televisa* por la puerta de atrás. Empezó como editor de promocionales y luego como director de cámaras y producción en la *Televisora de Calimex*, filial de la empresa en la ciudad fronteriza de Tijuana. Viviendo en San Diego, aprovechó para tomar algunas clases de mercadotecnia y administración de negocios a nivel de posgrado en el Southwestern College, aunque nunca se graduó.

Emilito, reclutado

Dos años más tarde se convirtió en director general de *Televisora de Calimex*, con cinco estaciones de televisión. Pero quería probar que también era empresario, y junto con dos amigos, Miguel Alemán Magnani —hijo del socio de su padre, Miguel Alemán Velasco— y Guillermo González Guajardo —hijo del empresario Claudio González—, adquirió la franquicia del Hard Rock Café para la Ciudad de México. En enero de 1991 su padre lo llamó a la capital, lo nombró vicepresidente de programación de *Televisa* y le cedió el 10% de sus acciones. Emilito, como lo llamaban los ejecutivos, comenzó así su entrenamiento en el cuartel general. Este periodo sirvió para que Azcárraga Milmo se acercara a su hijo, que aún le guardaba cierto resentimiento por haberse divorciado de su madre. La relación padre-hijo siempre fue muy difícil, revivió la relación que el mismo Azcárraga Milmo había tenido con su propio padre, que pensaba que siendo estricto hasta rayar en la humillación forjaría el carácter de su heredero.

Sin embargo, hacia el final de su vida, Azcárraga Milmo hizo un esfuerzo por reconciliarse con su hijo. Quizá la primera muestra pública de este intento fue cuando lo presentó formalmente en Wall Street. En junio de 1995, durante la junta anual de inversionistas, Azcárraga Jean dio un insípido discurso que pasó desapercibido, aunque permitió a los analistas tomarle por primera vez el pulso al príncipe heredero. Cuando se bajó del estrado, su padre, conmovido, lo felicitó y le dijo con los ojos húmedos: "Estoy tan orgulloso de ti, mijo".

El ajuste de cinturón

Al morir Azcárraga Milmo, el 16 de abril de 1997, 'El Tigrillo' —como le llamaban entonces— tenía que demostrar que podía llenar los enormes zapatos de su padre en *Televisa*. En su equipaje cargaba con 29 años de edad, un mínimo entrenamiento financiero y su apellido como carta de presentación.

"Mis abogados me dijeron que una de mis opciones era vender —contó Azcárraga Jean en una entrevista con el semanario *Milenio*—. Pero yo lo vi de esta manera: tengo 29 años, vamos a decir que en 10 años no hago nada; pues entonces vendo en 10 años, pero antes lo voy a intentar".

Así lo hizo. A Wall Street le pidió un acto de fe cuando anunció el Plan Televisa 2000 en mayo de 1997, en el que prometía una importante reestructuración de las finanzas de la empresa. Con el fin de hacer más eficientes las finanzas y el área de programación y producción formó un nuevo equipo de colaboradores. Y, lo más importante, consolidó su control accionario. Comenzaron a recortarse los millonarios contratos de exclusividad de los actores, se acabaron los banquetes, los abultados sueldos y los viáticos a ejecutivos. Se vendieron los jets, los lujosos comedores privados en la Zona Rosa, su Museo de Arte Contemporáneo, y otros bienes raíces.

Bajo el lema: "Las lealtades de mi padre no son mis lealtades", Azcárraga Jean también retiró a un ejército de ejecutivos maduros que habían servido en la época de Azcárraga Milmo y en su lugar puso a ejecutivos más jóvenes y a algunos no tan experimentados. Los analistas, tanto en México como en Wall Street, celebraron que nombrara a Jaime Dávila Urcullu como vicepresidente ejecutivo de operaciones y a Gilberto Perezalonso como vicepresidente de finanzas, dos hombres de probada experiencia.

Dávila, ex presidente de *Univisión*, la principal cadena de televisión de habla hispana en Estados Unidos, ajustó la barra entera de los programas de *Televisa* y elevó los *ratings* de las novelas y los noticieros. También acabó con el Plan Francés de pago de publicidad por adelantado y en paquete que *Televisa* utilizó durante más de 20 años, y lo sustituyó por un nuevo plan comercial, mucho más flexible. Por su parte, Perezalonso, que había manejado las finanzas del grupo de almacenes Cifra durante 19 años, se dedicó a la reestructuración estratégica del Grupo Televisa. Implacable, el ejecutivo nicaragüense recortó los gastos en cerca de un 40%, incluyendo una severa reducción de la nómina con el despido de casi 8,000 empleados de los 20,000 que había en 1997.

Sin embargo, Azcárraga Jean también se rodeó de sus amigos en puestos clave. Primero, su abogado personal, Alfonso de Angoitia Noriega, de 38 años, considerado como el cerebro detrás de la reestructuración de la deuda del Grupo Televicentro —el *holding* de *Televisa*— y de la estrategia para que Emilio adquiriera el control mayoritario de las acciones del grupo, que estaban repartidas entre todos los herederos de 'El Tigre', incluyendo sus hijos, ex esposas y su más reciente compañera, Adriana Abascal, ex reina de la belleza mexicana, hoy en día casada con el empresario español Juan Villalonga.

Los otros dos fueron José Bastón Patiño y Bernardo Gómez Martínez, que tienen la misma edad que Azcárraga. Bastón se formó también en el área de producción de la empresa y se convirtió en el brazo derecho de Jaime Dávila en las áreas de programación, producción y comercialización. Gómez Martínez, amigo de la infancia de Azcárraga Jean, es el hombre de su confianza. Considerado un tanto rudo y de mano dura,

Gómez entró a *Televisa* como asesor de la presidencia y se concentró en supervisar el área de noticias. Estos nombramientos provocaron que analistas en México y en Wall Street arquearan las cejas, pero ante la experiencia de Dávila y Perezalonso otorgaron a Azcárraga el beneficio de la duda.

Al mismo tiempo, Azcárraga Jean enfrentó algunos problemas de sucesión con su media hermana, Sandra Azcárraga, y con Adriana Abascal. Con la primera llegó a un acuerdo fuera de tribunales y con la segunda, que entabló un juicio sucesorio contra Azcárraga Jean por no haber recibido la parte de la herencia que le correspondía, también logró un arreglo antes de que concluyera el juicio. Pese a las distracciones, la meta principal de Azcárraga Jean era concentrar el control de la compañía. A través de distintas compras, reestructuraciones y operaciones quirúrgicas, para fines del 2002 ya tenía el liderazgo mayoritario, al concentrar el 55.29% de las acciones de Grupo Televicentro. El resto se lo reparten Carlos Slim, con el 24.70%, y las familias Aramburuzabala y Fernández, del consorcio cervecero Grupo Modelo, con el 20.01%, de acuerdo con el más reciente informe anual de la empresa.

Así, tras una importante colocación secundaria de acciones que generó más de 1,000 millones de dólares en enero de 2000, Azcárraga Jean reestructuró parte de la deuda personal que había heredado de su padre —1,300 de los 1,800 millones— a través de un intercambio de acciones de *Televisa* por préstamos por cobrar a bancos mexicanos y refinanció el resto.

Con la casa en orden, Azcárraga Jean comenzó a cosechar los frutos de la estricta estrategia: *ratings* más altos para las telenovelas, un cierto incremento de credibilidad en sus noticieros, márgenes operativos más sanos y crecientes, y casi la triplicación del precio de sus acciones en Wall Street en 1999.

Para cerrar el año con broche de oro, el 22 de octubre de 2000 se casó con la corredora de arte Alejandra de Cima Aldrete, en una elegante ceremonia civil ante más de 1,000 invitados. A la celebración acudió la crema y nata de los negocios, la política y la farándula del país. A la boda religiosa, que se llevó a cabo una semana después en la reserva ecológica de Xcaret, cerca de Cancún, sólo asistirían la familia y los amigos.

Los tropiezos

Sin embargo, en 2000 Azcárraga se topó con la otra cara de la moneda. La caída de los mercados por la desilusión de las empresas "puntocom" tuvo un efecto en las empresas de medios.

"La desaceleración económica en Estados Unidos ha provocado que los anunciantes reduzcan sus presupuestos de publicidad y eso ha afectado a la industria de medios en general", explicó Rogelio Urrutia, analista de medios de Santander Investment en México. El siguiente revés fue el lanzamiento de Esmas.com, su negocio de más de 80 millones de dólares en Internet. Para febrero de ese año había una enorme expectativa respecto a una posible alianza con el magnate Bill Gates y con Slim que, de darse, constituiría la sociedad más poderosa en América Latina. Al final, Azcárraga decidió ir solo al no convencer a sus posibles socios de tener la mayoría en la sociedad por ser *Televisa* la que aportaría el contenido.

Pero Esmas tuvo fallas técnicas y de diseño que llegaron al grado de considerar una demanda en contra de CKS/ MarchFirst, la empresa estadounidense contratada por 25 millones de dólares para desarrollar el sitio. A las decepciones se sumó el hecho de que se tuviera que posponer la oferta pública inicial de acciones de Cablevisión —empresa de la cual *Televisa* es socio importante—, que tenía como objetivo recaudar fondos para fortalecer la estrategia de Internet y su expansión fuera del Distrito Federal.

Hubo una más: tres fallidos intentos por formar una alianza con algún grupo de radio para reforzar su división. El primero se dio en el verano de 2000, cuando la Comisión Federal de Competencia (CFC) no aprobó la adquisición de la *Organización Radio Centro*, el grupo radiofónico más grande de México. En diciembre, la CFC se negó a una segunda iniciativa, esta vez para fusionar Radiópolis, de *Televisa*, con Grupo Acir, decisión que ratificó a principios de mayo, pese a las garantías que ofreció *Televisa* descartando prácticas monopólicas. De Angoitia se quejó públicamente: "Nos están castigando por nuestro pasado". Sería hasta octubre del 2001 que *Televisa* lograría una alianza con el grupo de medios español Prisa, que publica el diario *El País*, quien adquirió 50% de Radiópolis por 50 millones de dólares.

Pero mientras, para varios politólogos y analistas estas negativas representaron una señal de que los viejos hábitos simbióticos que por décadas prevalecieron entre *Televisa* y el gobierno habían terminado. 2000 fue un importante año electoral y Azcárraga Jean lo sabía. Los analistas y observadores siguieron con lupa a *Televisa* con el fin de detectar cualquier tendencia favorable al candidato del PRI. Consciente de que esta elección presidencial sería su prueba de fuego, Azcárraga Jean visitó los foros de los noticieros y pidió a sus reporteros y conductores una cobertura equilibrada.

Las dudas sobre su compromiso de ofrecer una cobertura más abierta y democrática habían comenzado a surgir cuando en junio de 1999 salió de *Televisa* el periodista Ricardo Rocha, identificado como el ala más vanguardista en noticieros. Hacia afuera, su salida fue interpretada como un choque sobre la línea informativa que la empresa había decidido seguir. Hacia adentro, la administración pensaba que el periodista, que presidía Radiópolis, resultaba un ejecutivo muy caro y su visión periodística muy de izquierda. La sacudida en el área de noticias continuó con la salida de Guillermo Ortega, conductor de El Noticiero, el principal informativo nocturno, aparentemente por una creciente sensibilidad política en el interior de la empresa. Ortega fue sustituido por el veterano periodista Joaquín López-Dóriga, que en el pasado había estado muy ligado al poder. Y entonces, indignados, también renunciaron Abraham Zabludovsky y su padre, Jacobo Zabludovsky, que durante 28 años había dominado las noticias televisivas en México, porque esperaban que Abraham ocupara la silla de Ortega.

Tras estos ajustes, Azcárraga Jean decidió abrir las puertas de *Televisa* a diversos comentaristas críticos como Jorge G. Castañeda, Carlos Monsiváis y Federico Reyes Heroles. En general, se empezó a dar voz a algunos personajes políticos hasta entonces ignorados, se flexibilizó el formato del noticiero y se buscó equilibrar el contenido. Tras la elección, la Academia Mexicana de Derechos Humanos, que durante 10 años ha monitoreado la cobertura electoral por parte de los medios electrónicos, y otras organizaciones cívicas nacionales e internacionales, consideró que *Televisa* y *TV Azteca* habían logrado una cobertura más equitativa en aspectos cuantitativos. Sin embargo, el análisis cualitativo revelaba una ligera inclinación hacia el candidato del PRI, aunque hacia el final de la campaña el candidato de oposición, Vicente Fox, alcanzaría un trato similar al del priísta.

El 2 de julio de 2000, Fox fue elegido Presidente. Entre sus primeras reformas estaba hacer más transparente la relación del gobierno con los otros poderes del país, incluida *Televisa*.

"La llegada de Fox a la presidencia le dio a Azcárraga una inmejorable oportunidad de quitarle a *Televisa* el sambenito que la identificaba como priísta y que él se había esforzado en eliminar desde que se hizo cargo de la dirección del consorcio... ya que evidentemente limitaba su credibilidad", dijo Fernando Mejía Barquera, comunicólogo y columnista especializado en medios electrónicos en México.

Esta estrategia continúa, y, de hecho, ha resultado benéfica para la empresa en términos económicos. Durante las elecciones parlamentarias del 2 de julio del 2003, *Televisa* obtuvo 62.7 millones de dólares por ventas de publicidad política, cerca del doble de la cifra que la empresa esperaba recibir, de acuerdo con Dow Jones.

Quizá ha ayudado que desde el 2000 Azcárraga comenzó a jugar sus cartas políticas y, como en el pasado, cuando se trataba de calmar los ímpetus políticos que pudieran afectar a la compañía, el empresario ha hecho algunas promesas sociales y culturales.

Sin embargo, hay cierta dosis de escepticismo respecto a estos anuncios. "No tengo duda de que la cultura no está en el interés de Azcárraga Jean ni como persona ni como empresario y que iniciativas como el acercamiento a las universidades o la nueva Fundación Televisa tienen un obvio interés político, de imagen pública", aseguró Mejía.

En el horizonte

En la segunda mitad de 2001, Azcárraga enfrentó una situación difícil tanto en su vida personal como en lo económico.

En noviembre de ese año, tras sólo dos años de matrimonio se separó de su esposa Alejandra de Cima, quien acababa de terminar una terapia inicial contra cáncer de mama.

Mientras tanto, en el negocio, hizo otro recorte de 60 millones de dólares a través de la liquidación de 750 empleados —la mayoría de Esmas—; cerró ECO, el primer servicio de noticias en español durante 24 horas, que en sus 13 años de vida jamás reportó ganancias, y decidió cortar la producción de programación limitándola sólo al horario estelar, llenando el resto con material de archivo. En 2002 el termómetro patrimonial de Azcárraga Jean en la revista *Forbes* bajó de 3,000 a 1,000 millones de dólares como resultado de la fuerte competencia de *TV Azteca*, según la publicación. En 2003, ni siquiera apareció en la lista de "billonarios" de la revista, pues su fortuna es ahora calculada en 560 millones de dólares.

Los continuos sacrificios internos han tenido un impacto en los trabajadores de la empresa. Un directivo medio del área de producción, que recién salió de *Televisa* y que solicitó el anonimato, comentó: "Los empleados no le tienen mucha confianza al chavo, como le decimos. Las pocas veces que está en los pasillos o en los foros no saluda ni se percata del trabajador ordinario. Los más viejos añoran a Emilio Azcárraga Milmo, no porque fuera mejor, sino porque éste ha sido peor".

Entre los ejecutivos también ha habido cambios. Tanto Dávila como Perezalonso han dejado de estar a cargo de la operación del día a día en *Televisa*. Dávila fue enviado a enfocarse en la estrategia hacia el extranjero y Perezalonso regresó a Nicaragua en pos de una carrera política. En su lugar quedaron los amigos de Emilio —De Angoitia, Bastón y Gómez—, que ahora representan la nueva generación de líderes ejecutivos, lo que generó cierta incomodidad en Wall Street y entre los analistas mexicanos.

"Nos preocupa que si Azcárraga hizo mejoras con ese equipo (inicial) ahora se pierda la continuidad en lo que se había logrado", comentó en ese entonces Urrutia, de Santander Investment. No obstante, *Televisa* ha asegurado que planea concentrarse en su negocio principal, que es la producción, programación y transmisión de televisión. En consecuencia, en los últimos años, la empresa ha vendido su inversión en la empresa de telecomunicaciones Pegaso, su participación en el periódico *Ovaciones*, sus operaciones de discos, así como sus subsidiarias de producción de obras teatrales y de promoción de corridas de toros.

También ha informado a sus inversionistas que continuará con los proyectos pendientes, como la expansión de su sistema de cable hacia el interior del país, cuya base de suscriptores se redujo de 452,000 en 2001 a 412,000 en el 2002. Otro proyecto prioritario es ampliar el servicio satelital de *Sky*, que cuenta con 950,000 suscriptores a nivel regional, con operaciones en México, Brasil, Colombia y Chile. Y más recientemente ha manifestado su interés en los mercados extranjeros.

En una entrevista a fines de junio de 2003, Azcárraga Jean dijo que estaba considerando solicitar la ciudadanía estadounidense para expandir el alcance de su imperio de medios en español al creciente mercado de habla hispana en Estados Unidos.

"Si es en el mejor interés de *Televisa* que solicite la doble nacionalidad, pues eso es lo que haré", afirmó Azcárraga. "Sólo estamos estudiándolo por el momento. Estamos en pláticas pero no he enviado papeles aún".

Un pasaporte estadounidense le permitiría a Azcárraga adquirir empresas estadounidenses o incrementar su participación en otras en las que ya tiene intereses, como *Univisión*, la principal cadena de TV en español en Estados Unidos, de la cual posee un 15%.

Tal vez Azcárraga Jean carezca del instinto y liderazgo innato que distinguían a su padre, pero ha compensado esas carencias con otros talentos, como escuchar a quienes saben más que él y racionalizar sus decisiones. En opinión de Mejía Barquera, quizá demasiado: "La *Televisa* de hoy se debate entre tradición y eficacia. Azcárraga Jean pertenece a una generación de hombres de negocios que tiene poca estima hacia las tradiciones empresariales generadas por sus antepasados. Si la vida lo coloca ante la disyuntiva de salvar una tradición sacrificando un proyecto moderno o futurista, o bien de dar prioridad a éste en detrimento de aquélla, no se tentará el corazón para optar por lo segundo".

Azcárraga Jean lo pone de otra manera: "La forma de operar de papá funcionó muy bien. Yo tengo otro carácter, otra forma de ser. Somos diferentes". Pero, en el fondo, confió a *Milenio*, "los dos con el mismo sueño: tener la mejor compañía de medios del mundo".

ROBERTO MARINHO

**El "Ciudadano Kane" de Brasil,
un personaje indispensable
para comprender el juego
de los medios y el poder**

POR HEITOR SHIMIZU*

Roberto Marinho se despertó asustado por los gritos de doña Francisca. Eran las seis de la mañana de un frío día de agosto de 1925, en Río de Janeiro, cuando saltó de su cama y se dirigió hacia su mamá, que lloraba frente a la puerta del baño. Irineu Marinho, su padre, había cerrado la puerta con llave mientras se bañaba para aliviar un dolor en los riñones. Roberto, de 20 años, se subió en una silla y entró por una pequeña ventana encima de la puerta. Su padre había muerto de un ataque al corazón.

Esta escena se convirtió en el preámbulo inesperado de lo que sería una de las leyendas de éxito y poder más impactantes del Brasil moderno. El mayor de cinco hermanos, Roberto, se encargó de manejar el negocio de su padre, el periódico *O Globo*, que Irineu había fundado tres semanas antes de morir, a los 49 años. Hoy Roberto tiene casi el doble de esa edad (97 años) y es el dueño no solamente del periódico, sino de las más de un centenar de empresas que conforman el mayor imperio de medios de comunicación de Brasil.

Cuando Irineu murió, Roberto no sabía nada de periódicos. Su pasión eran los deportes. Practicaba el boxeo, la equi-

---

*Empezó su carrera en la editora Abril como reportero de las revistas *Superinteresante* y *HomePC*. Después se vinculó a la revista *Época* y en *Revista da Web* hasta convertirse en director de contenido del portal Tutopía. Actualmente es periodista independiente.

tación y la pesca submarina. Con gran sentido común, dejó la dirección del diario en manos de Euclydes Mattos, un amigo de su padre. Ingresó al periódico como un simple *foca*, como son llamados los reporteros en Brasil al comienzo de sus carreras. Entró un poco a la fuerza, pero terminó tomándole tanto gusto a la profesión que hoy sólo admite que adjunten un título a su nombre: periodista.

Aunque respetaba el trabajo de Mattos, Marinho nunca dejó de mostrar su opinión, como ocurrió en 1930, cuando tuvo discrepancias con el jefe y apoyó la candidatura presidencial de Getulio Vargas, un carismático dirigente de Río Grande do Sul. Vargas perdió las elecciones pero encabezó luego la llamada Revolución del 30, que lo llevó al poder. Con la muerte de Mattos, en 1931, Marinho asumió la dirección de *O Globo* y una de las primeras cosas que hizo —en contra de la opinión de su tesorero, el periodista Herbert Moses— fue comprar una rotativa gigante y ruidosa que mejoró considerablemente la impresión y fue muy importante para el desarrollo posterior del periódico.

A pesar de apoyarlo en 1930, en 1937 Marinho se declaró en contra de la dictadura del Estado Novo, proclamada por Vargas para enfrentar la creciente oposición a su gobierno. Y tuvo su primer encuentro con el poder: sacando a relucir sus dotes de boxeador expulsó a puños de la redacción a un censor oficial que entorpecía la publicación del periódico. El siguiente paso importante en la carrera de Marinho fue la inauguración, en diciembre de 1944, de *Radio Globo*. Los noticieros, las transmisiones de partidos de fútbol y las radionovelas lo conectaron con el gusto del público. Pero fue en la televisión donde Marinho —cercano ya a los 60 años— encontró su verdadera mina de oro. A finales de los años cincuenta y comienzos de los sesenta, Marinho obtuvo dos concesiones de televisión: una de Juscelino Kubitschek, en 1957, y otra de João Goulart, a comienzos de la década siguiente.

El 24 de abril de 1965, después de varios meses de preparación, *TV Globo* salió al aire en Río de Janeiro, de manera experimental, para ser vista solamente por dos televidentes: el cardenal Jaime de Barros y el gobernador de Río de Janeiro Carlos Lacerda. Dos días después, al ritmo de *Moon River*, el locutor Rubem Amaral presentó *TV Globo* al gran público. En su estreno oficial el primer programa fue el infantil "Unidunitê".

Cuando *TV Globo* empezó existían tres canales: el pionero, *Tupi*; el *Record* y el *Excélsior*. Entre ellos se dividían una pequeña audiencia de cerca de 600,000 aparatos, cantidad mínima comparada con los casi 50 millones que había en Estados Unidos en aquella época. Como a nadie parecía importarle el nuevo canal, los primeros meses de Globo fueron un fracaso completo, y ocupó el último lugar en los conteos de audiencia de las televisoras cariocas. En 1966, Marinho contrató a Walter Clark —un ejecutivo brasileño de tan sólo 29 años— para enderezar la situación. Clark trató a la televisora como un producto publicitario. Creó el sistema de anuncios rotativos en el cual una empresa solamente podía anunciarse en el horario principal si compraba un paquete publicitario que incluye otros horarios. De esa manera *TV Globo* ganó fuerza en los horarios ignorados por otros canales.

Las administraciones improvisadas y desastrosas de la competencia contrastaban con la profesionalidad de *TV Globo*. Y el canal de Marinho no tardó mucho en llegar a tener la mayor participación del mercado publicitario.

Clark se encargaba del departamento comercial y del de mercadeo, mientras José Bonifacio de Oliveira Sobrinho, otro hombre fundamental en la historia del canal, manejaba todo lo relacionado con el contenido. Boni, como se le conoce en Brasil, se ideó el "patrón Globo de calidad", que identificaba las producciones de *TV Globo*. Las novelas, por ejemplo, no podían tener imperfecciones de continuidad, iluminación, ruidos o cualquier otro desperfecto. Con el mejoramiento de la programación, el público se interesó más por el canal.

La cobertura en vivo de las inundaciones de Río de Janeiro en 1966 —despreciada por la competencia— fue un punto decisivo para atraer la atención del público. Y la novela *Eu compro esta mulher*, escrita por Gloria Magadan, alcanzó el primer lugar entre los televidentes cariocas en ese mismo año. En São Paulo, el éxito empezó cuando *TV Globo* adquirió *TV Paulista* y le quitó a *Tupi* su mayor atracción: el presentador Silvio Santos. Surgido de las barriadas de Río, Santos se había convertido en uno de los presentadores más populares de Brasil. Tanto que en 1969 la revista *Realidade* lo calificó de fenómeno: su programa tuvo la misma audiencia que la transmisión de la llegada del hombre a la Luna.

Y fue en 1969, precisamente, cuando *TV Globo* dio el paso fundamental para lograr el liderazgo absoluto en la televisión brasilera: creó una red nacional de emisoras, a través de la cual se emitía el Jornal Nacional, que se convertiría en el noticiero más influyente del país.

Fue en ese entonces cuando empezó el fenómeno de las novelas. Clark y Boni se inventaron los tradicionales tres horarios para las mismas: seis, siete y ocho de la noche. Alcanzaron un gran éxito. "La televisión es un hábito. Gana la pelea por la audiencia quien logre fijar al televidente en un horario", dice Clark, que dejó la emisora en 1977.

En algunos de esos horarios el rating de *TV Globo* creció de tal forma que en 1985 difícilmente podía aumentar más. En aquel año, el capítulo final de la novela *Roque Santeiro* fue visto prácticamente por todos los brasileños que tenían un aparato de televisión.

Hoy *TV Globo* mantiene el liderazgo alcanzado en esos años. Aunque enfrenta la competencia de otros canales, principalmente del *SBT* de Silvio Santos —que obtuvo una concesión del gobierno en 1975 y se retiró de *Globo* en 1976, después de 10 años—, y de la poderosa red de la Iglesia Universal del Reino de Dios —comandada por el obispo Edir Macedo—, *TV Globo* tiene el 50% de la audiencia total de Brasil.

Tiene también una buena parte de la facturación. *TV Globo* tuvo un crecimiento del 11% en ventas publicitarias en el año 2000, alcanzando 1,600 millones de dólares en ingresos, un 78% del total del sector. Con 8,000 funcionarios y más de

1,200 retransmisoras que llevan su señal al 99.8% de los más de 5,000 municipios brasileños, la red de televisión de Roberto Marinho —que está considerada una de las cinco más importantes del mundo— no muestra ni la más pequeña señal de que pueda perder el liderazgo. Y sus tentáculos se han extendido por todos los sectores. Además de *O Globo* —al que se suma también el diario *Extra*— y de la *TV Globo* —32 de cuyas emisoras pertenecen a la familia—, los Marinho son propietarios de la revista *Época* —el segundo semanario más importante de Brasil—, y de una red de 15 estaciones de radio. Y tienen una importante participación en Globopar, compañía con intereses en finca raíz, industria editorial, televisión por cable, cine, música e Internet.

"El ciudadano Kane"

La abrumadora presencia de Marinho en la vida de los brasileños lo llevó a ser comparado con el magnate de medios de la película *Ciudadano Kane*, de Orson Welles. En el vídeo *Brasil, Beyond Citizen Kane* (1983) —que fue censurado pero circuló clandestinamente— el inglés Simon Hartog defendió la tesis de que el crecimiento de *Globo* se debió en buena medida a la cercanía de Marinho con el poder. Las críticas a las relaciones de Marinho con los distintos gobiernos —civiles y militares— se remontan a la época en que le fueron otorgadas las primeras concesiones de televisión. Como no tenía recursos suficientes para poner en el aire sus propios canales, Marinho firmó —en 1962— un contrato con el grupo norteamericano Time-Life, que aportó cinco millones de dólares para la construcción y el equipamiento de los estudios a cambio del 49% del negocio.

La Constitución prohibía, sin embargo, la creación de un canal con participación extranjera, y el contrato fue objeto de múltiples objeciones. Assis Chateaubriand, dueño de *Tupi* y pionero de la televisión en Brasil, llegó a calificar a Marinho de "negro alquilado" y "retrasado mental sin remedio". El Parlamento designó una comisión para investigar el negocio con los extranjeros, pero, según escribió el periodista Mario Sergio Conti —ex director de la revista *Veja* y editor en jefe de *Jornal do Brasil*— en un artículo publicado en *Folha* de São Paulo, el propio general Humberto Castelo Branco —a quien *Globo* había respaldado en el golpe de Estado que derrocó al presidente João Goulart en marzo de 1964— intervino discretamente a favor de Marinho y la comisión parlamentaria lo exoneró.

El mismo artículo sostiene que en 1969 —cuando *TV Globo* empezaba a asumir el liderazgo de la televisión nacional— Marinho rompió su sociedad con Time-Life y les compró a los norteamericanos los estudios del canal por 3,8 millones de dólares, gracias a un préstamo de Citibank. Como garantía Marinho dio todos sus bienes, incluyendo su mansión en Cosme Velho, un barrio de Río de Janeiro. Son muchas las publicaciones que documentan la cercanía de Marinho con los gobiernos militares que siguieron al golpe de 1964. Aunque no dejó de tener sus roces con algunos de ellos. Dice Conti que cuando Juracy Magalhães, ministro de Justicia de Castelo Branco, incitó a los medios a realizar una purga interna, Marinho respondió con una frase que se hizo muy famosa: "A mis comunistas los mando yo". En esa época había un grupo importante de intelectuales de izquierda —incluido el famoso novelista Jorge Amado— que prestaban sus servicios a Marinho.

Más que con los militares, sin embargo, la influencia de Marinho se hizo evidente durante la llamada Nova República, el período que siguió a las dictaduras, en los años ochenta. "Yo discuto con el ministro de Defensa, pero no con Roberto Marinho", aseguran que dijo el presidente Tancredo Neves durante la formación de su gobierno. Tancredo murió antes de empezar a gobernar, pero alcanzó a nombrar en el Ministerio de Comunicaciones a Antonio Carlos Magalhães, amigo cercano de Marinho. Y su sucesor, José Sarney, lo confirmó.

Magalhães fue protagonista de otro de los episodios preferidos por los críticos de Marinho. Según éstos, el Ministro presionó con la suspensión de pagos de algunos contratos oficiales. A cambio logró que una estación de televisión de su propiedad, *TV Bahía*, pasara a formar parte en 1987 de la cadena nacional de *TV Globo*, en lugar de *TV Aratu*, que llevaba 18 años afiliada a la cadena.

De padres a hijos

Lo cierto es que *Globo* hizo de Roberto Marinho uno de los hombres más poderosos y ricos de Brasil. En la lista de millonarios de *Forbes* de 2002, Marinho y su familia aparecen en el puesto 445, con una fortuna de 1,000 millones de dólares. Es un patrimonio que ha ido en picada, pues en 2000 figuraba con 6,400 millones de dólares.

Los analistas de *Forbes* dicen que hay varias razones para explicar esta situación. La primera es una caída en el flujo en un 54% como consecuencia de la reducción de los ingresos por publicidad y las pérdidas del portal Globo.com. A esos factores se suman el debilitamiento del real; el hecho de que la valoración de la empresa —calculada como un múltiplo del ebitda menos el valor de la deuda—, se desplomó en el año 2000. El ebitda de Globo cayó un 40%. Y el múltiplo utilizado para calcular el valor fue inferior en un 28% (como Globo es una compañía privada, los analistas de *Forbes* utilizaron un promedio de los múltiplos de *Televisa* y de *TV Azteca*, que cotizan en bolsa). Por último, en la valoración de 2000 influyó mucho la compra que hizo Telecom Italia del 30% de Globo.com por 800 millones de dólares, lo que disparó la valoración de la compañía. Y para nadie es un secreto lo que ha pasado en los últimos años con Internet. Más allá del valor de su fortuna, lo cierto es que Marinho, a los 97 años —sin fumar y bebiendo de vez en cuando una copa de vino—, continúa presente en las principales decisiones del grupo, aunque hace algunos años dejó la administración de las empresas a sus herederos.

Marinho tiene tres hijos: Roberto Irineu, de 53 años, João Roberto, de 47, y José Roberto, de 44. Los tres —al igual que

Paulo Roberto, que murió en un accidente automovilístico en 1969—, son hijos de su primera mujer, Stella Goulart. Con ella se casó cuando ya pasaba de los 40 años, al cabo de una larga y bien vivida soltería. Después de separarse de Stella se casó con Ruth Albuquerque —una relación de la que no se conoce mucho—. Y en 1984 contrajo matrimonio con quien fue la gran obsesión de su vida: Lily de Carvalho. Dieciséis años menor que él, había sido Miss Francia en su juventud. Lily nació en Alemania pero pasó su adolescencia en París, donde conoció a Horacio de Carvalho, dueño del antiguo *Diario Carioca*, con quien se casó. Así fue a parar a Brasil.

Con Lily, Roberto Marinho encontró la tranquilidad personal que siempre buscó. La pareja vive en la propiedad de Cosme Velho, a los pies del Cristo Redentor, en una mansión en la que sobresalen decenas de flamencos —dos de ellos, regalo de Fidel Castro—, y más de 700 obras de artistas como Chagall, Léger y Portinari. En su casa Marinho acostumbra hacer una de las cosas que más le divierten: ver los juegos del equipo de fútbol Flamengo por la televisión.

La siguiente generación

Cuando traspasó el mando a sus hijos, Marinho terminó con el suspenso de varios años sobre su sucesor. Con la repartición, José Roberto se encargó de la radio, João Roberto de los diarios y la industria editorial y Roberto Irineu de la televisión. La sucesión produjo muchas especulaciones en Brasil. Las terceras generaciones son famosas por destruir los imperios que sus mayores han construido. Y ninguno de los tres hermanos terminó la universidad. Los tres se vincularon desde muy jóvenes a las empresas del grupo y aprendieron del negocio. Además, y en un hecho que refleja la personalidad de Marinho, los tres se instalaron en la misma oficina. Según dijo João Roberto en una entrevista, "trabajar en la misma oficina significa que hay menos cotilleo sobre lo que están haciendo los otros".

Para ayudar en la transición, Marinho y sus hijos contrataron a la empresa consultora Booz, Allen & Hamilton. Juntos identificaron varios puntos débiles en las organizaciones Globo, como la falta de sinergia entre las empresas del grupo, la expansión de los negocios a otros sectores con la consecuente pérdida de enfoque y la necesidad de una administración profesional.

La solución fue dirigir los esfuerzos hacia la producción y distribución de contenido, que es lo que Globo ha sabido hacer mejor. Tomada esa decisión, la familia Marinho salió de varios negocios. En 1999 vendió su participación mayoritaria en NEC de Brasil a la casa matriz japonesa. Y en 2000 se deshizo de Maxitel, una operadora de celular en banda B.

No contentos con eso, los Marinho contrataron a Ivan Lansberg, consultor estadounidense especializado en negocios familiares, que definió nuevas responsabilidades para los herederos: Roberto Irineu —el más emprendedor de los hermanos y el favorito de Marinho— se concentró en la planificación estratégica, João Roberto —el más tímido y serio— en relaciones con el gobierno y la política editorial, y José Roberto —el menor— en las relaciones con la comunidad.

Para manejar el día a día de las empresas entraron Marluce Dias da Silva (directora de televisión y entretenimiento, una de las mujeres mejor pagadas de Brasil y la más poderosa de América Latina según varios analistas); Moysés Pluciennik (encargado de telecomunicaciones y televisión por cable) y Luis Fernando Vasconcelos (encargado de las emisoras de radio y de los medios impresos). La decisión, por supuesto, no dejó de acarrear problemas: la llegada de Marluce —psicóloga con un MBA— no fue nada fácil porque significó el cambio de cargo de Boni, que permanece en la empresa, pero apartado de las decisiones, después de más de 30 años de control total en materia de producción televisiva.

Boni quería dejar asegurada la vida de sus hijos y pidió como condición para su retiro una participación accionaria en Globo. Pero los Marinho se encargaron de asegurarle su futuro sin ceder un ápice de su propiedad. Su apego a la empresa es tal que, para no violar las normas sobre el porcentaje que una persona natural puede controlar en un medio de comunicación, han pasado ya muchas de las acciones a los nietos de Marinho.

De acuerdo con un artículo de Elvira Lobato, publicado en 2000 en *Folha* de São Paulo con motivo de los 50 años de la televisión, "tres generaciones de la familia aparecen como accionistas de *TV Globo* en los archivos del gobierno: el patriarca Roberto Marinho, sus hijos José Roberto, João Roberto y Roberto Irineu, y cinco nietos: Paula Marinho Azevedo y Rodrigo Mesquita Marinho (hijos de João Roberto), Paulo y Flávia Daudt Marinho (hijos de José Roberto) y Maria Antonia (hija de Roberto Irineu).

Las nuevas generaciones están tratando, además, de acabar con las sospechas que rodean el imperio que construyó su padre. Y en esa línea hizo fama un programa de *TV Globo* de 2000, que alcanzó 42 puntos de *rating* en la medición de Ibope: una entrevista con Nicea Pitta —ex mujer del prefecto de São Paulo, Celso Pitta— en la que no habló muy bien de Antonio Carlos Magalhaes —el ex ministro de Castelo Branco y amigo cercano de Roberto Marinho— que en ese momento era presidente del Senado.

La pregunta, por supuesto, es cuándo desaparecerá del todo la influencia del patriarca. Marinho, como dijo alguna vez uno de sus críticos, parece inmortal. Y él y su familia se han encargado de propagar la leyenda. Cierto día en que le ofrecieron una tortuga desistió de la compra al saber que sólo viviría 100 años, y se deprimiría cuando el animal muriera. Y en su fiesta de cumpleaños de 2000, Lily aseguró muy oronda: "Dicen que el hombre vive hasta los 134 años, y mi intención, hasta allá, es hacer a Roberto muy feliz".

Nota del compilador

Roberto Marinho falleció el 6 de agosto de 2003, cuando este libro estaba a punto de imprimirse. Marinho murió de un edema pulmonar en el Hospital Samaritano de Río de Janeiro. Tenía 98 años. El presidente de Brasil, Luiz Inácio Lula da Silva, decretó tres días de luto en honor al legendario periodista.

"Brasil perdió un hombre que dedicó su vida a pensar en Brasil", dijo el presidente.

La muerte de Marinho se produjo en un momento en el que su conglomerado atraviesa por una crisis económica profunda. Globopar, la compañía matriz, que coordina las operaciones financieras del grupo, está en mora desde octubre de 2002. Las revistas y periódicos con el sello de Globo pierden dinero y el mercado publicitario de Brasil no presenta ningún signo alentador. Según los analistas, esta coyuntura podría abocar a los herederos a iniciar una restructuración del imperio de comunicaciones.

JULIO MARIO SANTO DOMINGO

Un heredero seductor que multiplicó
el conglomerado cervecero de su padre
a golpe de "inversiones incestuosas"

POR GERARDO REYES

Al llegar frente a una jaula con travesaños de metal gruesos que contrastaba con las frágiles cajas de madera del resto del zoológico del Hotel Ticuna, en Leticia, Mike Tsalickis advirtió a sus visitantes: "Ésa es la culebra más venenosa del mundo".

El aventurero gringo, que mandaba en la ciudad amazónica sin ser alcalde, señaló una serpiente enroscada en el rincón de la jaula.

"Una picadura de esta especie lo deja a usted muerto en dos minutos", explicó dirigiéndose a su invitado especial, don Julio Mario Santo Domingo, que estaba de visita en Leticia acompañado por su buen amigo Columbus O'Donell, un multimillonario de Bahamas, la novia de éste y el presidente de la aerolínea Avianca, Ernesto Mendoza Lince.

Al escuchar el relato de los peligrosos modales de la culebra, O'Donell, su novia y Mendoza no se atrevieron siquiera a acercarse a menos de un metro del armazón. Santo Domingo, por el contrario, se sintió atraído por la temeraria descripción, y mientras preguntaba con mucho interés sobre las características excepcionales del animal, se acercó poco a poco, más de lo autorizado, y escupió a la serpiente en la cara.

Los invitados quedaron atónitos al ver que la culebra verdusca, como si se sintiera humillada, se lanzó contra las barras de acero de la jaula tratando de alcanzar al turista con sus colmillos venenosos, a lo cual Santo Domingo respondió con otro escupitajo. La serpiente perdió su instinto de conservación y en ese momento, recordó Mendoza, comenzó a golpearse contra las varillas de la jaula en una serie de latigazos suicidas que le hacían sangrar la cabeza. Cuando Santo Domingo escupió una vez más, la serpiente se retorció para tomar impulso y descargó impotente su ataque en un rincón de la jaula donde murió de física rabia, según Mendoza. Fue entonces cuando Santo Domingo giró sonriente su cuerpo y con el semblante victorioso sacó de su asombro a sus acompañantes y los invitó a tomar unos caipirinhas en el bar del hotel, que a esa hora estaba repleto de hermosas excursionistas escandinavas.

Santo Domingo tenía entonces unos 55 años y era el hombre más rico y poderoso de Colombia. Quienes lo conocen, aquellos que lo han sufrido y lo han querido, saben que el estilo de toda su vida de empresario, que su perseverancia tanto para la humillación como para el triunfo, que sus reacciones con los competidores que se atrevieron a mostrarle sus colmillos, y con los colaboradores a quienes consideró traidores, y que esa gracia altanera con la que celebra las victorias sin reparar en el valor de la víctima, que todas esas posturas, mezcladas con un extraordinario poder de seducción, podrían vaciarse y quedar fielmente ilustradas y congeladas en el tiempo en la extraña y casi infantil batalla salival que libró esa tarde en Leticia.

Aún hoy Santo Domingo es el hombre más rico y poderoso de Colombia y uno de los más influyentes del mundo, según la revista *Vanity Fair*. Pero más allá de la frivolidad de los certámenes arbitrarios del poder, él y su familia han sido protagonistas relativamente desconocidos de la historia de Colombia en los últimos 80 años. El imperio empresarial que nació en la década de los veinte y se extendió durante el resto del siglo hasta hoy, pasando a manos de Julio Mario Santo Domingo a finales de los años sesenta, ha transformado de forma visible e invisible la vida de millones de colombianos.

Las aerolíneas Avianca, Sam y Helicol, la cadena de radio y televisión *Caracol*, la ensambladora Sofasa (Renault), las cervezas Bavaria y Águila, la bebida Pony Malta, la revista *Cromos*, el diario *El Espectador*, Aluminio Reynolds, Conalvidrios, Colseguros, los concentrados Finca, la industria pesquera Vikingos, Banco de Santander, Coviajes, Pastas La Muñeca, Petroquímica del Atlántico, son marcas registradas en la memoria colectiva del país que tienen o han tenido el sello de propiedad de los Santo Domingo. Por ello, cuando un ciudadano de a pie se detiene en una esquina de cualquier capital de Colombia, seguramente encuentra alguna manifestación actual o reminiscente de ese imperio: una valla de cerveza Águila; un restaurante Presto; el diario *El Espectador* colgado de un puesto ambulante donde se venden jugos Tutti-Fruti y Agua Brisa; peatones hablando con celulares de Celumóvil o el paso de un avión de Avianca. Y lo más probable es que tanto el alcalde de esa ciudad como el equipo de fútbol, el senador, y el representante a la Cámara de su departamento hayan sido patrocinados por don Julio Mario Santo Domingo, un hombre a quien él como ciudadano y ellos como políticos jamás han visto. Todo esto en un país donde se consume más cerveza que leche pasteurizada.

Alguna vez Santo Domingo se definió como el administrador de una fortuna heredada que se limitó a invertir "incestuosamente" en diferentes campos de la economía. Las declaraciones a la revista *Forbes* en 1992 tenían un tono de rara modestia y de injusticia, pues Santo Domingo no hubiera podido multiplicar el legado de su padre y convertirse en el jefe supremo del emporio incestuoso si no hubiera sido por sus propios cálculos, por sus jugadas certeras, pero, sobre todo, por el auspicio de los gobiernos que llegaron al poder con generosas contribuciones suyas. Por lo menos un 70% de los congresistas de Colombia ha recibido ayuda financiera en forma directa o indirecta del conglomerado de Santo Domingo. Presidentes, congresistas, gobernadores y alcaldes de Colombia deben sus carreras políticas y victorias electorales al apoyo económico y publicitario de las empresas de Julio Mario Santo Domingo. Y Julio Mario les debe a ellos una colección invaluable de exoneraciones tributarias y absoluciones forzadas.

Aunque su nombre es prácticamente desconocido en América Latina y Europa, Santo Domingo llegó a ser el quinto cervecero más grande del mundo. Hoy es propietario de las principales cervecerías de Colombia, Ecuador, Perú y Panamá. En el pasado ha tenido inversiones en hotelería en Costa Rica; ha sido dueño de un pequeño banco en Panamá (Banco Anval) y fue propietario de un periódico en Portugal. Su hijo mayor, Julio Mario Santo Domingo Braga, maneja inversiones en enormes *holdings* como Agrobrands International, el emporio productor y distribuidor de alimentos Purina y otros productos agrícolas con operaciones en 16 países y cuatro continentes. Desde el año 2000, Santo Domingo no aparece en *Forbes* —en el anterior figuró con 1,100 millones de dólares—, pero no porque no se lo merezca, sino porque la contabilidad de la revista ha fallado. La suma de los negocios cerveceros y las inversiones que coordina a través de su hijo lo pueden colocar fácilmente en la franja de los magnates con 1,300 millones de dólares de patrimonio.

Desde su elegante apartamento 10 D del 740 de Park Avenue, en Nueva York, Santo Domingo domina el país; cualquier decisión suya relacionada con predilecciones electorales, compra o venta de empresas, fusiones, despidos y cierres, sacude la economía colombiana. A través de su teléfono, con conexión directa con los cuarteles generales de Cervecería Bavaria en Bogotá, el empresario maneja los hilos del poder. Conversa con el Presidente de la República, con los ministros, discute con los directores de los principales diarios del país, pone y quita noticias de *El Espectador,* y está al tanto de los más sutiles movimientos de los pocos competidores que le quedan. Su influencia sobre *Caracol Radio* ha disminuido visiblemente desde que entregó al gigante español de las comunicaciones, Grupo Prisa, el 47% de la cadena radial, considerada una de las perlas de su corona.

En la intimidad de sus santuarios de privacidad, rodeado

de invaluables obras de arte moderno y renacentista, y al lado de Harry, el perro de la familia, Santo Domingo es un hombre encantador, culto, simpático, que sabe escuchar, que hace bromas refinadas y se las deja hacer, y está dispuesto a ayudar a sus mejores amigos. Varias de las personas que entrevisté para esta semblanza coincidieron casi literalmente en un comentario sobre la personalidad del empresario: "Es simpático cuando quiere".

Al elaborar sus respuestas, los entrevistados explican que Santo Domingo exhibe su amabilidad y sentido del humor en círculos muy estrechos, en compañía de amigos con quienes mantiene lazos afectivos desde hace muchos años. El periodista Daniel Samper sostiene que en estos círculos Santo Domingo es "un tipo simpático, espontáneo, que se deja tomar del pelo" sin marcar distancias reverenciales.

"Es un amigo extraordinario, un amigo fiel, un hombre muy simpático y muy sencillo", afirma Reinaldo Herrera, editor de proyectos especiales de la revista *Vanity Fair*.

Sus conocidos comentan que una de las pocas cosas que mueve visiblemente la fibra emocional de Santo Domingo es la nostalgia de su pasado de Don Juan con ambiciones de escritor surrealista. Pero la popularidad del potentado no es proporcional a su fortuna. Julio Mario Santo Domingo es una persona que inspira muy poca simpatía en Colombia. Muchas de sus decisiones lo retratan como un hombre soberbio e intransigente, que no tiene escrúpulos en usar su extraordinario poder para aflojar los tornillos de la ley a su favor en un país al que mira desde su balcón de Nueva York con los binóculos de un hacendado.

Gracia y soberbia, ése es el material del que está hecho Santo Domingo, como lo describió el ex director de *El Espectador*, Rodrigo Pardo: "Es un hombre con quien es muy agradable conversar, un tipo que se descubre rápidamente, que deja ver sus pasiones de inmediato, en forma atropellada, visceral... Para cada quien tiene su calificativo. Cuando considera que es una gran persona no ahorra elogios, pero cuando no encaja en sus gustos simplemente lo reduce a, 'un badula-que' y es muy común que saque a relucir sus amantes, su vida sexual clandestina, con quién se acostó él o su esposa".

Corporativismo *panzer*

Santo Domingo no está obligado a ser simpático. El problema es que su sombra despótica, que es muchísimo más conocida que su garbo, no sólo cubre su vida personal, sino que se proyectó como un estilo de manejo empresarial. En sus mejores momentos —década de los noventa— el Grupo Santo Domingo fue percibido como un conglomerado que practicaba una especie de corporativismo *panzer* para arrasar con todo aquello que chocara con sus utilidades.

"Tranquilidad viene de tranca", es uno de los dichos preferidos de Santo Domingo para resumir la importancia que tiene en su vida el control de sus subalternos. La mentalidad se transmitió a todo su conglomerado y produjo una psicología empresarial de la arrogancia —la arrogancia como etiqueta, como señal de altura, como ley de dominio y supervivencia— facilitada por el hecho de que quienes la practican, por obediencia o contagio, siempre tuvieron a su disposición cualquiera de los poderosos altavoces del grupo: *Caracol Radio, Caracol Televisión, Cromos, El Espectador.*

Esa arrogancia corporativa continúa reflejándose en el manejo de la compañía. Durante una asamblea de accionistas de Bavaria a principio de 2003, el representante del sindicato Sinaltrabavaria intervino para dejar constancia de que la empresa había maquillado su balance al contabilizar rendimientos que eran producto de la evasión de impuestos. Apoyado en cifras de la misma compañía, Bernardo Parra, un economista que representa al sindicato, elaboró un estudio en el cual mostró cómo la empresa dejó de reportar al fisco unos 328 mil millones de pesos (más de tres millones de dólares). En lugar de someter las inquietudes de Parra a discusión, la junta directiva de la empresa rechazó la intervención, "por querer poner un manto de duda sobre la honorabilidad de Bavaria, cuentas que estaban auditadas por la Price Waterhouse". Parra pidió una investigación a las autoridades de impuestos de Colombia.

La actitud del magnate dejó una larga lista de víctimas. Allí hay personas que trataron de engatusarlo, es cierto, pero también que se atrevieron a cuestionar sus prácticas y sus juegos con el poder político. Ese reguero de enemigos y damnificados fue bautizado por la revista *Semana* como Los Pejus —perseguidos por Julio Mario Santo Domingo— una sigla que surgió en 1993 de una parodia de Los Pepes —perseguidos por Pablo Escobar—, el grupo clandestino que se creó para combatir al jefe del Cartel de Medellín.

Pero los perseguidos por Julio Mario existen desde que el empresario apareció en la escena de los negocios familiares. En su lista de condenados estuvieron: J.J. García, uno de los miembros de la junta directiva de Cerveza Águila que, desencantado con la familia Santo Domingo, escribió un rabioso perfil en forma de novela de un *playboy* avispado que abusó de la buena fe de gente honorable; Jorge Barco, amigo y asesor de la familia Santo Domingo en Bavaria durante los años sesenta, que fracasó en su intento por bloquear la conquista de la cervecería de Bogotá por parte de los Santo Domingo; Carlos Lleras Restrepo, el presidente de la República que cuestionó la toma de Bavaria; Alberto Samper, el amigo que le abrió las puertas de Bavaria para que tomara el control de la empresa y, una vez consolidada la conquista, un día encontró el escritorio de su oficina en el corredor del edificio de la cervecería en Bogotá (años después, Santo Domingo contrató a Alberto Samper para manejar el programa de adaptación al retiro de los empleados de Bavaria próximos a jubilarse y hasta el día de su muerte fue miembro de la junta directiva de Avianca); Felipe López, propietario de la revista *Semana*, que, movido por una mezcla de admiración y envidia, se ha dedicado a publicar los líos legales y los caprichos del magnate; Carlos Cure, el presidente de Bavaria y ex compañero de parrandas, a quien acusó de ladrón en *Caracol*; Francisco Posada de la Peña, el vicepresidente de la empresa familiar Colinsa que se opuso a sus operaciones de cobro indebido de comisiones y transferencias ilegales a un banco suizo; Enrique Santos Calderón, hoy codirector de *El Tiempo*, que cuestionó las operaciones chuecas del grupo y la concentración de poder de Santo Domingo en los medios de comunicación; Francisco Santos Calderón, columnista de *El Tiempo*, hoy vicepresidente de Colombia, que acusó al Congreso de estar rendido a los pies de Santo Domingo.

También se enemistó con Andrés Pastrana, ex presidente de Colombia, porque devolvió una donación electoral del grupo Santo Domingo; con Juan Carlos Pastrana, hermano del ex presidente, porque denunció que el consorcio Bavaria patrocinó a un equipo de fútbol del Cartel de Cali (los Pastrana se reconciliaron con el empresario años después por conveniencias mutuas); con Myles Frechette, ex embajador de Estados Unidos en Colombia, por sus presiones para que el magnate dejara de apoyar al presidente Samper. Santo Domingo se enfrentó y luego se reconcilio, además, con Carlos Ardila Lülle, su socio en Avianca. Esto para no citar una larga lista de empleados desconocidos y mandos medios que tuvieron que dejar sus puestos tras un grito desde Nueva York del que se hacía eco en Bogotá su fiel escudero, Augusto López Valencia, que también salió del grupo con el rabo entre las piernas.

"Santo Domingo no le tiene miedo a nada —afirma unas de sus víctimas que ni siquiera aparece en la lista oficial de Los Pejus—. Cuando tiene un enemigo no descansa hasta verlo acabado".

En 1980 la periodista Lucy Nieto de Samper le preguntó qué opinaba de la imagen que proyectaba de un hombre frío que no tiene inconveniente en sacrificar a los amigos en asuntos de negocios.

"¿Eso dicen? —respondió—. ¿Dicen entonces que no tengo corazón? No, eso no es cierto. Yo pongo la amistad por encima de cualquier otra consideración. Quienes han trabajo conmigo le pueden confirmar lo que le estoy diciendo".

Un ex directivo de Bavaria, a quien se le preguntó qué cosas hacían feliz a Santo Domingo, respondió: "Hablar mal de la gente. Para él todos los hombres son ladrones y todas las mujeres son putas".

El motivo que le lleva a la contienda no tiene que ser trascendental. Puede ser, por ejemplo, un simple descuido, como ocurrió con el urbanizador Pedro Gómez, contra quien la emprendió en 1996 por haber reconstruido un hotel en el centro antiguo de Cartagena de Indias desde cuya terraza quedó a la vista la mansión de Santo Domingo. Su capacidad de combate va más allá de las pugnas parroquiales de Colombia o Ecuador; también enfrentó al gobierno de Estados Unidos cuando el Departamento de Estado se empeñó en que debía retirar el apoyo al entonces presidente Ernesto Samper, acusado de aceptar dinero del narcotráfico para su campaña electoral. Enemigo declarado del narcotráfico, aunque no necesariamente de las dosis personales, Santo Domingo respaldó a Samper hasta el final, cuando el Congreso no halló culpable al Presidente de los cargos que lo acusaban de haber permitido que el dinero del Cartel de Cali ingresara a su campaña presidencial. Como muchos colombianos, está convencido de que el problema del narcotráfico no es sólo de Colombia y que se debe exigir a los países consumidores que apoyen económicamente los planes de rehabilitación del país "como compensación por el grave daño causado por ellos".

Santo Domingo admite que los grupos guerrilleros del país responden a una razón política anterior al narcotráfico "que tiene que ver con la pobreza, con el atraso, con la falta de oportunidades y con distintas formas de persecución que ellos sufren".

Del buen vivir

Vive una parte del año en Nueva York; otra, en París, y el resto lo distribuye entre otras ciudades de Europa, Cartagena y Bogotá. Su domicilio más estable es el dúplex de Park Avenue en uno de los edificios de apartamentos más famosos de Manhattan. La mole modernista que se levanta en el exclusivo sector oriental de la isla es un símbolo histórico y de ostentación. En el *penthouse* del edificio, que originalmente era de tres pisos y 90 habitaciones, vivió desde 1929 el multimillonario empresario filántropo John D. Rockefeller, hijo, con su primera esposa Abby Aldrich y sus seis hijos.

En días primaverales, Santo Domingo camina desde su apartamento hasta su oficina Alpha Group, en el 499 de Park Avenue (Citicorp Group), donde lo recibe su asistente políglota Gabriela. Algunas veces se detiene en una de las sedes de Christie's para asistir a sesiones privadas de obras de arte que van a ser sacadas a subasta, lo cual es un privilegio de clientes especiales. Es socio del The River Club, un elegante centro social de Manhattan, donde ordena su comida en francés, el idioma natal del *mâitre*. También es asiduo comensal del tradicional restaurante italiano Harry Cipriani, en la calle 42 y la Quinta Avenida. Otras veces prefiere cenar en su casa, donde ofrece de sobremesa brandy Armagnac del 43 y puros cubanos.

Los chismes y la política lo apasionan y para alimentar esa afición tiene algunos asesores que asisten a los cocteles de la sociedad bogotana y a las juntas directivas, y toman nota del grado de lealtad de sus subalternos. Celoso de su privacidad, Santo Domingo trata de no contratar a sirvientes ni ayudantes colombianos. Salvo un par de fieles amas de llaves de su país, en el apartamento de Nueva York los asistentes de la familia son brasileños o portugueses. En su oficina de esa ciudad el hombre de confianza es Bob Hamshaw, un contador estadounidense casado con una detective privada de Miami que escribe novelas policiacas. Y hasta en las fiestas en Colombia sus meseros son extranjeros. En un agasajo que ofreció en 1998 en su casa de recreo en la isla de Barú (en la costa atlántica colombiana), los invitados se percataron de que los camareros hablaban francés. Una persona de confianza le preguntó a Santo Domingo sobre el origen de los sirvientes, y él respondió que los había llevado de la isla de Martinica.

"¿Por alguna razón especial, don Julio Mario?", le inquirió el desprevenido amigo.

"Mira, yo no quiero que un negrito de estos salga y me escriba un libro, como hace Mauricio Vargas", respondió, refiriéndose al periodista colombiano que escribió las memorias secretas del gobierno del ex presidente César Gaviria.

No es religioso, pero alguna vez aceptó que la suerte y Dios le ayudaron a ser afortunado.

"Gracias a Dios he tenido suerte y creo que cuando uno la tiene es porque la Providencia le da los medios para ayudarse. Yo me considero muy bien servido por la Providencia y vivo agradecido por eso".

El hombre esponja

Las dos grandes virtudes de Santo Domingo para hacer negocios son el olfato para escoger a sus asesores y su habilidad de veterano jugador de póquer, el juego de calcular fríamente lo que el oponente tiene, alardear sobre lo que uno tiene y adivinar lo que el otro cree que uno puede tener. Pocas veces asiste a juntas directivas de sus empresas cerveceras y menos a las de Avianca. Pero cuando lo hace siempre deja en el aire un comentario o una broma que luego es difícil de olvidar para el resto de los ejecutivos. Algunos celebran su humor sarcástico y crudo, y a otros les parece que no tiene ninguna gracia. Mauricio Sáenz, ex asesor jurídico de Avianca, recuerda que una vez que se estaba discutiendo en la junta la contratación de una fábrica de alimentos para servir en los vuelos de la aerolínea, uno de los vicepresidentes mostró unas transparencias en las que aparecía "un tipo gordito" al lado de algunos cortes de carne. "Al ver la diapositiva, Julio Mario dijo: 'Ese tipo está muy gordo, se debe estar robando la carne —recuerda Sáenz, hoy jefe de redacción de la revista *Semana*—. Santo Domingo era un personaje absolutista, soberbio, irónico".

No lleva dinero en el bolsillo y desconoce el valor de la moneda colombiana frente al dólar. Jamás ha pisado muchas de sus empresas en Colombia. Puede ser el hombre más generoso del mundo, como cuando se quitó de su muñeca un

Rólex y se lo puso a un mesero de Nueva York, al final de un viaje en un barco alrededor del puerto. Al mismo tiempo puede dar muestras clásicas del potentado tacañón que prefiere comprar medicinas en las farmacias de descuento y ropa fina en temporada de rebaja.

Cuando promete un favor trata de cumplirlo a pesar de que pase el tiempo. El periodista Juan Carlos Iragorri, hijo de un compañero de clase en el Gimnasio Moderno de Bogotá, cuenta que cuando empezó a estudiar derecho, Santo Domingo le dijo a un tío suyo que tan pronto como terminara la carrera lo llamara para darle empleo. En una conversación, cinco años más tarde, el tío de Iragorri le comentó desprevenidamente que su sobrino había culminado los estudios. De inmediato Santo Domingo recordó su promesa y contrató a Iragorri en la oficina jurídica de Bavaria.

Aunque nunca terminó una carrera universitaria y su padre lo sacó por indisciplina del Gimnasio Moderno, Santo Domingo absorbió como una esponja los conocimientos de sus amigos intelectuales y escritores, como el premio Nobel Gabriel García Márquez, el novelista fallecido Álvaro Cepeda Samudio —su mejor amigo de juventud— y el arquitecto Fernando 'El Chuli' Martínez. Es, posiblemente, el magnate más culto y sofisticado de América Latina. Experto en pintura y cine, Santo Domingo tiene una amplia colección de obras de arte que incluye cuadros de Picasso y dos enormes pinturas del holandés Pieter Bruegel, El Viejo. Del mundo de la música y el espectáculo aprendió de su gran amigo turco Ahmet Ertegun, un empresario, filósofo de carrera, que fundó el famoso sello discográfico Atlantic Records; de la moda y la frivolidad se entera por vía de los diseñadores Carolina Herrera y Óscar de la Renta; de las tendencias del arte, por una colección de amigos nobiliarios y los Berggruen, una familia suiza propietaria de galerías de arte de posguerra; de política estadounidense e internacional, por el ex secretario de Estado estadounidense Henry Kissinger, a quien tiene en su nómina; de los negocios en América Latina, por el magnate venezolano Gustavo Cisneros, y de los chismes comarcales de Colombia, por los informes amplios y detallados que le pasan Gonzalo Córdoba y Alberto Preciado.

Cita los productores, directores y guionistas de cine —especialmente del cine europeo— con la misma facilidad con que lo hace con los nombres de las grandes figuras del tenis y las fechas de sus proezas. Desde joven es buen cocinero. Empezó preparándose huevos en la universidad "por necesidad y por economía", según le admitió a la periodista Lucy Nieto de Samper; luego hacía sus recetas de espaguetis a sus amigos de póquer en Barranquilla.

En sus visitas a Bavaria su menú es diferente al de los demás directivos de la cervecería. Durante muchos años ordenó ajiaco santafereño (un potaje en el que se mezclan varios tipos de papa). Pero nadie lo vio tomarse una cerveza. Se viste a la medida de cada estación con los mejores diseñadores del mundo (tiene un sastre en Hong Kong y lo que no compra en rebaja lo ordena en Anderson & Sherphard) y se ufana de usar trajes que estrenó hace 35 años. Así lo hizo en el preámbulo de la entrevista en 1995 con José de Córdoba, periodista de *The Wall Street Journal*. El empresario se abrió la solapa del vestido inglés Savile Row y le enseñó la marquilla que mostraba que había sido confeccionado en 1966.

Le gusta codearse con los personajes más ricos, los aristócratas y los famosos. Pasa vacaciones con Kissinger en Cartagena; posó en una fotografía con Mick Jagger, de The Rolling Stones; cenó en privado con Ronald Reagan en la Casa Blanca; se ha reunido con el Presidente George Bush, padre. Sus generosos aportes a instituciones internacionales, como Save Venice, la Universidad de Harvard, Council of the Americas o fundaciones contra el sida, el cáncer y el Alzheimer, le han permitido tener acceso al mundo en el que mejor se siente, el del *jet set* filantrópico internacional. La generosidad en el exterior de Santo Domingo contrasta con los aportes a causas menos vistosas, pero más apremiantes en Colombia. La Fundación Julio Mario Santo Domingo, creada por su padre, y que desarrolla una importante misión en la Costa Atlántica, no recibe un solo peso de la billetera del magnate, sino de algunas de sus empresas.

Sin embargo, sus amigos del Gimnasio Moderno de Bogotá, donde estudió hasta cuarto de bachillerato, quedaron profundamente agradecidos cuando, en 1991, con ocasión de la celebración de los 50 años de la que sería su promoción de bachiller si hubiera terminado, Santo Domingo donó 200,000 dólares que fueron usados para la construcción de dos aulas del colegio.

Sociable, seductor

El nombre de Santo Domingo y el de su esposa Beatrice aparecen con frecuencia en revistas que reseñan exclusivas galas de los millonarios americanos y la aristocracia europea. Asiste a las fiestas de American Society; a las aperturas de temporadas de ópera en Nueva York; ha estado en celebraciones caritativas en el castillo de Windsor y es uno de los invitados ilustres de la gala anual de Spanish Institute. En noviembre de 2001 la cronista social de *WWD* comentaba la exuberancia de Beatrice, su esposa, durante la gala en el instituto: "Con seguridad que hubiera sido pintada por Goya si ella viviera en ese tiempo".

Por cuenta de la cervecería Bavaria, Santo Domingo viaja en un lujoso avión ejecutivo G5, fabricado por la Gulfstream Aerospace Corporation, en cuya junta directiva ha tenido asiento como asesor internacional. El mantenimiento del avión le cuesta a Bavaria unos tres millones de dólares al año.

Durante sus primeros 40 años, Julio Mario dedicó más tiempo a su vida de seductor que a sus negocios. Fue siempre un Don Juan consagrado, cuyas aventuras sexuales y amorosas son hoy recuerdos secretos de muchas mujeres de la sociedad colombiana. Algunas de ellas lo describen como un hombre ante todo romántico, fino, dominante y extremadamente atractivo.

Un amigo suyo todavía recuerda el día de 1962 en que una muchacha bogotana se quedó extasiada, casi sin aire, al ver por primera vez a Santo Domingo en un almuerzo campestre en la finca La Mana del municipio de Chía, al norte de Bogotá.

"No podía creer que hubiera un hombre tan buen mozo en Colombia", comentó.

En esa época se decía que Santo Domingo era el doble de Tyrone Power, el legendario actor de Hollywood fallecido en 1958. Otro compañero del Gimnasio Moderno ha contado varias veces que fue testigo de cómo una mujer hermosa de París le envió una tarjeta a un rincón de un bar donde Santo Domingo estaba sentado tomándose un trago con una nota en que prácticamente lo invitaba a su apartamento a hacer el amor.

Quizás la leyenda romántica más conocida y a la cual él solamente alude con una sonrisa socarrona, como para hacer perdurar el mito, es su relación con la princesa Soraya, en tiempos en que la muchacha buscaba consuelo por su decepción amorosa con el Sha de Irán.

"A la gente le gusta inventar cosas; la realidad es la mitad de la mitad, lo demás es farándula", comentó.

En sus arranques de seductor ha hecho regalos suntuosos o raros, como tigrillos salvajes, invitaciones por sorpresa a su isla en Cartagena o, simplemente, rosas para el día siguiente. Alguna vez un amigo suyo de la década de los sesenta concluyó que su desaforado apetito sexual no era más que el miedo varonil a dormir solo.

A pesar del tiempo y la distancia, la mujer que ocupó un lugar privilegiado en el defectuoso corazón de Santo Domingo —tiene dos *bypass*— fue Bella Behrens, una distinguida venezolana de una familia de origen europeo.

Santo Domingo es alto, tiene un rostro agradable dominado por unas cejas espesas y nadie en Colombia, nadie, lo ha visto despeinado. Conserva un lejano acento costeño. Habla inglés, portugués, francés e italiano. Camina "como si fuera por el aire, como un beisbolista vanidoso, igual que Gabo", según lo describió alguna vez un conocido periodista radial.

En su madurez ha mantenido una lucha indisciplinada contra la diabetes. Por eso debe llevar consigo un pequeño equipo de jeringas y medidores de azúcar. Agobiado por un dolor muy fuerte del nervio ciático, a finales del año 2000 debió disminuir la rutina de juegos semanales de tenis, su deporte favorito. Dejó también el esquí acuático después de un accidente en el que se lesionó dos costillas.

Su primer matrimonio, con Edyala Braga, una sofisticada brasilera, ex cuñada del dictador de Brasil Getulio Vargas, no resistió al tren de infidelidades. Después de cinco años de tensiones, la pareja se separó. Edyala vive en Francia y pasa temporadas en España. Años después de llevar una agitada vida de soltero, Santo Domingo se casó con Beatrice Dávila, una hermosa bogotana que lo esperó la mitad de su juventud escribiéndole cartas de amor en francés. Con Edyala tuvo un hijo, Julio Mario y con Beatrice, a Alejandro y Andrés. A medida que la energía del magnate se apaga, Beatrice ha tomado las riendas del poder en el conglomerado rodeándose de expertos en finanzas en Nueva York y en Bogotá. Su hijo Alejandro se perfila como el heredero del reino.

Barranquilla

La historia de Julio Mario Santo Domingo y su fortuna arrancó en Barranquilla en los años 20, cuando su padre se unió a una generación de pioneros nacionales y aventureros americanos, turcos y europeos que convirtieron a esta ciudad en el dinamo económico de Colombia.

"Estaban entre ellos los que habían traído al país los primeros automóviles, los primeros telares, los primeros aviones, los primeros teléfonos automáticos, los primeros proyectores de cine, las primeras emisoras", escribió Plinio Apuleyo Mendoza.

Don Mario, el padre de Julio Mario, nació en Colón, Panamá, el 26 de agosto de 1888, cuando el istmo era un estado colombiano. Es recordado en la historia de la aviación de Colombia por haber tenido la osadía, en junio de 1919, de montarse en un bimotor piloteado por William Knox Martin, un aviador estadounidense aventurero, y lanzar desde ahí la primera encomienda de correo aéreo en la historia del país: una bolsa de lona con 160 sobres sin cartas, estampados cada uno con sellos postales de color rosa que llevaban impresa la imagen del precursor Antonio Nariño.

Don Mario era un hombre apacible, austero y de pocas palabras que huía de la vida social de la ciudad para dedicarse a sus negocios y a la familia. Menudo de estatura y de nariz abultada, el empresario casi siempre vestía de blanco y sólo llevaba corbata en ocasiones muy especiales. En la fotografía de medio cuerpo que permanece colgada en la sala de juntas de Cervecería Águila de Barranquillita, originalmente don Mario no aparecía con corbata. La prenda surgió de la noche a la mañana gracias a un montaje que hizo un fotógrafo de la ciudad a petición de un ejecutivo de la empresa, a quien le parecía inaudito que el fundador del emporio apareciera en mangas de camisa en su cuadro principal.

"Era un personaje deliberadamente insignificante —recuerda el ex presidente Alfonso López Michelsen—. Llegaba de primero a la cervecería y tecleaba en la máquina con dos dedos. Existe la anécdota de que una persona que llegó a la fábrica le preguntó: '¿Está aquí el señor Santo Domingo?', y él le dijo: 'Soy yo', y le dijo la persona 'Nooo, estoy preguntando es por el dueño".

Don Mario viajó a España, donde vivió holgadamente los años de la gran depresión económica. A su regreso de Europa encontró a Barranquilla con las puertas de sus principales industrias cerradas por bancarrota, incluyendo la Cervecería Barranquilla. Después de prestar dinero al Banco Maduro & Curiel de Curazao y a otras familias acaudaladas de la región, el empresario compró la cervecería en 1933.

Los negocios de don Mario no se limitaron a la producción de cerveza. Adquirió bienes raíces en todo el país, especialmente en Bogotá, y especuló en la bolsa de Nueva York.

Nace el heredero

Julio Mario Santo Domingo Pumarejo nació en Panamá. En los años 20, las señoras de la alta sociedad de Barranquilla viajaban a ese país a dar a luz bajo la creencia de que el hospital que funcionaba allí, el Gorgas Army Community Hospital, era mucho mejor que cualquier centro asistencial privado en Colombia.

Doña Beatriz Pumarejo tuvo en Panamá a su primogénito el 16 de octubre de 1924, a quien bautizó con el mismo nombre de su padre, Julio Mario. Años más tarde nacieron Beatriz Alicia, Luis Felipe y Cecilia, la menor.

Julio Mario cursó primaria en el colegio Ariano de Barranquilla. De sus modales en la casa se encargaba una institutriz alemana que no le dejó muy buenos recuerdos. "Era supernazi. La vieja me obligaba a comer todo lo que no me gustaba. Nunca me ha gustado el coco. Y recuerdo con espanto una vez en que dije que no quería dulce de coco y ella me obligó a comerlo a la fuerza, hasta que tuve que vomitar en el plato, le aseguro a usted que sin ningún protocolo. Además, me pegaba, me bañaba tres veces al día. Era algo horrible. Imagínese usted que había implantado que yo le tenía que besar la mano a mi papá y a mi mamá, y cuando iba donde la abuelita era rígido y almidonado, como en visita. Era espantosa. ¡Ah, y me daba además clases de aritmética, dibujo, geografía e historia!".

Después de graduarse en Andover, fue matriculado en la Universidad de Virginia, en Charlottesville, y de allí pasó al Foreign Service School de Georgetown University en Washington. Amigos y conocidos coinciden en afirmar que el ingreso a Georgetown cambió su vida, no necesariamente por lo que aprendió en las aulas sino en los bares y las discotecas, al lado de muchachos del *jet set* internacional, hijos de magnates y personajes políticos de Estados Unidos, Europa y América Latina que querían beberse el mundo en botella.

"Pues claro que era rumbero... ajá... ¿Y por qué no? Era lo normal entre todos los que estábamos en Washington, una gente muy activa y divertida. Lo recuerdo como mi mejor época —dijo Santo Domingo—. Figúrese usted que a lo último ya íbamos al colegio [*college*] de noche porque las trasnochadas nos impedían ir por las mañanas. Las clases eran entonces de seis a nueve de la noche y teníamos que irnos ya con el esmoquin puesto y gabardina encima para no perder el tiempo".

Al regresar definitivamente a Colombia, a mediados de los cincuenta, se dedicó a hacer equilibrio entre dos mundos que lo cautivaron para siempre. En el día se sentaba a trabajar junto a su padre en medio del olor a cebada que salía de las calderas de cobre de la cervecería. Y en las noches, rodeado del mismo aroma, bebía en la fuente de intelectualidad y alborozo que el escritor Cepeda hacía brotar en los bares de Barranquilla.

Pero una tragedia le robó el entusiasmo a don Mario. En enero de 1963, su hijo Luis Felipe, el más festivo y despreocupado de la familia, murió en un accidente automovilístico en Barranquilla. Don Mario se derrumbó y la cervecería empezó a extrañar su dinamismo. Julio Mario, que pasaba gran parte del tiempo en el exterior, regresó para compartir la pena con sus padres y mantener a flote la fábrica que en esos momentos ya empezaba a sentir el asedio inclemente de Bavaria, la poderosa cervecería de Bogotá.

Donde Águila se atreve

Junto a su padre alicaído, Julio Mario estudió varias salidas para evitar que Águila terminara postrada ante la competencia. Aunque son pocos los detalles que se conocen de la estrategia que finalmente se trazó para afrontar la grave situación, sus efectos fueron evidentes. Los Santo Domingo resolvieron conquistar Bavaria, seducir al monstruo que los asediaba y dominarlo por medio de una abrumadora campaña de compras secretas de acciones y relaciones públicas, estas últimas enfocadas en el entonces presidente de la poderosa cervecería de Bogotá, Alberto Samper Gómez. Santo Domingo logró exactamente lo que se propuso. A espaldas de la gran masa de socios de Bavaria, Samper entregó a la familia Santo Domingo el control de la empresa más rentable del país. En diciembre de 1966 Bavaria aprobó la compra de Águila a través de un mecanismo que garantizaba a los Santo Domingo el control de la cervecería de Bogotá: Bavaria resolvió comprar Cervecería Águila y pagar con acciones de la empresa. Esta forma de pago, concebida y anhelada por los Santo Domingo, convirtió a los empresarios de Barranquilla en los mayores accionistas individuales de Bavaria.

Si alguien quiere saber en pocas palabras cómo empezó a hacerse rico y poderoso Julio Mario Santo Domingo por sí solo, la respuesta está en este negocio. Su intervención para que la cervecería de Bogotá pagara con acciones el valor de una empresa que estaba a punto de doblegarse ante la competencia fue una jugada maestra que retrata fielmente esa sutil combinación de seducción y audacia empresarial. Por esa primera victoria recibió de su padre dos millones de dólares, una cantidad suficiente para que su carrera tomara vuelo y autonomía en un conglomerado que no parecía tener límites y estaba hecho para él.

En cuestión de 10 años, Julio Mario Santo Domingo fortaleció y amplió el imperio de su padre, que murió en abril de 1973. El grupo Santo Domingo controlaba la administración de Bavaria y Avianca y la familia tenía posición dominante o inversiones importantes en Cervecería Andina y Malterías Unidas; en negocios derivados del petróleo (Petroquímica del Atlántico, Gas Natural, Celulosa Colombiana); en alimentos (Pastas La Muñeca, Molino Águila); en bienes raíces (Inversiones Urbanas y Rurales); en complejos industriales (Aluminio Reynolds, Umco, Conalvidrios); en metalmecánica (Industrias Metalúrgicas Unidas, Fundiciones del Norte); en un astillero (Unión Industrial y Astilleros S.A.); en compañías de transporte terrestre (Transportes Barranquilla); en importaciones y exportaciones (Santo Domingo & Cía., Santo Domingo Pacini, Sanpac); en empresas financieras (Valores del

Norte) y en sociedades agroindustriales (Ferticol). Tenía, además, un periódico, *Diario del Caribe*.

Por debajo de la mesa

Aunque nunca le ha llamado la atención el oficio de la política activa y electoral, —entre otras cosas porque lo aterroriza hablar en público— en 1981 Santo Domingo aceptó el cargo de primer embajador de Colombia en la China que le ofreció su amigo el presidente Julio César Turbay.

Quizás el mejor negocio de Bavaria a comienzos de la década de los ochenta fue la compra de Cervezas Nacionales (65 por ciento) en Guayaquil y de Cervecería Andina de Quito (58 por ciento) por 56 millones de dólares. El peor negocio del grupo —al menos para su imagen— fue la venta del Banco Comercial Antioqueño (Bancoquia) al banquero colombiano Jaime Mosquera. En medio de la transacción, Mosquera fue denunciado por actividades ilícitas en otro banco de su propiedad, lo que obligó a reversar la compra del Bancoquia. Al deshacerse el negocio, los investigadores del gobierno de Colombia descubrieron que Santo Domingo y el presidente de Bavaria, Carlos Cure, recibieron comisiones por debajo de la mesa por la venta de las acciones del banco. Santo Domingo fue acusado de violar las leyes cambiarias al no declarar una transferencia de 11 millones de dólares hacia un banco suizo producto de la venta irregular de las acciones. La resolución de la multa por la violación fue modificada, en cuestión de días, por el Ministerio de Hacienda, de tal manera que Santo Domingo fue exonerado. La absolución desató un gran escándalo en Colombia.

Fue un golpe duro para la vida festiva y exitosa del empresario. Era una época en la que sus empresas sólo producían utilidades, pregonadas con orgullo por su amigo Cure, a quien despidió de la organización a raíz del escándalo de las comisiones. Santo Domingo llegaba a las fiestas privadas de Bogotá casi siempre con un clavel en el bolsillo de sus sacos de

Anderson and Shepperd, se ponía chalecos finísimos, zapatos John Lobb, y posaba de *chef* para relajarse preparando para sus amigos y amigas íntimas recetas de Paul Bocuse, Alain Chapelle y los hermanos Troisgros. Vivía intensamente porque pensaba entonces que lo más valioso en este mundo era tener tiempo para hacer lo que uno quiere. "Todo es temporal, todo es transitorio —decía—. Y por lo tanto no hay que ponerle mucha trascendencia a las cosas... Frente a la eternidad todo es efímero y fugaz". Lo mortificaba el mensaje que el escritor existencialista Albert Camus plasmó en una frase de su novela *Calígula*, que Santo Domingo se aprendió de memoria, y la evocaba en varias ocasiones: "El hombre no puede ser feliz porque sabe que se va a morir".

El Emperador

A mediados de los ochenta Santo Domingo nombró presidente de la compañía a Augusto López, quien convenció a Santo Domingo de entrar en el mundo de las comunicaciones y extender los grifos de la cerveza a Europa. Santo Domingo compró *Caracol Radio* en 1984. La cadena de emisoras resultó una mina de hacer dinero en efectivo y una extraordinaria máquina de hacer política. *Caracol* convirtió al Grupo Santo Domingo en el elector número uno de Colombia a través de la cesión gratuita de espacios para publicidad electoral. En la década de los noventa el empresario compró *El Espectador*, el segundo diario más importante del país, la revista más antigua —*Cromos*— y por la vía de la subasta obtuvo uno de los dos canales más grandes de televisión privada (*Caracol Televisión*) y una de las empresa de telefonía de mayor cobertura del país (Celumóvil). Todo esto sin descuidar el negocio original. Adquirió la cervecería Centralcer de Portugal; en 1992 obtuvo el 70% de la Compañía Andaluza de Cervezas, en Córdoba (España), y compró en ese mismo país la fábrica de gaseosas La Casera, que controlaba un 60% del mercado español.

La difícil situación económica del país y varios reveses en la administración del conglomerado —Santo Domingo salió de pelea con López para nombrar a un sobrino, a quien despidió en medio de una agria disputa— menguaron los ingresos del empresario. Se dieron circunstancias que seguramente contribuyeron a la reducción de utilidades del conglomerado. Las más citadas fueron la recesión que afectó a Colombia a partir del año 1999 —la peor en cinco décadas— y la agudización del conflicto armado en el país. A eso hay que agregar el costoso ritmo de infusiones financieras a *Caracol Televisión* y la carga de la deuda de Avianca. La aerolínea, que se fusionó con Aces, se declaró en quiebra en Estados Unidos en 2003 en un cuestionado proceso en el que los mayores acreedores son el fondo de retiro de los pilotos y el Instituto de los Seguros Sociales de Colombia.

Durante el primer semestre de 2001, Bavaria logró utilidades de 32 millones de dólares, en contraste con los 90 millones que obtuvo en el mismo período del año 2000. La marcada diferencia fue atribuida al hecho de que el año anterior Bavaria reportó los ingresos extraordinarios por la venta de las inversiones en Portugal y España.

La fábrica de cervezas de Portugal fue vendida por 484 millones de dólares. En noviembre de 1999, Bavaria negoció también la nada rentable fábrica de Cerveza Andaluza, al venderla en 13.8 millones de dólares.

La cervecería terminó el siglo con una deuda de 210 millones de dólares, y Valores Bavaria, que agrupa las inversiones no cerveceras del grupo Santo Domingo, con otra deuda de 500 millones. A juzgar por los anuncios de los representantes del grupo, Bavaria quiere concentrarse en el negocio de la cerveza. En junio de 2002, el Grupo Empresarial Bavaria (GEB), anunció un plan de 300 millones de dólares para la expansión y modernización de sus plantas. Bavaria intentó apoderarse de las dos cervecerías más importantes de Honduras, pero perdió frente South African Breweries (SBA). En Panamá, donde quería comprar las dos principales fábricas, Cervecería Nacional y Barú, se quedó con la primera al pagar 260 millones de dólares. La Comision de Libre Competencia y Asuntos del Consumidor impidió que se apoderara de Barú para evitar la concentración económica. En julio de 2002, adquirió el 24.5% de las acciones de la Unión de Cervecerías Backus & Johnston en Perú en una maniobra que fue investigada por las autoridades de ese país por presuntos acuerdos ilegales entre los principales accionistas vendedores de la cervecería peruana, Bavaria y el grupo Cisneros. El objetivo de los acuerdos cuestionados era evitar una oferta pública de acciones. La queja fue presentada por los accionistas de Cervecería Polar, dueños de un 25% de Backus. Para evitarse problemas, en diciembre de 2002 Bavaria pagó 568 millones de dólares por el porcentaje de Polar en la próspera empresa peruana. Esta operación convirtió a Bavaria en la segunda cervecería más grande de Sur América en producción después de la brasilera AmBev. La próxima conquista será en Bolivia.Gran parte del dinero utilizado para la expansión fue prestado por el sector privado del Banco Mundial y la Corporación Andina de Fomento.

En el ocaso de su vida, Santo Domingo se ha mostrado conciliador y nostálgico de Colombia, que dejó de visitar con paciencia durante casi 20 años. El magnate amplió sus temporadas en el país para sacar más provecho a su refugio de Barú; para navegar en el velero chino que mantiene fondeado en las aguas cristalinas de esa isla en el Caribe colombiano; para hacer fiestas a prueba de curiosos en la casa colonial de Cartagena, y para hablar de política, su gran pasión, con los pocos amigos que le quedan en Bogotá. En abril de 1999, varios clientes del supermercado Carrefour de la capital se sorprendieron al verlo rodeado de una veintena de escoltas mientras escogía una caja de bocadillos veleños (dulce de guayaba), de los cubiertos con hojas secas, el único postre por el que desafía su diabetes. Horas antes, en Bavaria, había protestado porque le sirvieron los bocadillos envueltos en papel celofán, algo que no es de su agrado.

AMALIA LACROZE

Los pilares mayores de la industria argentina están fundidos con el cemento producido por la fábrica de esta mujer, dura como el material que la hizo rica

por Fernando Carnota*, Gerardo Reyes y Olga Wornat

Amalia Lacroze anunció en el invierno argentino del año 2001 que no pensaba morirse pronto. La elegante empresaria de 79 años salió a desmentir los rumores que se habían propagado a raíz de su prolongada ausencia en las notas sociales y económicas de los periódicos que de ordinario registran sus actividades. Con un bastón diseñado por ella misma, se presentó en público y dijo: "Como no me vieron en el último mes, algunos inventaron que agonizaba, pero no pienso morirme en mucho tiempo. Yo soy la dueña y soy muy activa, no soy una mujer pasiva. Mis nietos y mi hija todavía trabajan para mí".

Con esta advertencia María, Mema, Amalia Lacroze de Fortabat, conocida por todos como Amalita, demostró una vez más que su personalidad es tan fuerte como la materia que la hizo rica. Amalita es dura como el cemento aun en el ocaso de su vida y de su fortuna. Esta demostración de que la hora de morir también está bajo su control es un vestigio de la seguridad que le ayudó a amasar una fortuna de más de 1,000 millones de dólares. Pero el bastón parecía un símbolo premonitorio de la situación por la que atravesaría su empresa. Amalia es la presidenta y accionista mayoritaria del Grupo Fortabat —propietario de Cementos Loma Negra— un imperio dedicado principalmente a la producción de cemento, que después

*Periodista argentino del Grupo Clarín. Autor del libro *El palacio de la corrupción.*

de dos décadas de dominar el mundo de la construcción en Argentina fue sitiado, primero por la competencia y después por la devaluación. El grupo suizo Holderbank llegó al país y se quedó con los dos principales competidores de Loma Negra. Primero compró la empresa Corcemar, después adquirió la cementera Minetti, y ya se apoderó del 33% del mercado. El grupo de Amalita todavía produce, sin embargo, el 55% del cemento elaborado en Argentina.

Otra aparición en público en 2002 dejó ver su angustia. "¿Quiénes son ustedes? ¿Qué se creen para hablarme así? Yo soy Amalita... ¿No lo ven? ¿Qué me están preguntando? ¡Por favor, hagan algo! ¡Sáquenme a esta gente asquerosa de encima!", dijo arrastrando pesadamente las palabras, con sus ojos verdes clavados en dos periodistas que se le acercaron a la salida de una fiesta. El rumor sobre la pésima situación económica de su empresa y las declaraciones de un supuesto hijo natural de su marido, que reclamaba parte de la herencia familiar, estaban en todas partes. Ella apenas podía tenerse en pie, mientras dos fornidos custodios armados la sostenían de los brazos. Estaba irreconocible: la cabellera rubia, despeinada, y el vestido Chanel rosa fuerte, arrugado. A gritos preguntó por su tapado y otro custodio fue corriendo a buscarlo. Y entonces comenzó a reírse, mientras unos brazos la empujaban al interior del auto con vidrios polarizados, que arrancó veloz hacia el palacio de la avenida El Libertador de Buenos Aires.

Así la mostraron todos los programas de chismes de la televisión argentina. Lejos del *glamour* y la elegancia que la habían caracterizado siempre. Amalia, Mema, Lacroze Reyes Uribe de Fortabat, la reina argentina del cemento, está en *default*. Como Argentina y como algunos de sus pares: el que no se fue a Brasil se declaró en suspensión de pagos o está internado en alguna clínica de Europa.

El símbolo del poder y la riqueza en un país pobre que simulaba ser el hermano menor de Francia reconoce que está peor que nunca, que no puede pagar sus cuentas, que está agobiada por deudas millonarias y que entre sus planes inmediatos está irse a vivir al extranjero para siempre.

"Afectada por la crisis financiera, Fortabat ha decidido vender algunos de sus tesoros en la subasta que el 8 de mayo la casa Sotheby's dedica al arte moderno e impresionista", escribió la periodista Carol Vogel, especialista en la sección de Artes de *The New York Times*. Cuando la noticia circuló y llegó a Amalita, la empresaria estalló y mandó a su secretaria a llamar a la prestigiosa galería de arte para exigir que desmintieran la información. Su orgullo estaba herido. Los directivos de la casa atendieron el pedido con cortesía, pero no desmintieron nada. La noticia del diario más influyente de Estados Unidos era muy precisa y, además, no iban a desmentir la verdad. Allí esperan para ser vendidos sus cuadros más valiosos, de Degas, Miró, Gauguin, Matisse, Pisarro y Berni, los mismos que exhibió durante años en los salones de su mansión o que imaginó colgar de las paredes del lujoso museo privado de arte que pensaba inaugurar en el año 2001 y que ahora, por culpa de la crisis económica, quedó en la nada. Puro hierro y puro vidrio a orillas de Puerto Madero, muy cerca de sus oficinas.

El 8 de mayo de 2002 un maravilloso pastel del pintor francés Edgar Degas, *Au mussée du Louvre (Miss Cassat)*, propiedad de la empresaria, fue vendido por 16 millones de dólares en la casa de subastas Sotheby's de Nueva York. Sorpresivamente, el óleo de Gauguin, *Femmes Pres de Palmiers*, que sería la estrella de las subastas, no encontró comprador y tuvo que ser retirado al recibir ofertas por sólo 11 millones de dólares, muy por debajo de los 15 y 20 millones en que estaba tasado. La pintura de Gauguin había sido adquirida por Fortabat en 1980 en Sotheby's, por 18 millones de dólares. La venta de los cuadros indica que las cosas en el imperio Fortabat no están nada bien.

"Mi tía hace meses que no me da la parte que me corresponde de la herencia. Ella siempre fue muy generosa, pero desde hace un año las cosas están mal. La empresa da pérdidas y cada uno de los parientes que antes recibíamos 5,000 dólares por mes tenemos que arreglarnos como podemos", dice Gloria César Lacroze, conocida diseñadora y sobrina predilecta de Amalita.

Lo concreto es que Loma Negra, una de las cementeras más poderosas de Latinoamérica, se declaró en suspensión de pagos, tiene una deuda de 500 millones de dólares que no se licuaron con la pesificación, porque la mayoría es con bancos extranjeros, y desde hace un año sólo tiene pérdidas.

"El cemento no es exportable y la situación de Argentina es desastrosa para nosotros. El consumo de cemento por habitante es actualmente de 95 kilos por año, igual que Paraguay. La venta de este año es igual a la de 1967, así no podemos", explicó a la revista *Poder* un alto ejecutivo.

Los herederos de la empresaria hacen lo que pueden frente al colapso: su nieto Alejandro Bengolea, el CEO desde hace tres años; su hermana Bárbara; su hija Inés y su nieta Amalita Amoedo están muy preocupados, y aunque siempre tuvieron una vida social de bajo perfil, como Mema quería, ahora la intensificaron.

A esta situación hay que sumar la imposibilidad de Amalita de seguir el día a día empresarial y financiero —acaba de cumplir 81 años— por los reiterados problemas de salud. En 2001 le operaron la cadera en Estados Unidos y le costó mucho recuperarse.

Elegante, exhibicionista, autoritaria, supergenerosa —le regaló un auto a un vendedor de diarios—, megalómana, enamoradiza, ciclotímica, Amalia Lacroze de Fortabat —que aún hoy cambia su testamento de acuerdo con el humor del día o la relación que en ese momento tiene con su familia— está viviendo su peor momento. Por ahora aparecen en él su hija Inés Lafuente, de 53 años, y sus nietos Alejandro y Bárbara Bengolea, de 36 y 34, y Amalita Amoedo, de 24.

Atrás quedaron los tiempos en que su figura delgada y elegante causaba impacto en el despacho de cualquier ministro, civil o militar. Su poder de *lobby* era feroz, una petición suya se convertía en una orden. En los últimos tiempos, ni Fernando de la Rúa cuando fue presidente hizo caso a sus ruegos de lanzar el famoso Plan de Infraestructura, que le hubiera permitido al *holding* venderle al Estado millones de dólares en cemento para casas de trabajadores, ni Eduardo Duhalde, a quien ayudó económicamente cuando éste era gobernador de la provincia de Buenos Aires, escucha sus consejos.

"La señora llora por cualquier cosa, está muy sensible, se encierra en su cuarto y no sale, escribe poesías a destinatarios ignotos, toma más champán que de costumbre —murmura alguien de la casa que no desea ser mencionado—. Está enojada y deprimida".

"Soy una reina, ¿sabe? Fíjese que en Argentina hay tres personas a las que la gente común ama y conoce por sus nombres de pila: Evita, Palito (Ortega, ex candidato a vicepresidente y cantor) y Amalita...", le dijo sonriente a la periodista Olga Wornat, con una copa de Dom Perignon en la mano, en el lobby de un hotel en Sudáfrica, cuando andaba por el mundo hablando maravillas de la Argentina menemista. Eran otros tiempos.

Cuando podía darse el gusto de gastar sin límites en la misma tienda de subastas de Nueva York donde entregó su Degas, compró por 6.4 millones de dólares una pintura de J.M.W. Turner. En ese entonces —1980— se dijo que era el precio más alto que se había pagado por una pintura en el mundo.

Al mismo tiempo, es generosa con los proyectos de caridad, que alimentan su sueño de pasar a la historia como una segunda Evita Perón. En marzo de 2000 sorprendió a muchos al anunciar una donación de 500,000 dólares para el Programa Mundial de Alimentación con destino a los refugiados kosovares. Su decisión fue propiciada, explicó, por la lectura de un relato en el *Sunday Times* de Londres sobre una niña de Kosovo que sufrió terribles heridas en un ataque serbio. "Cuando leí el artículo me puse a llorar —contó—. Era algo terrible, conmovedor y triste que no podía olvidar".

Lo que también será difícil de olvidar para Amalita es que su nombre dio la vuelta al mundo por otro episodio menos enaltecedor: el ataque público al novelista argentino Federico

Andahazi, cuya obra fue premiada por una fundación que ella preside. El episodio se convirtió en una comedia de paradojas, pues el tema de la obra de Andahazi era justamente la persecución y la censura. Andahazi escribió *El anatomista*, una novela que relata la vida de un médico de la Universidad de Padua, que fue perseguido luego de anunciar el descubrimiento del clítoris en 1558. Al enterarse del tema de la obra ganadora, Amalita canceló la ceremonia de entrega del premio y publicó un anuncio de página entera en un diario de Buenos Aires, en el que acusó al autor de promover valores contrarios a la moral cristiana. La decisión provocó una ola de indignación en Argentina que se fue extendiendo hasta llegar a los grandes periódicos del mundo.

"El problema, obviamente, no es el sexo —escribió el periodista argentino Mario Diament—, sino el miedo a la libertad que aún sobrevive en algunas petrificadas mentalidades argentinas, hundidas en la melancolía de los tiempos en que la injusticia era tan natural como incuestionable".

Fueron tiempos en los que Amalita se hizo rica.

Amalia Lacroze nació el 15 de agosto de 1921. Es la mayor de tres hermanos y se casó por primera vez a los 19 años, con el abogado Hernán de Lafuente, en septiembre de 1942. Se divorció a los pocos años. Con él tuvo a su única hija, María Inés de Lafuente, una de las directoras del Grupo Fortabat. Su hija, a su vez, tiene tres hijos: Alejandro e Inés Bárbara Bengolea y Amalia Adriana Amoedo. Amalita dejará a sus herederos mucho más dinero del que le dejaron a ella. Su padre, Alberto Juan Lacroze, fue médico, poeta y político. Venía de una familia acomodada. Su abuelo fundó una compañía de tranvías muy conocida en la época, que llevaba por nombre el apellido familiar.

La madre de Amalita, Amalia de los Reyes Oribe, era ama de casa. Lo que no tenía en dinero lo tenía en el arrojo que heredó de su abuelo, el general José María de los Reyes, uno de los militares que más se destacó en la persecución de los indios cuando, en el siglo antepasado, se "conquistaba el desierto" en Argentina para correr a los indígenas. Amalia Lacroze empezó el nivel secundario de sus estudios en el Colegio Esclavas del Sagrado Corazón de María, pero lo abandonó dos años después.

Camino a la fortuna

Según relata ella misma, conoció a Alfredo Fortabat en el invierno de 1941 y se casaron una década después. Alfredo era descendiente de inmigrantes franceses. Nació el 13 de mayo de 1894. Tenía dos hermanos. Sus padres, Lucien Fortabat y Helena Pourtalé, pertenecían a las primeras familias que se instalaron en la ciudad de Olavarría, cuna del imperio Loma Negra. Trabajaron duro y amasaron una considerable fortuna en enormes hatos ganaderos que después heredaron sus hijos.

Alfredo, el menor de los hermanos, era alto, elegante y rápido para los negocios. Al principio fue él quien se encargó de la administración ganadera y financiera, hasta que puso los ojos en su futuro negocio, el cemento. En 1926 descubrió, junto a las sierras de su estancia en San Ignacio, la piedra caliza, materia prima fundamental para la producción de cemento. Dos años más tarde puso en marcha su primera fábrica en Olavarría. La llamó Loma Negra, el nombre de la localidad donde se levantó.

Desde que nació la empresa el consumo de cemento creció a un ritmo sostenido, igual que el país. En la década de los cincuenta, Loma Negra comenzó su expansión. Inauguró otra planta en la provincia de Buenos Aires, en la ciudad de Barker. Fue en esos años, bajo la presidencia de Arturo Frondizi, que el Grupo "empezó a crecer a lo grande", según el historiador Rosendo Fraga. En 1976, después de medio siglo de producción, Loma Negra sufrió una gran baja. Murió su fundador y la conducción del grupo empresarial quedó en manos de Amalita, que reconoció lo duro que fue asumir la responsabilidad. "Yo trabajé con mi marido, pero muy poco. Cuándo él se fue, a mí me cayó todo encima. Así que me puse a trabajar como si entendiera de todo. Y al final entendí. Entendí muy bien", dijo.

Inteligente y audaz al frente de los negocios, Amalia Lacroze pareció haber entendido también que la mezcla ideal para el éxito era tener en una mano la materia prima del progreso —el cemento— y en la otra el poder político. Y no fue de su padre, Alberto Juan Lacroze, fundador del Partido Demócrata Progresista, de quien tomó sus mejores lecciones para cortejar a los gobiernos. El maestro en esta materia fue su marido, Alfredo Fortabat, que solía decirle: "Nunca confiés ni te entusiasmés con los gobiernos de turno, pero siempre hacéles sentir que estás con ellos".

Amalita se lo hizo sentir. El diputado socialista Héctor Polino cree "que nunca le fue mal porque siempre supo hacer grandes negocios al lado del poder, especialmente con las dictaduras militares". El mejor ejemplo se dio en 1978, dos años después de asumir la presidencia de Loma Negra. Entonces el futuro de su negocio giraba alrededor de una pelota. El mundial de fútbol de 1978 no sólo sirvió para que la selección argentina ganara su primera copa mundial, sino que le permitió a Amalita recaudar ganancias multimillonarias vendiendo cemento.

Eran tiempos de bonanza. El gobierno militar del general Rafael Videla puso en marcha un megaproyecto de obras públicas que colmó al país de autopistas y estadios. Loma Negra fue la empresa escogida para suministrar el cemento para la construcción de las autopistas 25 de mayo y Perito Moreno, y para los estadios de fútbol de la Capital Federal y la ciudad de Mar del Plata. Esas autopistas tienen una extensión de 18 kilómetros y sirvieron para unir la capital con la zona oeste de la provincia de Buenos Aires. Se construyeron durante la intendencia del brigadier Osvaldo Cacciattore en la ciudad de Buenos Aires, y en su momento el costo fue un escándalo nacional.

Las obras hicieron que creciera la venta del cemento como nunca antes. El negocio estaba manejado por Loma Negra y la viuda de Fortabat logró grandes ganancias que consolidaron su imperio. Después del mundial de fútbol, Loma Negra empezó a reportar utilidades ostensiblemente superiores. En

1978 ganó 60 millones de dólares. En 1979 y 1980, ganó 165 millones cada año.

Aprovechando su relación con políticos y militares, Amalita se cobijó bajo el ala del Estado y consiguió las mejores condiciones y grandes beneficios para sus empresas. Gracias a su línea directa con los responsables de la última dictadura militar tuvo acceso a muchas licitaciones de obras públicas. Y a la dictadura tuvo acceso gracias a su amigo, el coronel retirado Luis Máximo Prémoli.

Amalita conoció a Prémoli cuando él era coronel en el gobierno militar de Juan Carlos Onganía. Prémoli era jefe del Regimiento II de Olavarría, donde Loma Negra tenía su planta. "Nació una amistad que luego se transformó en una relación muy fuerte entre ambos", señaló el historiador Rosendo Fraga. Con José Alfredo Martínez de Hoz, el cerebro económico de la Junta Militar del general Videla —y al igual que otros empresarios—, Amalita también logró los beneficios de una promoción industrial para levantar una planta en la provincia de Catamarca. La promoción fue un mecanismo controvertido por medio del cual quienes hacían inversiones en lugares despoblados del país conseguían a cambio importantes beneficios tributarios. Por esta vía, Loma Negra ahorró millones de dólares en derechos de importación y desgravó importantes impuestos durante muchos años.

Amalia Lacroze viuda de Fortabat no sólo sabía cómo seducir a los uniformados; los civiles también le caían bien. Su gran virtud para lograr buenos resultados fue que "supo estar cerca de todos los gobiernos sin comprometerse excesivamente con ninguno", según Fraga. En la década de los ochenta, durante la presidencia de Raúl Alfonsín, Loma Negra resultó favorecida con ciertos beneficios que se tradujeron en reducciones de tarifas en el gas y el transporte ferroviario. Alguna vez Amalita se ufanó de que sus empresas consumían tanto gas como toda la ciudad de Buenos Aires.

En 1987 repitió la experiencia de la promoción industrial. El privilegio se lo concedió el gobernador de Neuquén,

Felipe Sapag, para la ampliación de una planta en su provincia. Sobre el comportamiento del Grupo Fortabat durante la presidencia de Carlos Menem no hay acuerdo entre quienes han estudiado los negocios de la familia. Algunos sostienen que Amalita no logró pisar fuerte en el negocio de las privatizaciones por no saber competir con los grupos extranjeros. Otros, como el economista Diego Estévez, ex secretario de Estado en el gobierno de Menem, consideran que fue una estrategia empresarial y que no le dio malos resultados.

"Lo que se lee como falta de audacia del Grupo Fortabat en la década pasada, en realidad se trató de una política conservadora que le permitió consolidarse sin ningún tipo de problemas financieros, a diferencia de otros que fueron audaces y se complicaron —aseguró Estévez—. No hay que olvidar que entraron en el negocio ferroviario y les fue muy bien con la empresa Ferrosur". En asociación con la firma canadiense Canac, la empresa de Amalita —Ferrosur Roca— fue la única postora para la subasta del servicio ferroviario de carga que cubre 3,000 kilómetros en una ruta que une las ricas tierras agrícolas del Alto Valle del Río Negro con Buenos Aires. Desde 1992 esta ruta se ha convertido en un canal de comunicación estratégico entre sus fábricas cementeras.

Las relaciones con el gobierno de Menem fueron más allá de los negocios. Amalita fue nombrada embajadora itinerante de Argentina para mostrarle al mundo la nueva cara del peronismo. A pocos días de la posesión, en julio de 1989, cumplió con sus primeras cuotas de propaganda. Le dijo a *The New York Times*: "Menem es el primer Presidente de Argentina que no habla de imperialismo. Si yo soy embajadora de un gobierno peronista, eso muestra que Menem está sacando al movimiento de un sendero parcializado". Menos de un año después de terminar su mandato, Menem fue arrestado bajo cargos de corrupción.

Amalia Lacroze siempre se preocupó por no perder influencia. Tal vez por eso, a comienzos de la década de los noventa, en medio de la fiebre de la globalización y la explosión del negocio de las telecomunicaciones, creyó que formar un *holding* periodístico era la forma de seguir influyendo en el poder político. Con Menem como presidente, compró dos emisoras de radio de alcance nacional: *El Mundo* (AM) y *Horizonte* (FM), y en septiembre de 1993 adquirió el diario *La Prensa*, que había sido expropiado por el primer gobierno de Juan Domingo Perón. Con el diario perdió mucho dinero y las emisoras ni siquiera le sirvieron para influir en el ambiente político más y mejor de lo que ya lo había hecho en forma personal. "Su desembarco en los medios fue un fracaso porque no es lo mismo hacer periodismo que cemento", dijo Fraga.

Al menos en el papel, Amalita es una de las magnates más generosas de América Latina. En los tiempo de bonanza, a través de la fundación que lleva su nombre —y según documentos de la misma— destinaba más de 30 millones de dólares anuales a obras de salud, educación, investigación científica, deporte y cultura. A la hora de los lujos, sin embargo, la brecha social no parece desvelarla. Su imponente casa en la avenida El Libertador es un santuario de ostentación, donde ella se ha dado el gusto de sentar a casi todos los presidentes y dictadores de Argentina desde la década de los setenta. La avenida atraviesa los históricos Bosques de Palermo, un lugar apacible con varias hectáreas de árboles añejos que dejan entrever, al fondo, las aguas del río de La Plata.

En las paredes de los grandes salones estilo Luis XVI de la mansión y a lo largo de una terraza de 22 metros cuelgan cuadros de Brueghel, Rubens y Turner, que se quedaron esperando la apertura del museo. La supervisión de la construcción se la encargó al famoso arquitecto uruguayo Rafael Vinoly. Caminar por la mansión de casi 2,000 metros cuadrados, dijo alguna vez la bailarina Margot Fontayne, "es como estar danzando".

La herencia mutante

Sobre la forma en que Amalita se quedó al frente del imperio Fortabat se conoció una historia que cubre de misterios la herencia y que fue revelada por el periodista Luis Majul en su libro *Los dueños de la Argentina*. Majul asegura que hasta hoy no lo han desmentido.

La historia comenzó el 10 de enero de 1976, cuando, a los 82 años, Alfredo murió de un derrame cerebral y sus restos fueron velados en la iglesia San Martín de Tours durante tres días. Mientras duró el velorio, sus colaboradores buscaron el testamento infructuosamente. Según Majul, desde 1929 don Alfredo practicaba el ritual de rehacerlo cada año. Su escribano le llevaba el texto anterior y él se encerraba durante horas en su oficina, lo reescribía y luego lo lacraba cuidadosamente. Sin embargo, el testamento no estuvo disponible cuando más se necesitaba.

Ante la desaparición de la prueba, y como legítima esposa, Amalita reclamó la herencia para ella basada en un seguro de vida firmado por Alfredo antes de un viaje en avión en el que se comprometía a entregar todos sus bienes a su mujer. El inventario de la herencia, según Majul, incluyó 160,000 hectáreas de tierra con 170,000 cabezas de ganado distribuidas en 23 establecimientos agropecuarios; una finca en Virginia, Estados Unidos; la propiedad donde funciona la Fundación Fortabat; la casa en la que vivieron muchos años en la costosa avenida El Libertador en la capital federal; una casa en la localidad residencial de San Isidro, otra en la ciudad turística de Mar del Plata, una en Grecia, un departamento en el Hotel Pierre de Nueva York y las oficinas de la empresa Loma Negra, en pleno centro de la Capital Federal. También heredó un avión Lear Jet, un avión Beechcraft 90, una avioneta Cessna Sky Master, un helicóptero Hughes 500, un barco enorme y varios automóviles.

La prueba del seguro de vida fue reforzada por Amalita con un testimonio que según ella escuchó de boca de su marido poco antes de morir: "Todo lo que tengo es tuyo, porque sólo vos podés hacer algo mejor de lo que yo hice".

ÁLVARO NOBOA

El zar del banano con sueños de presidente

por Patricia Estupiñán*

El 12 de julio de 1998, Álvaro Noboa organizó una fiesta en los patios de su empresa exportadora de banano. Vestido con pantalones vaqueros, camisa amarillo intenso y una gran estampa del Corazón de Jesús colgada del cuello, recibió a sus invitados seguro del triunfo. No obstante, a las cinco de la tarde las cadenas de televisión ecuatorianas anunciaron la victoria de su oponente, Jamil Mahuad. El margen de diferencia fue de 100,000 votos, apenas un 1% del total de sufragios válidos. Reaccionó indignado: "El ganador soy yo, mis *exit polls* dicen que gané".

Durante los 21 días posteriores, hasta que el Tribunal Electoral escrutó los votos, Noboa arengó a sus partidarios para vigilar el conteo, lo que ocasionó varios incidentes violentos. Además, interpuso recursos legales e inició una campaña de prensa para probar el supuesto fraude. Sólo cuando el Tribunal Supremo entregó las credenciales a Mahuad suspendió la batalla, mas no la guerra.

En los años siguientes, mientras el gobierno de Jamil Mahuad se desmoronó por la quiebra del 70% del sistema finan-

*Editora general de la revista *Vistazo*, de Ecuador. Es periodista de la Universidad Central de Quito. Tiene dos másters, uno en Arte y otro en Filosofía, éste último obtenido al aprobar los éxamenes para optar al doctorado en Ciencias Políticas en la Universidad de Kansas. Fue corresponsal de *Business Latin America*. Ganadora de los premios nacionales de periodismo Jorge Mantilla en las categorías de reportaje 1991,1997 y 1998 y mejor cobertura informativa Ortega y Gasset 2000.

ciero, Noboa permaneció en la retina de los futuros electores, sin recurrir a la política. Dos campañas publicitarias de Avena Quáker, producto de alto consumo popular elaborado por Industrial Molinera, empresa de su propiedad, cumplieron el propósito. Primero rifó varias casas y luego, en el periodo de mayor inflación, "por solidaridad con la economía de los pobres", bajó los precios del cereal. Finalmente consolidó su autonomía empresarial y política: asumió el control de las mayores empresas de su familia y fundó su propio partido, siempre con la presidencia del país en la mira. Recibir la banda presidencial lo convertiría en el hombre más poderoso en la historia de Ecuador: una sola cabeza con el mayor poder económico y político, condición que no logró su padre, el magnate Luis Adolfo Noboa Naranjo, con quien Álvaro mantiene una rivalidad aun después de muerto.

Hombres de tiempos y condiciones distintos, padre e hijo tenían en común la pasión por el poder. No obstante, esa energía fue canalizada en direcciones diferentes, lo que terminó por sacar chispas a su relación personal. No pudieron trabajar juntos. El breve paso de Álvaro por las empresas terminó en un despido intempestivo. Supuestamente, el padre descubrió al hijo presionando a los proveedores de frutas e insumos para que le compraran bienes raíces. Para Álvaro las diferencias ocurrieron por otro motivo: "Los dos teníamos luz propia y pienso que en ningún barco puede haber dos capitanes, y yo, como él, quería realizarme con mis propias obras", según explicó a la revista *Vistazo* en 1996.

En todo caso, debió de ser muy difícil para Álvaro crecer a la sombra de su padre, no sólo por el valor de su fortuna, sino por la manera en que la levantó. A su muerte, en 1995, el imperio de Luis Noboa estaba valorado por la revista *Forbes* en 1,200 millones de dólares y constituía un 5% del Producto Interno Bruto (PIB) de Ecuador, superado sólo por los ingresos del petróleo, que fueron del 7% del PIB.

La vida de Noboa Naranjo fue una colección de éxitos, más notables en un país donde las puertas tradicionalmente sólo se han abierto a aquellos con apellidos ilustres, dinero y educación. Noboa Naranjo no tuvo ninguna de esas ventajas. A los ocho años quedó huérfano. Su padre, un modesto dentista que había emigrado a Chile, murió al caer de un caballo, frente a su esposa y su hijo. "¡Nunca el mundo me pareció más grande ni mi vida más sola! Tomados de la mano de mi madre frente al cadáver quedamos estáticos, sin lágrimas, no sé cuánto tiempo", comenta sobre ese recuerdo el libro *Perfil de un triunfador*, de Isabel Noboa, su hija.

De regreso a Guayaquil, la madre inició un pequeño negocio de venta de leche. Más tarde puso una pensión. Antes de ir a la escuela, Luis embetunaba los zapatos de los huéspedes para ganarse un dinero extra. Sin embargo, el presupuesto familiar era insuficiente para cuatro hijos, por lo que Noboa abandonó los estudios cuando tenía 11 años. "No importa qué tipo de trabajo sea, lo importante es trabajar, la única manera de salir adelante", dijo en una entrevista al diario *El Universo*, en 1969. Primero fue vendedor de revistas. En uno de los números de la revista *Savia* aparece su fotografía con la siguiente nota: "Adolfo Noboa Naranjo: así se llama este simpático pibe, inteligente y muy acucioso agente de circulación de *Savia* en Guayaquil... No hay quien pueda con este chico en cuestión de circulación. Liquida sus operaciones al mes con un promedio de ganancia de 100 sucres (10 dólares). Ya ven ustedes si vale plata este pibe".

Su insaciable búsqueda de recursos lo condujo a otras actividades. Para él no hubo días festivos ni fechas especiales. Los domingos por la mañana, vestido con uniforme azul marino y saco blanco con botones dorados, sacaba las bolas del ánfora de la lotería con los números premiados. "Al entregarse el premio mayor (10,000 dólares) me dejaba llevar por el sueño de lo que yo podía hacer con ese dinero. Fletar un barco y comprar mercaderías en Panamá o en algún puerto norteamericano, para venderlas en Guayaquil", afirma en *Perfil de un triunfador*. Por las tardes acudía a un coliseo dónde practicaba boxeo. Subía al cuadrilátero con los carteles que indicaban el número de *round* y ayudaba con las toallas, los limones y la utilería. Consideraba que hacía doble negocio, pues le pagaban y veía los combates desde un palco. Ni la pobreza ni las privaciones cambiaron su buen talante. Hasta que murió, a los 75 años, fue un hombre jovial y sencillo.

La venta de revistas le abrió los ojos para el comercio de otros productos (paños de limpieza, jabones, imperdibles, etc.) que llevaba en un pequeño cartón y cuyo importe religiosamente entregaba a la madre. En 1928 ingresó en las oficinas del Banco Sociedad General de Crédito, propiedad de la familia Marcos. Ofreció un paño para limpiar "los bronces, que en este edificio están opacos" a Juan Xavier Marcos, hijo del dueño. Marcos lo contrató como mensajero y, aunque el sueldo de 60 sucres —seis dólares— era bastante menor a los ingresos de vendedor ambulante, decidió quedarse para aprender.

A los seis meses de trabajo le pidió a Marcos un préstamo de 3,000 sucres —300 dólares—, una cantidad astronómica considerando sus ingresos y su edad: 13 años. Sorprendido por la audacia, Marcos accedió. Tres meses más tarde devolvió el capital con una ganancia del 100%. Noboa lo deslumbró no sólo con su arrojo e iniciativa, sino con su prodigiosa capacidad para realizar mentalmente los cálculos matemáticos más avanzados. Poco tiempo después invitó a Marcos a ser su socio en un nuevo negocio: rematar mercaderías de aduana, buscando las de mejor salida y venderlas luego. La inversión fue de 1,000 dólares. Aquél fue el inicio de una gran amistad y de una cadena de negocios que terminó al morir el banquero. Su hija decidió vender las acciones de la sociedad en 30 millones de dólares.

A los 18 años, Noboa había reunido suficiente capital para montar su primera empresa: una casa de cambio y de venta de artesanías, que puso en sociedad con su madre. Ahí sufrió uno de los pocos reveses que tuvo en la vida. Un socio peruano lo estafó en la venta de lingotes de oro y perdió la mitad de su capital. Pero se recuperó con el envío de un primer embarque de arroz a la empresa argentina Bunge y Borg, en el que ganó

5,000 dólares. A partir de entonces, su historia de aciertos no se detuvo. La venta le demostró que necesitaba lanchas para el transporte de la gramínea. Apenas pudo compró lanchones y una grúa, que fueron la semilla de su flota naviera de 18 barcos cargueros, el último botado en los astilleros de Danyard en 1992, con un costo de 15 millones de dólares.

El salto a las ligas mayores llegó con la venta de banano. A fines de los años cincuenta exportó su primer cargamento a través de la multinacional Standard Fruit. Seis años más tarde se independizó y vendió directamente en el mercado de Nueva York. En los años setenta, la exportadora Noboa se convirtió en la cuarta multinacional de la fruta en el mundo, después de las norteamericanas United Fruit, Standard Fruit y Del Monte.

No tuvo miramientos con los rivales ni encontró obstáculos invencibles para conquistar mercados. Cuando cayó el telón de acero le arrebató el mercado de Europa Oriental a otro empresario ecuatoriano que lo había atendido durante años. Ofreció un banano de mejor calidad a un menor precio, lo que forzó a este último a arrojar sus cargamentos al mar. Y en cuanto a obstáculos, es célebre la anécdota de un embajador ante la Unión Soviética, fundador del partido comunista ecuatoriano, que durante meses trató de lograr una audiencia con Leonid Brezhnev. Cuando finalmente le concedió la cita, esperó más de una hora en la antesala. Al abrirse la puerta salió Noboa, que condujo al embajador al escritorio del premier ruso.

Salvo por un abierto enfrentamiento con la dictadura militar, en 1971, que lo acusó de fraude tributario, Noboa mantuvo excelentes relaciones con los gobiernos de turno y nunca participó abiertamente en política; ejercía su influencia en los bastidores. Muchos gobiernos, incluso, aprovecharon sus contactos internacionales para conseguir créditos, ventajas arancelarias y donaciones. Nunca olvidó sus orígenes y mantuvo su buena relación con obreros y magnates por igual. Huyó siempre de las primeras planas: sólo concedió dos entrevistas a la prensa en su vida, lo que agrandó más aún su figura mítica.

Al contrario de Luis Noboa, Álvaro tuvo grandes ventajas: dinero, educación y posición social. Pero éstas se convirtieron en un peso personal: la gente continúa llamándolo Alvarito y lo compara con su padre, argumentando que los zapatos por llenar son inmensos. "He sido primero en todo en la vida. Tengo mucha seguridad en mí mismo. Lo que me fastidia es el prejuicio. Cuando las personas me tratan se hacen una opinión diferente", dijo a *Vistazo* al ser nombrado presidente de la Junta Monetaria en la administración Bucaram.

En realidad, el ego de Álvaro —"tan grande como uno de sus buques", escribió *The Wall Street Journal* en 1996— lo conduce a inflar sus acciones. No fue un gran estudiante. Quizá porque no se educó, Noboa Naranjo se empeñó en que sus hijos lo hicieran desde temprana edad en colegios europeos. "Ahí nos separamos los hermanos (cuatro mujeres y dos hombres), cada uno en su turno, a la edad de los 11 años, tenía que ir a Suiza y permanecer hasta los 18. Sólo Álvaro se escapó de aquello, pues él permaneció menos de cuatro años", escribe Isabel en *Perfil de un triunfador.*

En efecto, Álvaro aprendió inglés y francés en Le Rosey, un plantel descrito por la revista *Life* como "el más exclusivo del mundo. El aula para futuros reyes y magnates". Allí se graduaron Alberto de Bélgica, el Sha de Irán, el Aga Kahn, el príncipe Rainiero y plebeyos como los Rockefeller y los Niarchos. Fueron años difíciles: "Tuve dificultades por no conocer el idioma", sostuvo Álvaro. Los estudios universitarios, en cambio, los realizó en la Universidad Estatal de Guayaquil, un centro público. En 1975 se recibió como abogado, aunque nunca ha ejercido.

Después de graduarse se dedicó al desarrollo de proyectos inmobiliarios, un área en la que no incursionó su padre. Según él, tiene más de 75 millones de metros cuadrados en terrenos, la mayoría de los cuales están por urbanizar. En su búsqueda por marcar diferencias adicionales con su padre, en los años ochenta creó la fundación Cruzada Nueva Humanidad, "cuya filosofía es hacer labor laica con los principios de Cristo".

La institución regala medicinas y alimentos. Si algo molestó a Luis Noboa fue la caridad. "No hay nada más degradante que la dádiva fácil. El pedigüeño es negativo para la sociedad", dijo. Para Álvaro, simplemente se trata de formas distintas de interpretar la sensibilidad del ser humano: "Para mi padre fue crear fuentes de trabajo; para mí, combatir la miseria y la pobreza espiritual".

Otra de las diferencias que le gusta resaltar es su inclinación por el arte y la cultura. Mientras que para Luis Noboa no existió otro tópico de conversación más allá de los negocios, Álvaro se considera un intelectual. "Al igual que mi padre, me agrada ganar dinero y crear empresas, pero, a diferencia de él, la satisfacción intelectual me da tanta felicidad como las otras dos. Me gusta escribir: lo hago en mi revista *La Verdad*". A pesar de ello, tiene dificultades de manejo del lenguaje en público, y por ello no le interesan los debates ni las entrevistas. "(La suya es) una candidatura basada en el dinero y el silencio. Nadie sabe cómo piensa ni qué quiere hacer", dice de él León Febres Cordero, ex presidente, que trabajó durante 18 años como ejecutivo de Luis Noboa Naranjo. Para comunicarse, Álvaro recurre a los espacios contratados, incluso para asuntos familiares. En 2001 difundió en casi todas las cadenas de televisión, en espacio triple A, un video del bautizo de su hijo, celebrado en la catedral de San Patricio en Nueva York, al que asistieron, entre otros, los hijos de Robert Kennedy y la actriz Susan Sarandon. "Es preferible gastar el dinero y no el tiempo con la prensa", ha dicho.

Tiempo es lo que le faltó a Luis Noboa Naranjo para cimentar una buena relación familiar con sus hijos, principalmente con los dos varones: Luis y Álvaro. El primero no se interesó por los negocios y el segundo no pudo trabajar bajo su mando. Cinco años antes de morir, Noboa Naranjo decidió organizar su sucesión. Le angustiaba que a su muerte el imperio se dividiera. Recordaba con dolor la primera partición de sus bienes, hecha en 1969, cuando se divorció de su primera esposa, Isabel Pontón, la madre de sus seis hijos. En 1972 se casó en Nueva York con Mercedes Santistevan, con quien no tuvo descendencia.

El mecanismo de sucesión consolidó el mayor paquete accionario en las manos de su viuda. Para ello, Noboa disolvió la sociedad conyugal y entregó el 48% del total de las acciones a Mercedes. Los seis hijos heredarían el 48%, correspondiente a su parte. El 4% restante, que inclinaría la mayoría, lo puso en un fideicomiso a ser manejado por su viuda hasta la muerte de ella y luego entregado a sus hijas Isabel y María Elena y a su nieto Luis, que estaba llamado a ser el administrador del imperio.

Al enterarse del testamento, presuntamente Álvaro interpuso en Nueva York un recurso legal para anularlo, argumentando que su padre no estaba en pleno uso de sus facultades mentales y que fue inducido a firmarlo. Las cortes habrían ordenado un examen mental de Noboa y al comprobar su cordura desecharon la demanda. Álvaro negó en una entrevista este episodio y acusó a la señora Santistevan de difundirlo como rumor. En todo caso, el testamento quedó firmado en Nueva York, y a la muerte de Noboa debió abrirse en Ecuador. El sobre que lo contenía fue rasgado misteriosamente, y al llegar al Ecuador nunca se abrió oficialmente porque Álvaro lo impugnó y pidió su nulidad. El proceso de sucesión hubiese tardado algunos años de no mediar el ingreso de Álvaro a la política.

En agosto de 1996 asumió la presidencia de la Junta Monetaria, organismo director de las finanzas públicas de Ecuador. Su contacto con Bucaram venía desde hacía 15 años y lo hizo su cuñado Omar Quintana, casado con su hermana Diana. Desde su posición de poder político intervino judicialmente la empresa bananera, la joya del imperio, regentada por la viuda de su padre. Sus hermanas Isabel y María Elena respaldaron públicamente a su madrastra: "Debe cumplirse la voluntad de nuestro padre", dijeron en un comunicado de prensa.

El presidente Abdalá Bucaram lo ayudó en su empeño por

asumir el control de las empresas familiares. Anunció la expropiación para un parque público de una gigantesca hacienda, en el sector de mayor plusvalía de Guayaquil, que por generaciones había pertenecido a la familia Santistevan. Ante el chantaje, la viuda se sentó en la mesa de las negociaciones. Vendió las acciones de las 115 empresas en 300 millones de dólares. Los herederos las pagarían en cuotas anuales, con su respectivo interés, en 10 años, y las garantizaron con los buques de la flota naviera. La deuda habría sido cancelada por Álvaro en noviembre de 2001.

De los cinco hermanos, el mayor, Luis, quedó fuera del arreglo; Isabel optó por separarse del grupo y formar con las empresas que le correspondieron su propia corporación, Nobis, que agrupa entre otras a Coca-Cola, un ingenio azucarero, un centro comercial y un banco, que cerró durante la crisis bancaria. Diana cedió la administración de sus acciones a Álvaro; María Leonor murió y María Elena, que siempre trabajó en la exportadora, permitió que Álvaro fuera el accionista mayoritario, con la condición de coadministrar la empresa bananera. Isabel fue testigo del acuerdo, firmado en Londres.

El arreglo financiero no puso fin a la batalla legal, sino que generó nuevos pleitos. En Ecuador, Luis pidió la nulidad: hoy reclama, no sólo su parte, sino la que corresponde a las tres hijas de María Leonor, la hermana muerta. En Londres, en cambio, María Elena e Isabel interpusieron una demanda por 850 millones de dólares por incumplimiento de contrato.

Fue precisamente la política lo que originó el distanciamiento de María Elena. Ella no habría estado de acuerdo con el uso de los recursos de la empresa para la primera campaña presidencial de su hermano y de los candidatos del partido que lo auspició, el PRE, de Abdalá Bucaram. Noboa la despidió de la exportadora junto con sus ejecutivos más cercanos. El éxito electoral también lo distanció de Bucaram. Noboa estuvo convencido de que fue él quien logró su alta votación. Su campaña costó más de 10 millones de dólares. Además de saturar los medios de comunicación, regaló alimentos y medicinas e hizo llenar solicitudes de empleo y de vivienda. Bucaram, en cambio, estuvo convencido de que los votos los puso el partido, que cuenta con un electorado fiel. "Pido perdón al pueblo ecuatoriano por haber puesto un payaso para candidato presidencial", sostuvo Bucaram tras la ruptura. Álvaro no le respondió; simplemente formó su propio partido: el Prian.

El 21 de noviembre de 2000, en los patios de la bananera, los empleados organizaron una gran fiesta para Álvaro por sus 50 años. La torta estuvo adornada con los símbolos del imperio: banano y barcos. Tras soplar las velas se quejó del negocio bananero y naviero, de los múltiples juicios por la herencia: "Las hienas están esperando que mueran los gavilanes, pero este gavilán va a seguir volando a pesar de las crisis".

Y el gavilán volvió a los cielos: se embarcó en una segunda campaña presidencial. A diferencia de 1998, el horizonte no estuvo despejado. Los contrincantes de aquella campaña subestimaron sus posibilidades, los del 2002 concentraron contra él la artillería pesada. "Por salud moral de Ecuador debo impedir que Noboa sea Presidente", dijo al anunciar su postulación el ex presidente Rodrigo Borja. Sus más feroces opositores, sin embargo, fueron dos personas que lo conocen muy bien: los ex presidentes Abdalá Bucaram y León Febres Cordero. El primero lo llamó traidor y ladrón. El segundo lo bautizó como "el mudo". Contó en las tarimas políticas cómo "Noboa era bobo desde chiquito. Álvaro Noboa es nada, es cero". Según Bucaram, Noboa —con su dinero— se llevó parte de la estructura de base de su partido. En cuanto a Febres Cordero, el resentimiento proviene de la campaña del 98. Noboa se refirió al ex presidente como "el empleado de mi padre".

Otros ataques provinieron del extranjero y no giraron en torno a la política, sino a sus actuaciones empresariales. En mayo de 2002, el violento desalojo de trabajadores que se habían declarado en huelga por "los sueldos de hambre, las violaciones al código de trabajo, y el trabajo infantil" ocasionó la protesta de un congresista estadounidense y una campaña en prensa y en Internet de las organizaciones de derechos humanos y de los sindicatos obreros internacionales. "Después de la confrontación, un grupo de derechos humanos presionó a la compañía Costco, distribuidora de Bonita Bananas, para pedir al señor Noboa que mejorara las condiciones laborales. Bajo esta presión ha prometido mejorar los servicios médicos, proveer máscaras, guantes y otros equipos, y solucionar la falta de pagos por sobretiempo", publicó el periódico *The New York Times,* el 14 de julio de 2002.

"Amo a los trabajadores de Los Álamos", dijo Álvaro en su defensa. "El conflicto fue alentado desde la política", opinó un vocero de las empresas de Noboa. El propio Noboa respondió a todos sus detractores: "Setenta veces siete perdonaré a todos mis opositores que hablaron mal de mí".

El desprecio hacia la prensa —no concedió entrevistas— y hacia otras instituciones —no asistió a ningún foro público— sumado a la absurda decisión de subir el precio de la harina, un monopolio de su propiedad, durante la campaña presidencial, hizo que de un primer lugar en las preferencias electorales Noboa comenzara a caer sostenidamente, al extremo que los analistas veían improbable que llegara a la segunda vuelta como finalista. Entonces, Noboa saturó los medios audiovisuales con propaganda durante la última semana y regaló más de dos millones de camisetas y productos de sus empresas. Al hacerlo hizo tabla rasa de la ley electoral. Superó en 198% el gasto permitido.

La masiva propaganda dio resultado. Noboa fue finalista junto al candidato que pensaba era más fácil de derrotar: Lucio Gutiérrez. En la segunda vuelta cambió de estrategia y fue al ataque de su oponente, a quien acusó de comunista, chavista e incluso recurrió a la campaña sucia: sacó a la luz una acusación de maltrato doméstico que la esposa de Lucio Gutiérrez había radicado un año antes en una corte de familia. No obstante, Gutiérrez, un candidato carismático y mejor articulado, aprovechó la ventaja inicial y lo venció sin dificultad.

Pese a la derrota, Álvaro consolidó su posición política: nadie le disputa como en el 98, el origen de los votos. Además, su partido consiguió 10% de los escaños del Congreso. Gracias a esto, negoció con sus opositores —los socialcristianos y la izquierda democrática— la presidencia del Tribunal Supremo Electoral, organismo encargado de aplicar en su contra una multa de 5.7 millones de dólares por haber violado la ley electoral, cuyo fallo está pendiente.

También otros procesos legales importantes le fueron favorables. Neutralizó a su hermano mayor Luis con un juicio por calumnia, en el cual Luis fue declarado culpable y el juez en Londres desechó la demanda de sus hermanas Isabel y María Elena y las obligó a cubrir los costes judiciales.

Sin embargo, el camino político será más complejo en las próximas elecciones, pues Noboa ha perdido la aureola de no político y, aunque no se conocen los rivales, hay por lo menos dos opciones importantes para disputarle el mismo electorado: el popular alcalde de Guayaquil Jaime Nebot y el también popular ex vicepresidente León Roldós (tercero en las elecciones del 2002). Y en el plano empresarial también hay nuevos jugadores, como el grupo bananero Wong, jugando en los mismos espacios. Pero, además, la visibilidad política ha hecho que los problemas empresariales de Noboa se conviertan siempre en noticia. Algunos productores bananeros han acusado a su empresa de no pagar el precio oficial de la fruta y el conflicto en la hacienda Los Álamos sigue atrayendo notas de prensa. A lo mejor Álvaro debió escuchar los consejos de su padre, quien siempre sostuvo: "Hay que emplearse a fondo en la actividad empresarial y no distraerse con la política". Pero esos son los riesgos de quien decide marcar un territorio propio, un territorio que Álvaro finalmente ha conseguido.